In der Frühen Neuzeit war das Reisen noch ein gefährliches Abenteuer. Gleichwohl pulsierte in Europa der Verkehr in einem Ausmaß, von dem man sich heute noch immer unzureichende Vorstellungen macht. Unsere Kenntnisse stützten sich bislang auf die Berichte der vergleichsweise kleinen Gruppe der Adligen und der seit dem 18. Jahrhundert zunehmenden Zahl der Vergnügungs- und Bildungsreisenden aus dem Bürgertum.

In dem vorliegenden Buch stehen Reisende im Vordergrund, die sich aus anderen Gründen auf den Weg gemacht haben, etwa die Kaufleute, Handwerker, Soldaten oder Priester. Damit wird nicht nur das Reisen im engeren Sinne, sondern werden auch Transport und Verkehr sowie die infrastrukturellen Voraussetzungen des Reisens in der Frühen Neuzeit in den Blick genommen.

Welche Gefahren und Hindernisse mußten die Reisenden in Kauf nehmen? Wem konnte man auf Reisen trauen, wie orientierte man sich angesichts des weitgehenden Fehlens von Orts- und Straßenschildern? Wie sahen die Verkehrswege aus, und welche Transportmittel benutzte man? Wie und wo wurde übernachtet, was wurde unterwegs gegessen und getrunken? Anhand authentischer, bislang unveröffentlichter Texte und Abbildungen zeichnen die Autoren ein facettenreiches Bild vom Unterwegssein in einer Zeit, in der die Wege noch ins Ungewisse führten und die Rückkehr keineswegs sicher war.

Holger Thomas Gräf, geboren 1960, Dr. phil., ist Akademischer Rat am Hessischen Landesamt für geschichtliche Landeskunde in Marburg / Lahn.

Ralf Pröve, geboren 1960, Dr. phil. habil., ist Privatdozent für Neuere und Neueste Geschichte. Er lehrt an der Humboldt-Universität zu Berlin und der Universität Potsdam.

Unsere Adresse im Internet: www.fischer-tb.de

Holger Th. Gräf
Ralf Pröve

Wege ins Ungewisse

Eine Kulturgeschichte des Reisens
1500–1800

Fischer Taschenbuch Verlag

Veröffentlicht im Fischer Taschenbuch Verlag GmbH,
Frankfurt am Main, Juli 2001

Lizenzausgabe mit Genehmigung des
S. Fischer Verlags GmbH, Frankfurt am Main

Lektorat: Walter H. Pehle
Druck und Bindung: Clausen & Bosse, Leck
Printed in Germany
ISBN 3-596-15081-7

INHALT

Die in Klammern hinter längeren zitierten Passagen angegebenen Verweise beziehen sich bei dem Buchstaben Q auf das Quellenverzeichnis und bei dem Buchstaben L auf das Literaturverzeichnis; die Zahl gibt jeweils die laufende Nummer des Titels an.

Motto

Ein Netz von Adern schnürten sich Straßen über das Land, sich querend, verzweigend, versiegend. Sie waren verwahrlost, voll von Steinen, Löchern, zerrissen, überwachsen, bodenloser Sumpf, wenn es regnete, dazu überall von Schlagbäumen unterbunden. Im Süden, in den Bergen, verengten sie sich in Saumpfade, verloren sich. Alles Blut des Landes floß durch diese Adern. Die holperigen, in der Sonne staubig klaffenden, im Regen verschlammten Straßen waren des Landes Bewegung, Leben und Odem und Herzschlag.

Es zogen auf ihnen gewöhnliche Postwagen, dachlose Karren, ohne Polster, ohne Lehne, humpelnd, oft zusammengeflickt, und die schnelleren Wagen der Extrapost, viersitzige, mit fünf Pferden, die bis zu zwanzig Meilen im Tag fahren konnten. Es zogen auf ihnen die Eilkuriere der Höfe und Gesandten, auf guten Pferden, oft wechselnd, mit versiegelten Taschen, und die langsameren Boten der Thurn- und Taxisschen Post. Es zogen Handwerksburschen mit Ranzen, biedere und gefährliche, und Studenten, hager und sanft die einen, die andern fest und verwegen, und eng schauende Mönche, verschwitzt in ihren Kutten. Es zogen die Planwagen der großen Kaufleute und die Handkarren hausierender Juden. Es zog in sechs soliden, etwas schäbigen Kutschen der König von Preußen, der den süddeutschen Höfen Besuch gemacht hatte, und sein Gefolge. Es zogen, ein endloser Wurm von Mensch und Vieh und Wagen, die Protestanten, die der Salzburger Fürstbischof geifernd aus seinem Land verjagt. Es zo-

gen bunte Komödianten und Pietisten, nüchtern von Tracht und in sich verloren, und in prächtiger Kalesche mit Vorreiter und großer Bedeutung der hagere, hochmütig blickende venezianische Gesandte am sächsischen Hof. Es zogen auf dem Weg nach Frankfurt unordentlich auf mühsam zusammengestapeltem Fuhrwerk vertriebene Juden einer mitteldeutschen Reichsstadt. Es zogen Magister und Edelleute und seidene Huren und tuchene Referenten des Kammergerichts. Es zog behaglich in vielen Kutschen der dicke, schlau und fröhlich schauende Fürstbischof von Würzburg, und es zog abgerissen und zu Fuß ein Professor der bayrischen Universität Landshut, der wegen aufsässiger und ketzerischer Reden entlassen worden war. Es zogen mit den Agenten einer englischen Schifffahrtsgesellschaft und mit Weib, Hund und Kind schwäbische Auswanderer, die nach Pennsylvanien wollten, es zogen fromm, gewalttätig und plärrend niederbayrische Wallfahrer auf dem Weg nach Rom, es zogen, den huschenden, scharfen, behutsamen Blick überall, Silberaufkäufer und Vieh- und Getreideaufkäufer des Wiener Kriegsfaktors, und es zogen abgedankte kaiserliche Soldaten aus den Türkenkriegen und Gaukler und Alchimisten und Bettelvolk und junge Herren mit ihren Hofmeistern auf der Reise von Flandern nach Venedig. Das alles trieb vorwärts, rückwärts, querte sich, staute sich, hetzte, stolperte, trottete gemächlich, fluchte über die schlechten Wege, lachte, erbittert oder behaglich spottend, über die Langsamkeit der Post, greinte über die abgetriebenen Klepper, das gebrechliche Fuhrwerk. Das alles flutete vor, ebbte zurück, schwatzte, betete, hurte, lästerte, bangte, jauchzte, atmete.

(Lion Feuchtwanger, Jud Süß)

Vorwort

Jedes Buch braucht gewisse Anstöße und hat seine eigene Entstehungsgeschichte. Zentrale Bedeutung für das vorliegende Buch hat ein von uns gemeinsam an der Humboldt-Universität zu Berlin veranstaltetes Seminar über ›Reise, Transport und Verkehr in der Frühen Neuzeit‹. Bereits in der Vorbereitungsphase wurde deutlich, daß sich mit diesem Thema einerseits ein breiter Zugang zu den Jahrhunderten zwischen Reformation und Französischer Revolution öffnet, daß sich andererseits die vorliegende Literatur dem Thema aber meist nur mit einem engen fachspezifischen Zugriff nähert, sei es in kultur-, technik-, sozial- oder alltagsgeschichtlicher Absicht. Das Interesse und Engagement unserer Studenten und nicht zuletzt ihr ›Gegen-den-Strich-Fragen‹ waren uns Bestätigung und Ansporn zugleich, kein weiteres Spezialwerk zur Reiseliteratur, sondern ein Sachlesebuch über das Unterwegssein von Menschen in der Frühen Neuzeit zu schreiben.

Dankend erinnern wir uns an Frau Waltraud Peschke, die uns während der Schreibphase mit unzähligen Handgriffen und vielen kleinen Hilfen, nicht zuletzt mit Kaffee und ›süßen Sünden‹, unterstützte. Allen benutzten Bibliotheken, Archiven und Museen gebührt unser Dank, besonders natürlich jenen, die Abdrucke aus ihren Sammlungen möglich machten (vgl. das Abbildungsverzeichnis). Die Firma Foto Halbich fertigte mit entgegenkommender Geduld und Sachverstand die Reprovorlagen vieler Abbildungen an. Die offene und überaus herzliche Aufnahme durch Walter H. Pehle (Lektorat) und die kompetente Redaktion von Dorothee Wahl macht uns den Dank an den S. Fischer Verlag zum Vergnügen.

Zu guter Letzt gilt es, einen Dank an die Professoren Dr. Heinz Schilling, Humboldt-Universität zu Berlin, und Dr. Hermann Wellenreuther, Universität Göttingen, zu senden. Sie haben uns als unsere akademischen Lehrer einen Begriff vom Spezialistentum in der Allgemeinen Geschichte vermittelt.

Holger Th. Gräf und Ralf Pröve
Grünberg und Berlin im Januar 1997

Einleitung

»Ne Reise also! Reisen und
Dergleichen nichtig Zeug hab' ich genug
Wie albern seid Ihr doch gewesen,
Das Land die Kreuz und in die Quere zu durchziehn,
Um zu beschreiben, was schon längst beschrieben war!«
(Q 11)

Mit diesen Worten reagierte der ungenannte Verleger in dem satirischen Bericht *des Dr. Syntax Reise* aus dem Jahre 1822, als ihm der Titelheld sein Manuskript zum Druck anbot. Nicht zufällig wurde ein solch ablehnender Kommentar im frühen 19. Jahrhundert geäußert, gehörte doch das Reisen und seine literarische Verarbeitung spätestens seit dem ausgehenden 18. Jahrhundert zu den gängigen Kulturpraktiken des europäischen Bürgertums, so daß der Buchmarkt seit dieser Zeit tatsächlich mit Reisebeschreibungen und -berichten überschwemmt worden war. In den letzten Jahrzehnten hat auch die wissenschaftliche Forschung dieses Thema für sich entdeckt, haben Historiker, Volkskundler oder Kulturanthropologen über das Reisen in der Vergangenheit geforscht und reflektiert. Von der mittelalterlichen Pilgerfahrt bis zum modernen Massentourismus, über beinahe jeden Aspekt des Reisens scheint bereits geschrieben worden zu sein. Der Stoßseufzer unseres Verlegers hat also offensichtlich auch heute noch nichts von seiner Aktualität verloren.

In vielerlei Hinsicht will diese, als Sach- und Lesebuch konzipierte Darstellung deshalb eine neue und erweiterte Perspektive öffnen. Zunächst stehen die materiellen, strukturellen, sozialen, rechtlichen und organisatorischen Bedingungen und Schwierigkeiten im Vordergrund der Betrachtung, weniger dagegen die inhaltlich-beschreibenden Reflexionen über Land und Leute, wie sie in Hunderten von Reiseberichten zu greifen sind. Hier sollen Antworten auf die scheinbar simplen, aber letztlich unausweichlichen Fragen gefunden werden: Wer war warum und mit welchen Verkehrsmitteln unterwegs? Mit welchen Gefahren und Hindernissen hatte man zu rechnen, und wie begegnete man ihnen? Wie bereitete man sich auf eine Reise vor, wie und wo übernachtete man?

Darüber hinaus wird die Frühe Neuzeit, jene Jahrhunderte also zwischen Reformation und Französischer Revolution, die den Übergang vom Mittelalter zur industriellen Moderne markieren, auch in bezug auf das Unterwegssein als Epoche genuin eigenen Charakters begriffen. Langfristig angelegte Wandlungsprozesse, etwa die frühmoderne Staatsbildung, die Formierung eines europäischen, bald globalen Wirtschafts- und Staatensystems, die Entstehung rechtlich nivellierter Untertanenverbände und vieles andere mehr haben das Leben der Menschen und die Struktur der Gesellschaft tiefgreifend verändert. Dabei wurde auch das Unterwegssein der Menschen und Güter, also Reise, Transport und Verkehr, massiv beeinflußt. Zwar blieben auf der einen Seite die spezifischen Probleme aus dem Mittelalter, die notorisch schlechten Verkehrswege oder die Abhängigkeit von menschlicher und tierischer Muskelkraft, weiter bestehen, doch trugen auf der anderen Seite im Laufe der Frühen Neuzeit wichtige Verbesserungen und Weichenstellungen im Sinne von Rationalisierung und Organisierung noch vor Einführung von Dampfmaschine und Eisenbahn zu einer infrastrukturellen Durchdringung des Raumes bei. Diese Zusammenhänge blieben bislang eher unbeleuchtet, da sich die Forschung entweder nur auf das Mittelalter oder – neben einem kaum mehr als Alibi fungierenden kurzen Ausflug in das 18. Jahrhundert – auf das Zeitalter des Schienen- und Flugverkehrs konzentrierte.

Schließlich unterscheidet sich dieses Buch in seinem Ansatz von einem Großteil der einschlägigen Forschung, die sich vornehmlich auf Beschreibungen und Berichte aus der Feder von Angehörigen der gelehrten und adligen Eliten gestützt hat, wodurch sich der Blickwinkel stark verengte. Immerhin stellten diese gutbetuchten Autoren nur eine verschwindend geringe Minderheit in dem bunten Gemisch von Angehörigen aller Schichten und Stände dar, die aus vielfältigsten Motiven auf den europäischen Verkehrswegen im Wortsinn *unterwegs* waren. Außerdem konnten sich in deren Berichten nur bestimmte infrastrukturelle Probleme des Reisens spiegeln, sorgte doch nicht nur die gut gepolsterte Reisekasse, sondern auch der dichte Kordon der Dienerschaft dafür, die gröbsten Unannehmlichkeiten fernzuhalten.

Aus diesem Grunde begegnen dem Leser im ersten Kapitel die unterschiedlichsten Menschen, die, freiwillig oder gezwungenermaßen, temporär oder dauerhaft, die Verkehrswege benutzten. Auf der Straße konnte man etwa Handwerksgesellen auf Wanderschaft, Kaufleute und Händler auf dem Weg zur Messe, Kriegs- und Religionsflüchtlinge oder Militärwerber und arbeitslose Soldaten treffen, Gestalten also, von denen einige typisch frühneuzeitliche Erscheinungen waren.

Aus dem Bestreben, weniger die zeitgenössischen schöngeistigen Reflexionen über das Reisen als vielmehr gerade die alltäglichen, scheinbar so banalen und doch so typischen, weil unentrinnbaren Schwierigkeiten zu beschreiben, ergibt sich das zweite Kapitel, das sich den vielfältigen Bewältigungsstrategien und Hilfsmitteln zur Lösung dieser Probleme des Unterwegsseins widmet. Der regelhaft beklagte Zustand der Verkehrswege zu Lande und zu Wasser läßt oft vergessen, daß in der Frühen Neuzeit einerseits ein mehr oder minder geschlossenes Wegenetz in Europa bestand, das andererseits ab der Mitte des 17. Jahrhunderts erhebliche Verbesserungen und Ausweitungen erlebte. Im dritten Kapitel wird sich daher die Darstellung von den schlammigen Trampelpfaden bis zu den baumgesäumten Chausseen erstrecken.

Ein ähnlich breites Spektrum wie bei den Verkehrswegen gilt es auch im folgenden Kapitel über die verschiedenen Transport- und Verkehrsmittel vorzustellen. Der ihnen aus heutiger Sicht fehlende Komfort ließ bisher allzuoft den hohen Grad an Spezialisierung und Zweckmäßigkeit dieser Fortbewegungsmittel unbeachtet. Besonders im Bereich der Gastronomie verstellt die von den gepuderten und parfümierten Herren in herablassendem Ton und gelegentlich mit wohligem Schauer tradierte *chronique scandaleuse,* die von verwanzten Betten und ungenießbaren Braten zu berichten weiß, den Blick auf einen besonderen lebensweltlichen Bereich der Frühen Neuzeit. Das fünfte Kapitel über Unterkunft und Verpflegung soll daher zeigen, wie sich das altertümliche, am berufs- und geburtsständischen Prinzip orientierte Beherbergungswesen in ein kommerzialisiertes, monetarisiertes Gewerbe wandelte, das auf die moderne Bürgergesellschaft vorauswies. Ähnlich fundamentalen Prozessen waren auch all jene Erwerbsgruppen ausgesetzt, die mittelbar oder unmittelbar ihren Lebensunterhalt im Verkehrs- und Transportwesen bestritten. Hierunter fallen nicht nur die als unvermeidlich deklarierten unehrlichen Wirte und alkoholisierten Kutscher, sondern auch Treidler, Schauerleute, Fuhrleute und viele andere. Entsprechend dem strukturgeschichtlichen Ansatz werden im sechsten Kapitel anhand einiger Beispiele die zunehmende Differenzierung und Professionalisierung in diesen Branchen thematisiert.

Nicht nur die zeitliche, sondern auch die strukturelle Nachbarschaft der Frühen Neuzeit zum Mittelalter zeigt sich wohl am deutlichsten im siebten Kapitel über Hindernisse und Gefahren des Unterwegsseins. Da hier eine Zähmung der Natur nur in Ansätzen vollzogen werden konnte, war der

Mensch unterwegs ›der Herrschaft der Natur‹ (Christof Dipper) noch relativ hilf- und schutzlos ausgeliefert. Bei den zivilisatorischen Gefahren und Hindernissen, also jenen, die dem Reisenden letztlich von seinen Mitmenschen bzw. staatlichen und gesellschaftlichen Institutionen drohten, läßt sich aber auch die sichtbare, im guten wie im schlechten Sinne regelnde Hand des frühmodernen Staates erkennen: Zwar wurden Räuberbanden bekämpft und die Straßen allmählich sicherer, zugleich erwarteten den Reisenden an den neuen Barrieren und Grenzen penible Paßkontrollen und hohe Zollabgaben, drohte neue Gefahr durch Rekrutenwerber. Aus der Perspektive des jetlag-geplagten Zeitgenossen, in der die Erde auf wenige Flugstunden zusammenschrumpft, erscheint rückblickend die Zeit vor dem Eisenbahnbau als statisch. Der im achten Kapitel behandelte Zusammenhang zwischen verändertem Raum- und Zeitempfinden sowie der Wahrnehmung von Geschwindigkeit als neuzeitlichem Qualitätsmerkmal während des 18. Jahrhunderts soll abschließend die langfristig in der Frühen Neuzeit angelegten mentalen und strukturellen Umbrüche des Unterwegsseins deutlich herausstreichen. Stand zu Beginn des Untersuchungszeitraumes das Gesundankommen im Vordergrund, so zählte am Vorabend der Industrialisierung buchstäblich jede Stunde.

Letztlich erfordert die hier skizzierte Annäherung an das Phänomen des Unterwegsseins in der Frühen Neuzeit nicht nur die Sichtung eines breiten Quellenkorpus, sondern zwingt auch dazu, die bisher erschlossenen Quellen, also vor allem die Reiseberichte, gegen den Strich zu lesen und die eher am Rande und unbeabsichtigt mitgeteilten Informationen herauszufiltern. Neben diesen Reiseberichten wurden vor allem Gesetze und Verordnungen, Steuer- und Zollregister, Briefe und Tagebücher, zeitgenössische Realienbücher und Lexika sowie staatliche Korrespondenzen und Verwaltungsschrifttum herangezogen. Schließlich verlangte gerade die Beschäftigung mit der materiellen Reisekultur die Verwertung zeitgenössischer bildlicher Darstellungen von Brücken, Kutschen, Schuhen, Räubern, Lawinen, Orientierungsmitteln und vielem mehr. Diese Abbildungen dienen nicht, wie sonst so oft üblich, nur der Illustration, sondern stehen als gleichberechtigte Quellengruppe neben den schriftlichen Überlieferungen.

Der Anlage als Sach- und Lesebuch entsprechend wurden die Text- und Bildquellen in die Darstellung integriert. Die Schriftquellen wurden dabei in Neuhochdeutsch übertragen, das altertümelnde Flair jedoch beibehalten.

Menschen unterwegs

In der Frühen Neuzeit waren Menschen aus allen sozialen Schichten und Ständen allein und in Gruppen aus den verschiedensten Ursachen und Motiven unterwegs. Sie alle trugen zu dem bunten Leben und Treiben auf den europäischen Verkehrswegen zu Lande und zu Wasser bei. Wer sich zum Beispiel am Sonntagmittag, dem 5. September 1599, am Brüsseler Stadttor zusammen mit unserem Chronisten, dem Schweizer Thomas Platter, in der schaulustigen Menge befand, konnte ein beeindruckendes Schauspiel beobachten. Viele Zuschauer waren sogar eigens aus den umliegenden Städten gekommen, um Zeugen einer bunten und exotischen Mischung von Jahrmarkt und Staatsakt zu werden. Zog doch der aus Spanien angereiste *allerdurchlauchtigste* Erzherzog Albert von Österreich zusammen mit seiner schönen Frau Isabella und einem stattlichen Gefolge unter Glockengeläut in die Stadt ein. Als neuer Statthalter des spanischen Königs war sein Einzug demonstrativ zur Schau gestellte Machtfülle. Nach drei Abteilungen der vornehmen Brüsseler Gesellschaft, die Albert als Empfangskomitee entgegengeritten waren, kam eine Kompanie Kosaken, mehrere Gruppen von Räten, Sekretären, Rechtsgelehrten, Notaren und Amtleuten mit ihrer Dienerschaft, sodann folgte eine Gesellschaft *Vornehmer von Adel, köstlich bezieret und wohl beritten, mit welchen viel Edeljungen und Lakeien ritten,* bevor die *allervornehmsten vom Adel, Herren, Freiherren, Grafen und Herzöge in großer Menge* unmittelbar vor dem Statthalterehepaar ritten. Dem *Erzherzog folgte auf dem Fuß nach das spanische Frauenzimmer* (die Hofdamen), *alle Weibsbilder jeweils zwischen zwei Adligen reitend; diese waren nicht besonders schön, damit die Erzherzogin desto schöner scheine, ansonsten waren sie aber sehr kostbar bekleidet.* Den Abschluß bildeten einige Einheiten gepanzerter Lanzenreiter, Diener und die leeren Kutschen und Sänften des Erzherzoges und seines adligen Gefolges. Der eigentliche Troß, *die Wagen, Maultiere, das Gesinde und zahlreiche spanische Diener waren schon einen Tag zuvor nach Brüssel gekommen.* (Q 66) Wenn auch solche aus mehreren hundert Menschen bestehenden fürstlichen Reisegesellschaften nicht das alltägliche Bild der Straße prägten, so gab es doch immer wieder Herrschaftsakte, Fürstenhochzeiten oder Friedens- und Bündniskongresse, die ein derartiges Aufgebot erforderten. Der niederländische Kupferstecher und Graphiker Hendrick van der Borcht hielt zusammen mit seinen Kollegen Anton Mirou und Isaac de Punder den prächtigen Einzug des Kurfürsten Friedrich V. mit seiner englischen Gemahlin Elisabeth am 4. Juni 1613 in der neugegründeten, pfälzischen Exulantenstadt Frankenthal fest. Bemerkenswert

sind neben den zahlreichen bewaffneten Eskorten die fünf, mit den Vornehmen des kurfürstlichen Hofstaates besetzten Karossen und mehrere im Troß fahrende Bagagewagen, die sich in einer großen S-Linie über eine kaum erkennbare Straße durch die Landschaft schlängeln.

Weniger spektakulär und bescheidener nahm sich die Reisegesellschaft unseres Gewährsmannes, des dänischen Schriftstellers Jens Baggesen, aus, der 1789 von Kopenhagen aus in die Schweiz unterwegs war. Er setzte sich mit seinem Begleiter *morgens um sechs Uhr in den großen Postwagen, der alle Tage von Lübeck nach Hamburg geht,* und sah sich *zwei mageren Juden, zwei Schneidergesellen und einer dicken Tischlersfrau, die allein ebensoviel Platz im Wagen einnahm wie die anderen sechs, gegenüber.* Ähnlich beengte Verhältnisse fand Baggesen auf dem Marktschiff vor, das *alle Tage zwischen Mainz und Frankfurt verkehrt. Diese Schmacke* (das Schiff) *ist überaus merkwürdig gebaut und eingerichtet, sie ist außerordentlich lang und schmal und hat einen kleinen Mast und ein Rahsegel am Bug. Sie wird mit einem ungeheuren Holzlöffel gesteuert und von Pferden gezogen, die bald auf dem Land, bald im Wasser gehen. Unter einem Oberdeck, wie in einer Art Deckskajüte, sitzen die Passagiere holterdiepolter zwischen Kohl, Erbsen, Rüben, allen Arten von Obst, Hühnern und anderen ähnlichen Dingen. Die Gesellschaft bestand aus etwa zweihundert Personen beiderlei Geschlechts, aus verschiedenen Völkerschaften, allen Ständen und allen Religionen. Deputierte, Kaufleute, Soldaten, Bauern, Juden, Rattenfänger, Pfarrer, Werber, Handwerker, Komödianten, Frauen, Mädchen und Kebsweiber waren durcheinander verstaut. Das Fahrzeug glitt von der Brücke ab, die Stadt, die Gärten, die Weinberge verschwanden.* (Q 2)

Herzöge, Abenteuerlustige, Gesellen, Kaufleute, Komödianten – bereits diese kurzen Einblicke unterstreichen die Vielfalt und Buntheit des Treibens auf Europas Wegen und Wasserstraßen. Nicht nur Bekleidung und Ausrüstung der

Reisenden oder die Wahl des Verkehrsmittels waren je nach Reisekasse verschieden, auch die Motive und der Zweck des Unterwegsseins hingen von der sozialen und wirtschaftlichen Stellung ab und waren deshalb höchst unterschiedlich. Der heute typische Anlaß zum Reisen aus touristischem Interesse war zwar in der Frühen Neuzeit nicht unbekannt, spielte aber nur eine marginale Rolle. Demgegenüber dominierten die unfreiwillig ›Reisenden‹ und die ›Reisenden‹ ohne Ziel, die Vagierenden, das Bild der Landstraße, die heute eher zu den Ausnahmen zählen. Als eine weitere Gruppe sind die beruflich Reisenden zu fassen, all jene also, die auf langen Wegen ihrem Broterwerb nachgingen. Der moderne Berufspendler zwischen Wohnung und Arbeitsplatz war dagegen vor der Industrialisierung, vor dem Eisenbahnbau und der Erfindung des Automobils oder des Fahrrades praktisch unbekannt.

Die Gruppe der beruflich Reisenden umfaßt jene, die im Zuge ihrer Berufsausübung bzw. ihres Broterwerbs auf einen, mehrere oder ständige Ortswechsel angewiesen waren. Hierzu gehört neben dem sozial hochstehenden, oft adligen Diplomaten, der für mehrere Jahre quer durch Europa in eine ausländische Residenz reiste, der Bauer, der von seinem Hof aus den nahe gelegenen Markt aufsuchte, ebenso wie der Bote, der Briefe und Nachrichten von Ort zu Ort übermittelte. Auch die Ausbildung zum Handwerksmeister erforderte im Anschluß an die Lehre eine mehrjährige Wanderzeit, die der Vertiefung der handwerklichen Kenntnisse und Fertigkeiten dienen sollte. Es galt die Regel, *was du nicht hast erlernet, mußt du erwandern, denn die Erfahrung wächset nicht allein aus der Zeit, sondern auch aus Veränderung der Oerter; derowegen muß ein solcher auch eine Zeitlang von der Stadt wandern.* So drückte es in einem Artikel *von der Stadt wandern* das imposante 68bändige Universallexikon des Leipziger Verlegers Johann Heinrich Zedler Mitte des 18. Jahrhunderts aus. Selbstverständlich sollten die wandernden Gesellen nicht *ihre*

Zeit auf der Straße oder in den Wirtshäusern oder etwa in der Scheune zubringen, sondern bei auswärtigen Meistern, in untadeligen Werkstätten arbeiten, und das, was in den Lehrjahren nicht vorgekommen ist, nachholen, oder von dem, was sie einigermaßen begriffen haben, einige Übung, Erfahrenheit und Vollkommenheit erlangen sollen, forderte Zedler weiter. (Q 96)

Wie in den meisten anderen Gilde- und Zunftbriefen wird auch von den Tischlern im Kurfürstentum Brandenburg 1734 verlangt, *daß derjenige, der Meister bei dem Gewerk* (Zunft) *der Tischler werden will, sich bei dem vom Magistrat dem Gewerke zugeordneten Beisitzer, und dem Altmeister melden solle, und nebst seinem Lehr-Brief, die seines guten Verhaltens wegen erhaltenen Zeugnisse vorzuzeigen, auch zu belegen habe, daß er wenigstens drei Jahre auf das Handwerk gewandert sei.* (Q 59) Dieser Wanderzwang führte dazu, daß umherziehende Handwerksgesellen bis weit in das 19. Jahrhundert eine typische Erscheinung auf den Straßen blieben.

Obwohl die großen Kaufherren in der Frühen Neuzeit – etwa die bekannten Fugger und Welser – ihre Waren nicht mehr selbst auf den Landstraßen begleiteten, sondern den Transport aus ihren Kontoren heraus organisierten, bevölkerten ihre weniger bedeutenden Berufskollegen weiterhin die wichtigen Handelsstraßen Europas. Ähnlich den Wanderjahren der Handwerksgesellen verbrachten auch die zukünftigen Kaufherren einen Teil ihrer Ausbildung im Ausland. So schickte der Nürnberger Kaufmann Friedrich Behaim 1533 seinen Sohn Paul in das Krakauer Kontor der Florentiner Firma Antonio de Nobili, um ihn *zu nichts anderem, als was den Handel belangt und für die Schreibstube nötig ist, heranzuziehen. Außerdem soll man ihn in die Handelsgeschäfte sorgfältig und fleißig unterweisen und ihm keine zur Ausübung des Handels notwendigen Praktiken vorenthalten.* (L 126)

Die großen jährlich stattfindenden Messen (etwa in Amsterdam, Nürnberg, Leipzig, Frankfurt/Main, Lyon oder in

Mailand) waren nicht nur Schaltstellen internationaler Geschäftskontakte, sondern auch Umschlagplätze für Waren und Güter. Für bestimmte Branchen war der regelmäßige Messebesuch unabdingbar. Ein bekanntes Beipiel sind die ›Druckerverleger‹ und ›Verlegersortimenter‹, also jene rund 200 Buchhändler, die Mitte des 17. Jahrhunderts die Buchmessen in Frankfurt am Main und Leipzig besuchten und zur Erweiterung ihres Sortimentes eigene Druckerzeugnisse bzw. Bücher aus ihrem Bestand mit anderen Buchhändlern austauschten. Die Masse der reisenden Kaufleute bildeten allerdings die vielen Hausierer und fliegenden Händler, die mit einem beschränkten Warenangebot oder mit einer kombinierten Dienstleistung den direkten Kontakt zu ihren Kunden finden mußten, wie zum Beispiel Kesselflicker, Sensenschmiede, Tandler, Scherenschleifer, Schuhflicker und Quacksalber. Der auf einem Kupferstich aus dem 17. Jahrhundert dargestellte schwerbeladene Topfkrämer sorgte etwa für den Absatz der zerbrechlichen und daher ständig benötigten irdenen Koch- und Aufbewahrungsgefäße, die früh in spezialisierten ländlichen Gebieten – bekannt ist etwa das Kannebäcker Land zwischen Taunus und Lahn oder das nördliche Hessen um Großalmerode – für den überregionalen Markt hergestellt wurden.

Verlangten diese Erwerbstätigkeiten mitunter längere Antrittswege und konnten sogar zu einem dauerhaften Unterwegssein führen, so legte die bäuerliche Bevölkerung in der Regel nur kurze Strecken zum nächstgelegenen städtischen Markt zurück, um ihre Agrarprodukte zu verkaufen und zugleich ihren Bedarf an Konsumgütern zu decken. Sie konnten relativ wohlhabende Vollbauern sein und mit Packtieren ihre Waren transportieren oder arme Pächter und Brinksitzer, die nur ein paar Hühnereier, eine Gans oder Obst zu Markte trugen.

Im Zuge einer Verdichtung der Handelsbeziehungen und des diplomatischen Nachrichtenverkehrs wurden zunehmend Kuriere und Boten eingesetzt. Außer den ad hoc für einen einzelnen Botengang angeheuerten Läufern bedienten Kuriere ein dichtes Netz überregionaler Postenrouten. Der Kupferstich von Gerhard Alzenbach um 1600 zeigt einen laufenden Boten mit den typischen Attributen: dem als Gehstock und Waffe zur Selbstverteidigung seit dem Mittelalter üblichen Spieß, dem breitkrempigen Hut, der Umhängetasche für die Depeschen und dem metallenen Abzeichen auf der Brust, das auf der hier frei gelassenen Fläche normalerweise das Wappen seines Dienstherrn trug. (Siehe Abb. S. 25)

Die zunehmende Professionalisierung des Kriegswesens und die damit verbundene allmähliche Ablösung des mittelalterlichen Ritterheeres durch die Landsknechtshaufen des 16. und 17. Jahrhunderts sowie die bald uniformierten, ständig einsatzbereiten, sogenannten Stehenden Truppen des 18. Jahrhunderts beeinflußten auch das Leben auf den Verkehrswegen. Vom Landsknecht bzw. Söldner wurde eine größere Mobilität verlangt, mußte er doch nicht nur wiederholt den Kriegsherrn und damit den Kriegsschauplatz wechseln. Vielmehr führten die dynastischen und bündnispolitischen Verflechtungen innerhalb des frühneuzeitlichen Mächteeuropas auch zum Einsatz vieler Fürstenheere auf allen möglichen europäischen Schlachtfeldern. Zunächst waren die Landsknechte noch in mehr oder weniger ungeordneten Haufen oder allein bzw. in einer kleinen Gruppe auf dem Weg von einem Kriegsdienst zum anderen. So legte beispielsweise ein unbekannt gebliebener deutschsprachiger Söldner während des Dreißigjährigen Krieges mehr als 22 000 Kilometer zurück und marschierte in dieser Zeit von Oberitalien zur Ostsee und von Hinterpommern nach Nordfrankreich. Zu Beginn seiner Odyssee überquerte er die Alpen und hielt sich im Jahre 1625 am Comer See auf. *Hier aufgesessen und gefahren bis nach Lecco, eine Tagesreise, gehört schon den Venedigern. Darauf nach Bergamo, darauf nach Brescia. Hier habe ich mich von den Venedigern anwerben lassen, in ihren Dienst. Da sind wir aus einer Stadt in die andere gezogen, in der Quartier war, also von Brescia nach Peschiera am Gardasee. Nach 3 Monaten sind wir gezogen mit unserer Kompanie nach Verona, von Verona nach 3 Monaten nach Verolanuova, liegt an der Mailänder Herrschaft. In diesem Jahr 1625 sind wir abgedankt worden. Da sind unser 2 gewesen, sind miteinander gezogen nach Como, nach Mailand, nach Pavia, nach Modena, nach Padua, nach Parma. Hier haben wir uns wieder anwerben lassen.* (Q 65)

Vor allem wenn sie in einer größeren Anzahl, also in einem Haufen, unterwegs waren, bestand die Gruppe nicht nur aus waffenfähigen Männern, sondern setzte sich aus deren Familienangehörigen, Marketendern, Handwerkern und Prostituierten zusammen – der sogenannte Troß. Auf dem Einblattholzschnitt des Hans Sebald Beham um 1530 sind Troßjungen, Ehefrauen der Söldner, Verwundete, aber auch Dirnen (die Frau mit dem Hahn auf dem Kopf) zu erkennen, die alle von dem Hurenweibel, der an der Spitze reitet und mit herrischem Blick und gebietender Geste den Troß überwacht, angeführt werden. (Siehe Abb. S. 26)

Für die Zeitgenossen spielte die Herkunft bzw. der Zielort der Söldner nur eine untergeordnete Rolle. Sie unterschieden meist nur in unter Vertrag stehende, sogenannte reisige Knechte und in gartende, also arbeitslose Söldner, die für ihre Mitmenschen auf der Straße zur latenten Belästigung und sogar zur Gefahr wurden, weil jene ihren Lebensunterhalt mit Almosen und kriminellen Handlungen zu bestreiten suchten.

Aber selbstverständlich wurden Soldaten nicht nur als Bedrohung empfunden, sondern erfüllten als Geleittrupps auch wichtige Sicherheitsfunktionen auf den Straßen. So wußte der bereits erwähnte Thomas Platter auf seiner Reise durch die Niederlande den Schutz von *etwa fünfzig bewaffneten Soldaten zu schätzen, mit der unsere Gesellschaft verstärkt wurde, zumal viele die Sorge hegten, daß man sie von Vlissingen aus überfallen könnte, welches gar oft geschehen war.* (Q 66)

Mit dem Dreißigjährigen Krieg begann ein tiefgreifender Wandel im Militärwesen. Der Aufbau einer immer effektiver werdenden funktionstüchtigen Heeresverwaltung und die obrigkeitliche Reglementierung und Disziplinierung der nach 1648 ›stehengebliebenen‹ Heere verdrängten nach und nach die umherziehenden Söldnerhorden aus dem Bild der Landstraßen. Die Soldaten mußten sich von nun an nach einer detailliert vorgeschriebenen Marschordnung bewegen und befanden sich unter ständiger Kontrolle ihrer Vorgesetzten, was das beliebte Marodieren und die Desertion immer mehr erschwerte. So vermittelt uns der zur preußischen Armee rekrutierte Schweizer Bauernsohn Ulrich Bräker einen lebhaften Eindruck von seinen Erfahrungen auf dem Marsch von Berlin nach Pirna im Jahre 1756: *So marschierten wir den ersten Tag (22. Aug.) zum Köpenicker Tor aus und machten noch vier Stunden bis zum Städtchen Köpenick, wo wir zu dreißig bis fünfzig bei Bürgern einquartiert waren, die uns für einen Groschen bewirten mußten. Den zweiten Tag (23.) ging's zehn Stunden bis nach Fürstenwalde; da gab's schon Marode, die sich auf Wagen mußten packen lassen; dies war auch kein Wunder, da wir diesen ganzen Tag nur ein einziges Mal haltmachten und stehenden Fußes etwas Erfrischung zu uns nehmen durften. Den dritten Tag (24.) ging's sechs Stunden bis Jakobsdorf, wo wir nun (25., 26. und 27.) drei Rasttage hielten. Den siebenten Tag (28.) marschierten wir bis Müllrose*

vier Stunden. Den achten (29.) bis Guben, vierzehn Stunden. Den neunten (30.) hielten wir dort Rasttag. Den zehnten (31.) bis Forst sechs Stunden. Den elften (1. Sept.) bis Spremberg sechs Stunden. Den zwölften (2.) bis Hoyerswerda sechs Stunden und da wieder Rasttag. Den vierzehnten (4.) bis Kamenz, dem letzten Örtchen, wo wir einquartiert wurden. Denn von da an kampierten wir im Felde und machten Märsche hin und her, daß ich selbst nicht weiß, wo wir überall durchkamen, da es oft bei dunkler Nacht geschah. Nur so viel erinnere ich mich noch, daß wir am fünfzehnten (5.) vier Stunden marschiert und bei Bilzem ein Lager aufgeschlagen hatten, wo wir zwei Tage (6. u. 7.) Rasttag hielten; daß wir dann den achtzehnten (8.) wieder sechs Stunden machten, uns bei Stolp lagerten und dort einen Tag (9.) blieben; daß wir endlich am zwanzigsten Tag (10.) noch vier Stunden bis Pirna zurücklegten, wo noch etliche Regimenter zu uns stießen, und wir nun ein weites, fast unübersehbares Lager aufschlugen und das über Pirna gelegene Schloß Königstein dies- und Lilienstein jenseits der Elbe besetzten. (Q 4)

Diese stehenden Heere der Frühen Neuzeit waren noch keine Wehrpflichtarmeen, sondern setzten sich hauptsächlich aus Freiwilligen zusammen, die in aller Herren Länder angeworben wurden. Zum Alltagsbild der Landstraßen gehörten daher seit der zweiten Hälfte des 17. Jahrhunderts sogenannte Werbetrupps, die verdeckt oder offen in ganz Europa operierten und geeignete junge Männer rekrutierten. Nach erfolgreicher Tätigkeit der Werber kehrten sie dann mit den frischangeworbenen Rekruten in die Garnisonen ihres Auftraggebers zurück, wie die Gruppe des erwähnten Ulrich Bräker, die von Schaffhausen nach Berlin reiste.

Den 15. März 1756 reisten wir in Gottes Namen, Wachtmeister Hevel, Krüger, Labrot, ich und Kaminski, mit Sack und Pack und, den letztern ausgenommen, alle mit Unter- und Übergewehr von Rottweil ab. Markoni (der Werbeoffizier) *gab mir 20 Gulden auf den Weg; was ich mehr brauche, sagte er, werde mir Hevel schießen* (borgen). *Dann klopfte er mir auf die Schulter: »Gott bewahre dich, mein Sohn, mein lieber, lieber Ollrich! auf allen deinen Wegen. In Berlin sehen wir uns bald wieder.« Dies sprach er auch sehr wehmütig, denn er hatte gewiß ein weiches Herz. Unsere erste Tagreise ging sieben Stunden weit bis ins Städtchen Ebingen, meist über schlechte Wege durch Kot und Schnee. Die zweite bis auf Obermarkt neun Stunden. Auf der erstgenannten Station logierten wir beim Rehe; auf der zweiten weiß ich selbst nicht mehr, was es für ein Tier war. An beiden Orten gab's nur kalte Küche und ein Gesöff ohne Namen. Den dritten Abend bis Ulm wieder neun Stunden. Diesen Tag fing ich an, die Beschwerlichkeiten der Reise zu fühlen; schon hatt' ich Schwielen an den Füßen und war mir's sonst sterbensübel. Im Städtchen Egna setzten wir uns ein Stück Wegs auf einen Bauernwagen, doch das gewaltige Schütteln dieses Fuhrwerks tat, zumal bei mir, seine gewohnte herzbrechende Wirkung. Als wir unweit Ulm abstiegen, ward's mir schwarz und blau vor den Augen. Ich sank zu Boden: »Um Gottes Barmherzigkeit willen«, sagt' ich, »weiter kann ich nicht; lieber laßt mich auf der Gasse liegen.« Ein barmherziger Samariter lud mich endlich auf seine nackte Mähre, auf der ich mich vollends bis ins Städtchen so lahm ritt, daß ich weder stehen noch gehen konnte. Zu Ulm logierten wir beim Adler und hatten dort unsern ersten Rasttag. Meine Kameraden besorgten da ihre alten Herzensangelegenheiten; ich legte mich lieber auf die faule Haut. Nur sah ich an diesem Ort einen Leichenzug, der mir sehr wohl gefiel. Das Weibsvolk ging ganz weiß bis auf die Füße. Den fünften Tag marschierten wir bis auf Gengen sieben Stunden. Den sechsten auf Nördlingen, wieder sieben Stunden, und hielten da den zweiten Rasttag. Hevel hatte dort beim Wilden Mann ein liebs Lisel. Sie spielte artig die Zither, er sang Lieder dazu. Sonst weiß ich von diesem und so vielen andern Orten, wo wir durchkamen, eben nichts zu erzählen. Meist erst nachts langten wir müde und schläfrig an, und morgens früh mußten wir wieder fort. Wer wollte da etwas recht sehen und beobachten können? Ach Gott! dacht' ich oft, wenn ich nur einmal an Ort und Stell' wäre, mein Lebtag wollt' ich nicht mehr eine so lange Reis' antreten. Kaminski war, wie ich schon einmal andeutete, ein lustiger Polacke, ein Mann wie ein Baum, ein Paar Beine wie zwo Säulen und lief wie ein Elefant. Labrot hatte auch seinen tüchtigen Schritt. Auch Krüger, Hevel und ich hingegen schonten unsere Füße nicht; und bald alle sechs Tage mußte man uns flicken oder versohlen. Am achten Tag ging's nach Gunzenhausen acht Stunden. Den neunten auf Schwabach acht Stunden. Den zehnten über Nürnberg bis Bayersdorf neun Stunden. Den elften bis Troppach zehn Stunden. Den zwölften über Bayreuth bis Bernig sieben Stunden. Den dreizehnten bis Hof acht Stunden. Den vierzehnten bis Schleiz sieben Stunden. Hier hielten wir wieder einmal Rasttag, und es war hohe Zeit. Von Gunzenhausen an hatten wir in keinen Betten gelegen, sondern, wenn's gut ging, auf elendem Stroh. Und überhaupt, obschon wir viele Denari* (Geldmünzen) *verzehrten, war's ein miserabel Leben, meist schlecht Wetter und oft abscheuliche Wege. Krüger und Labrot fluchten und pestierten* (schimpften/frz. pester) *den ganzen Tag; Hevel hingegen war ein feiner sittlicher* (feingesitteter) *Mann, der uns immer Geduld und Mut zusprach. Den sechzehnten ging's bis Cistritz zwölf Stunden. Darauf wieder ein Rasttag. Den achtzehnten bis Weißenfeld sieben Stunden. Den neunzehnten über die Elbe bis auf Halle. Als wir den breiten Strom passiert hatten, bezeugten die Sergeanten große Freude, denn nun betraten wir Brandenburger Boden. Zu Halle logierten wir bei Hevels Bruder, einem Geistlichen, der aber nichtsdestominder den ganzen Abend mit uns spielte und haselierte* (scherzte, lärmte), *so daß ich glaube, sein Bruder Sergeant war frömmer als er. Inzwischen war mein Geld alle; Hevel mußte mir noch zehn Gulden herschießen. Den zwanzigsten bis vierundzwanzigsten ging's über Zerbst, Dessau, Görz, Ustermark, Span-*

dau, Charlottenburg und sofort auf Berlin vierundvierzig Stunden. An den drei letzteren Orten wimmelte es von Militär aller Gattungen und Farben, so daß ich mich nicht satt gucken konnte; die Türme von Berlin zeigte man uns schon, eh' wir nach Spandau kamen. Ich dachte, wir hätten's in einer Stunde erreicht; so daß ich erstaunt war, als es hieß, wir gelangten erst morgen hin. (Q 4)

Die Ausbildung des frühneuzeitlichen Mächtesystems der europäischen Fürstenstaaten führte aber nicht alleine zu einer Professionalisierung des Militärs und einer immensen Vergrößerung der Heere, sondern auch zum Aufbau eines diplomatischen Apparates, der sich aus Sondergesandtschaften zu einzelnen Kongressen und Friedensverhandlungen sowie in zunehmendem Maße auch aus ständigen Vertretungen in den europäischen Machtzentren zusammensetzte. Vornehmlich für die Sondergesandten, die zwischen den einzelnen Fürstenhöfen pendelten, wurden die europäischen Verkehrswege zu einem regelmäßigen Aufenthaltsort. So ernannte zum Beispiel der gerade inthronisierte russische Zar Michail Fjodorowitsch im Jahre 1613 den Namestnik (Vizekönig) von Schatsk, Alexej Iwanowitsch Ziuzin, nicht nur zum Botschafter für herrschaftliche Angelegenheiten am englischen Hofe von König James I., sondern schrieb seinem Diplomaten auch penibel die Reiseroute vor. *Er sollte mit seinem Sekretär unverzüglich nach Wolobda gehen, von dort an die Dwina, dann weiter zur neu gegründeten Hafenstadt Archangelsk. Nach ihrer Ankunft in Wolobda sollten sie zur Fortsetzung ihrer Reise vom dortigen Wojwoden* (Gouverneur) *Michail Temkin-Rostowskij Boote übernehmen. Nach ihrer Ankunft in Archangelsk sollten sie auf einem englischen Schiff nach London reisen.* (Q 31) Angesichts der unsicheren Route über das stürmische Nordmeer versah der Zar seine Gesandtschaft mit einem an den dänisch-norwegischen König Christian IV. gerichteten Schutzbrief, der ihre Weiterreise garantieren sollte, falls sie ein Sturm an die norwegische Küste verschlagen sollte.

Diplomaten waren jedoch nicht nur – wie unser russisches Beispiel zeigt – in kleineren Trupps unterwegs. Zu den großen europäischen Friedenskongressen reisten sie in regelrechten Scharen an; während der Friedensverhandlungen in Münster tagten beispielsweise seit 1645 37 ausländische und 111 deutsche Gesandte, von denen allein der Herzog von Longueville, ein französischer Hauptgesandter, auf einen Stab von 1000 Personen zurückgriff. Ähnlich zahlreich verkehrten auch die adlig-höfischen Hochzeitsgesellschaften, die zu allerdings nur scheinbar privaten Anlässen unterwegs waren. Zu berücksichtigen ist nämlich, daß zur Pflege der internationalen Beziehungen im dynastischen Fürsteneuropa neben dem diplomatischen Gesandtenverkehr auch die Fürstenhochzeiten gehörten. Zu diesen Ereignissen reisten die Vertreter der beteiligten Adelsfamilien mit ihrer weitläufigen Verwandtschaft und Klientel an. Beeindruckend war die Gästeliste der mehrtägigen Feierlichkeiten zur Hochzeit der Jolanta von Lothringen mit Wilhelm von Hessen, die im Jahre 1496 in Kassel, der Residenz der hessischen Landgrafen, stattfand. Nach einem anonymen Bericht nahmen an dem Turnier zu Ehren der Brautleute folgende Personen teil: *Hermann als Erzbischof von Köln mit mehreren Fürsten und anderen Edelleuten, zusammen auf 600 Pferde geschätzt; Friedrich Markgraf von Brandenburg mit Gefolge, zusammen auf 400 Pferde geschätzt; der Abt von Fulda und andere Edle, zu 616 Pferden geschätzt; der Landgraf zu Marburg, Vetter des Verlobten und mit mehreren anderen, auf 658 Pferde geschätzt; Wilhelm Landgraf von Kassel mit vielen anderen, zu 1 000 Pferden geschätzt; schließlich andere aus dem Gefolge des Kurfürsten von Brandenburg und des Herzogs von Sachsen, geschätzt 76 Pferde, ohne diejenigen der Abgesandten des Königs von Sizilien, und ohne die der Äbte, Prälaten und Geistlichen, sowie die der Damen und ihrer Kutschen. Der Damen waren es gut dreihundert, unter welchen die Erste die Gräfin von Nassau war, Schwester des Herrn Landgrafen von Marburg, die Äbtissin von Kaufungen, die Gräfin von Salm, die Gräfin von Sayn und mehrere andere Gräfinnen, Damen und Demoisellen* (Hoffräulein), *welche aufzuführen zu lang sein würde.* (L 124)

Bisher begegneten uns Reisende, die im Rahmen ihrer Berufsausübung bzw. aus ihrer gesellschaftlichen Stellung heraus unterwegs waren. Dabei handelte es sich zum überwiegenden Teil um Menschen auf der Sonnenseite der Straße, um jene, die wirtschaftlich weitgehend abgesichert und sozial relativ fest eingebunden waren. Die Unsicherheit der frühneuzeitlichen Existenz, die keine umfassende staatliche soziale und wirtschaftliche Absicherung und nur ein in Ansätzen bzw. im Aufbau befindliches Versicherungswesen kannte, trieb jedoch immer wieder einzelne, Familien oder ganze Gemeinden auf die Schattenseite der Straße. Es genügte eine Feuersbrunst, die bei dem unzureichenden Brandschutz rasch auf mehrere Häuser übergriff, um die Bewohner ganzer Straßenzüge obdachlos zu machen. Solche sogenannten Abgebrannten vermehrten zusammen mit anderen von Hochwasser, Trockenheit und sonstigen Naturkatastrophen sowie den durch Überschuldung, Konkurs und Depression in wirtschaftliche Not geratene Existenzen die ohnehin große Zahl der Vaganten.

Ebenso wie durch die Formierung der stehenden Heere und den Aufbau des Gesandtschaftswesens Soldaten und Diplomaten in vorher unbekannter Zahl die Landstraßen bevölkerten, trieben auch die sozialen und politischen Kosten der frühmodernen Staatsbildung zahlreiche Menschen zur Aufgabe ihrer ortsgebundenen Existenz. Neben den meist als Individuen auftretenden Deserteuren und entlaufenen Knechten waren das vor allem die oft in die Tausende gehenden Flüchtlingsgemeinden, die vor der ›Kriegsfurie‹ flohen oder aus konfessionellen Gründen aus ihrer Heimat vertrieben worden waren. Kehrte zumindest ein Teil der Flüchtlinge später wieder zurück oder hatte dies wenigstens anfangs vor, so beabsichtigten die Auswanderer die völlige und dauerhafte Loslösung von der Heimat.

Der unfreiwillige Soldat Ulrich Bräker nutzte das Kampfgetümmel in der Schlacht von Lowositz am 1. Oktober 1756 zur Desertion und *schlich also zuerst mit langsamem Marsch ein wenig auf diese linke Seite, die Reben durch. Noch eilten etliche Preußen bei mir vorbei: »Komm, komm, Bruder!« sagten sie, »Viktoria!« »Ich antwortete kein Wort, tat nur ein wenig blessiert* (verwundet), *und ging weiter langsam fort, freilich mit Furcht und Zittern. Sobald ich mich indessen soweit entfernt hatte, daß mich niemand mehr sehen mochte, verdoppelte, verdrei-, vier-, fünf-, sechsfachte ich meine Schritte, blickte rechts und links wie ein Jäger, sah noch von weitem – zum letzten Mal in meinem Leben – morden und totschlagen, strich dann in vollem Galopp an einem Gehölz vorbei, das voller toter Husaren, Panduren und Pferde lag, rannte gerade den Fluß herunter und stand jetzt an einem Tobel. Ich faßte also den Entschluß, gerad auf sie* (die Österreicher) *zuzulaufen. Als ich nun zu ihnen kam und mich als Deserteur angab, nahmen sie mir das Gewehr ab. Alsdann führten sie mich ins nächste Dorf. Da gab's ein Zetermordiogeschrei von Männern, Weibern und Kindern. Jeder wollte zuerst auf der Fähre sein, aus Furcht vor den Preußen. Auch ich war keiner von den letzten, der mitten unter eine Schar von Weibern hineinsprang. Wenn nicht der Fährmann etliche derselben hinausgeworfen hätte, wären wir alle ersoffen. Jenseits des Flusses stand eine Panduren-Hauptwache. Meine Begleiter führten mich auf dieselbe zu, und diese roten Schnurrbärte begegneten mir aufs manierlichste. Morgens darauf (2. Okt.) ging ich mit einem Transport ins kaiserliche Hauptlager ab. Hier traf ich etwa zweihundert andere preußische Deserteure an. Schließlich bekamen wir in Prag Pässe, je zu sechs, zehn bis zwölf, welche einen Weg gingen; denn wir waren ein wunderseltsames Gemengsel von Schweizern, Schwaben, Sachsen, Bayern,*

Tirolern, Welschen, Franzosen, Polacken und Türken. Einen solchen Paß bekamen unser sechs zusammen bis Regensburg. Heim! heim! Nichts als heim! Den 5. Oktober traten wir nun unsere wirkliche Heimreise an. Es war schon abends, als wir von Prag ausmarschierten. Wir kamen noch bis auf Schibrack, den 6. bis Pilsen. Den 8. bis 12. ging's über Stab, Lensch, Kätz, Kien und sofort auf Regensburg, wo wir zum zweitenmal rasteten. Bisher hatten wir nur kurze Tagreisen von zwei bis drei Meilen gemacht, aber desto längere Zechen. Zu Regensburg oder vielmehr im bayerischen Hof verteilten wir uns wieder. Bachmann und ich erhielten dort einen Paß nach der Schweiz. Die andern, ein Bayer, zwei Schwaben und ein Franzose, von denen ich nichts weiter zu sagen weiß, als daß sie alle viere rüstige Kerls und uns Tölpeln weit überlegen waren, nahmen jeder seine Straße. (Q 4)

Die Desertion war jedoch nicht ganz ungefährlich, immerhin drohte dem gefaßten Fahnenflüchtling die Todesstrafe. Dennoch flohen allein in Preußen zwischen 1713 und 1740 30 216 Männer, was etwa einem Viertel der in diesem Zeitraum angeworbenen Söldner entspricht. Die Soldaten versuchten, sich mit ihrer Fahnenflucht nicht nur dem drückenden Dienst und der strengen Disziplinierung zu entziehen, sondern auch den Kriegsgefahren zu entgehen.

Die zahlreichen Kriege der Frühen Neuzeit stellten trotz der zunehmenden Zähmung der ›Kriegsfurie‹ für die zivile Bevölkerung unter Umständen eine existentielle Gefahr dar. Ganze Landstriche wurden entvölkert, und ganze Dorfgemeinden zogen schutzsuchend in die nächstgelegene befestigte Stadt, die zumindest vor den umherziehenden Knechten und Marodeuren Schutz bot. So berichtet der Ulmer Handwerker Hans Heberle von mehreren Fluchten in die Festung Ulm während des Dreißigjährigen Krieges. *Da haben wir alles beieinander liegen lassen müssen, was man besaß, damit man nur mit Weib und Kindern und mit dem Leben davon kommt, Hab und Gut hat man dafür gern fahren lassen, so groß ist die*

Not gewesen. Am Abend sind wir vor die Stadt angekommen, zusammen mit vielen tausend Menschen von allen Orten her, und haben über Nacht vor der Stadt gelegen, und sind am anderen Morgen in die Stadt Ulm eingelassen worden. Dann kam zur Osterzeit in der Karwoche wieder ein ganzes Regiment Reiter in die Dörfer. Die haben wieder die Leute in große Ängste und Schrecken gebracht. Die Söldner sind in alle Flecken und Dörfer gefallen, haben alles dasjenige genommen so einer hatte, sie haben Weib und Kinder und alle Menschen in die Wälder und Hölzer getrieben und gejagt wie die wilden Tiere. Wen sie gefunden haben, den haben sie übel geschlagen oder sogar erschossen, und jedermann alles genommen. Da haben wir wieder in die Stadt Ulm weichen müssen, so daß fast niemand mehr auf dem Land gewesen ist. (Q 100)

In der zweiten Hälfte des 17. Jahrhunderts wurde dann das Oberrheingebiet Schauplatz der Kriege des französischen Sonnenkönigs Ludwig XIV. gegen das Reich. Besonders die Bevölkerung der Pfalz hatte damals zu leiden, und Flüchtlingsströme ergossen sich wiederholt nach Norden und Osten ins Innere des Reiches. Die Stadt Speyer wurde nach einer Brandschatzung durch französisches Militär im Jahre 1689 von ihren mehreren tausend Einwohnern völlig aufgegeben und stand für ein knappes Jahrzehnt leer und unbewohnt.

Aber nicht alleine die Kriegshandlungen vertrieben viele Menschen. Besonders während der zweiten Hälfte des 16. und dem ersten Drittel des 17. Jahrhunderts wiesen die um konfessionelle Einheitlichkeit ihres Territoriums bemühten Fürsten Andersgläubige aus. Bekanntes Beispiel sind die niederländischen Exulanten, von denen in diesem Zeitraum rund 100 000 ihre Heimat verlassen mußten und sich in England, vor allem aber in den deutschen Städten des Rheinlandes ansiedelten. Ausläufer der konfessionellen Unduldsamkeit wirkten aber auch noch bis in die erste Hälfte des 18. Jahrhunderts nach und bescherten vielen deutschen Territorien den Zuzug der Hugenotten aus Frankreich nach 1685 (als das aus dem Jahre

1598 stammende Toleranz-Edikt von Nantes aufgehoben wurde) und der Salzburger Protestanten nach 1732. Ihnen setzte bekanntlich Johann Wolfgang von Goethe mit *Hermann und Dorothea* ein literarisches Denkmal. Neben diesen bekannten und großen Exulantengruppen waren beständig kleinere protestantische Gemeinden unterwegs auf der Suche nach einer neuen Heimat, etwa die Waldenser, die Mennoniten, die Pfälzer und viele andere mehr. Entsprechend dem frühneuzeitlichen Herrschaftsverständnis erfolgte die Austreibung nicht unmittelbar oder spontan, sondern durch landesherrliche Verordnungen. So befahl Viktor Amadeus, der Herzog von Savoyen, am 1. Juli 1698, *daß die, die unter dem Namen Waldenser in den Tälern von Luserna wohnen, ungeachtet aller von uns früher erteilten Genehmigungen und Befehle, welcher Art sie auch gewesen sein mögen, sich aus den genannten Tälern binnen zwei Monaten nach Veröffentlichung dieses Befehles bei Todesstrafe zu entfernen haben. Während dieser Zeit haben die, die dort Güter besitzen, die Möglichkeit, sie zu verkaufen. Wir befehlen außerdem allen Pfarrern* (der Waldenser) *dieser Täler bei zehn Jahren Galeerenstrafe, sich auf keinen Fall an irgendeinen Ort im Staatsgebiet seiner Majestät zu begeben.* (Q 35)

Wurden Menschen einerseits aus konfessionellen Motiven vertrieben, so suchten die Fürsten andererseits den Abfluß von Arbeitskräften und Steuerzahlern durch Auswanderung zu unterbinden. Die mangelnden Mittel zu flächenmäßiger Kontrolle konnten aber doch nicht verhindern, daß Jahr für Jahr Tausende von Auswanderern ihre Heimat verließen. Dabei blieben Ungarn, der Balkan und Rußland bis in die erste Hälfte des 19. Jahrhunderts die häufigsten Ziele deutscher Emigranten, wenngleich auch die Fahrt über den Atlantik in die Neue Welt immer beliebter wurde. So erreichten zwar 1710 rund 3000 Pfälzer die britischen Kolonien in Nordamerika, gleichzeitig zogen aber 80 000 ihrer Landsleute nach Ungarn.

War das Unterwegssein dieser Personen zielgerichtet und

zeitlich begrenzt, wollte also der Deserteur in seine Heimat zurückkehren, der Kriegsflüchtling in sichere Gebiete ausweichen, der Religionsflüchtling ein Refugium finden und der Auswanderer in einem anderen Land eine neue Existenz aufbauen, so befanden sich am untersten Rand oder gar außerhalb der ständischen Gesellschaft zahlreiche Menschen, die ohne festes Ziel und dauerhaft unterwegs waren. Ihnen war die Straße gewissermaßen zur Heimat geworden, und sie lebten entweder von Almosen und Bettelei, Schaustellerei und Wahrsagerei oder von kriminellen Handlungen, deren Skala von Betrug bis zur Anwendung offener Gewalt reichte. Einen Sonderstatus nahmen die Roma und Sinti ein, die als ethnische Minderheit gewissermaßen nomadisierend kreuz und quer durch Europa zogen und erstmals im 16. Jahrhundert im Reich auftauchten. Im Zuge einer Verfestigung des frühmodernen Staates, der an einer möglichst effektiven Kontrolle seiner Untertanen interessiert war, sahen sich nichtseßhafte Menschen einem zunehmenden Druck ausgesetzt, der seinen Niederschlag nicht nur in Hunderten von Verordnungen und Edikten gegen fahrendes Volk, sondern auch in polizeilichen Landesausweisungen fand. So verfügte am 21. November 1529 der Schwäbische Bund, die überregionale Organisation einiger südwestdeutscher Herrscher, *daß die Zigeuner, zu welchem Zweck und an welchem Ort, in und außerhalb des Bundes sie bisher hin und her gezogen und sich aufgehalten und Unterschlupf hatten, da sie sich gegenüber dem gemeinen Mann auf dem Land und sonstwo fast schädlich und nachteilig verhalten, auch aus anderen vielfältigen redlichen und beweglichen guten Ursachen, sich entfernen sollten, und sie nicht in die Herrschaften und Gebiete der Bundesstände eingelassen und geduldet werden sollen. Jeder Bundesstand soll sich an diesen Beschluß halten, also die Zigeuner in seine Fürstentümer, Herrschaften und Gebiete nicht einlassen, dulden noch ihnen Aufenthalt und Unterschlupf gestatten, sondern dieselben austreiben und verweisen. Sollte dies einem Bun-*

desstand schwerfallen und derselbe um Unterstützung bitten, ist ihm gemäß der Bundeshilfe beizustehen. (L 51)

Die Zigeuner, die Vaganten und Entwurzelten reagierten auf diesen obrigkeitlichen Druck teilweise mit der Einrichtung überregionaler Kommunikationssysteme, etwa das Rotwelsch, eine spezielle Gaunersprache, und vor allem mit der Bildung wohlorganisierter Banden, die aus abseits gelegenen Schlupfwinkeln heraus planmäßig vorbereitete Überfälle verübten. Besonders in der zweiten Hälfte des 18. Jahrhunderts und auch noch im frühen 19. Jahrhundert machten große Banden weite Gebiete Süd- und Westdeutschlands unsicher, unter denen jene vom legendären Schinderhannes geführte nur die bekannteste ist. In Friedrich von Schillers »Räubern«, als »Rinaldo Rinaldini«, der Romanheld von Goethes Schwager Christian August Vulpius, und nicht zuletzt in den vielen Volksmärchen und Kinderbüchern, etwa dem Räuber Hotzenplotz von Otfried Preußler, fanden diese Banden und Räuberhauptmänner Eingang in die Literatur und blieben bis heute lebendig.

Das halbe Dutzend dieser Räuberbanden wurde zwar endgültig durch die romantische Verklärung in Wilhelm Hauffs »Wirtshaus im Spessart« volkstümlich, letztlich spielten sie aber rein quantitativ nur eine geringe Rolle, zumindest im Vergleich mit den Zehntausenden von umherziehenden Bettlern und Invaliden. Ursache wie Folge des traurigen Bettlerloses waren meist körperliche Gebrechen und Krankheiten, die einen geregelten Broterwerb als Tagelöhner, Bauer oder Handwerker unmöglich machten. Neben der Bettelei erregten diese vagierenden Armen durch kleinere Diebstähle – wohl nur selten mehr als Mundraub – immer wieder die Aufmerksamkeit der Obrigkeiten, die mit drakonischen Strafen drohten. Es leuchtet ein, daß bei einer solchen Existenz die Einstiegsschwelle zu einer kriminellen Karriere recht niedrig lag, eine Aufnahme in eine der erwähnten Räuberbanden also nicht unwahrscheinlich war. Ein anschauliches Bild liefert ein am 29. Mai 1753 vom Nürnberger Stadtrat angefertigtes Protokoll zu dem Verhör des inhaftierten 23jährigen arbeitslosen Andreas Bauer, der eine Frau und ein Kind zu ernähren hatte: *Nachdem derselbe am 16. Dezember vergangenen Jahres auf einem in der Nacht vorher zu Bernhof begangenen Diebstahls mittels eines ausgeschickten Streifkommandos nebst anderem diebischen Gesinde ertappt und festgenommen worden war,* hatte ein Kreuzverhör ergeben, *daß dieser Andreas Bauer, insgeheim der Stecken-Bub oder Stecken-Andreas genannt, die meiste Zeit auf dem Land müßig herumgegangen und sich mit Betteln und Stehlen ernähret hat. Insgesamt sind 76 auf dem Lande hin und wieder in verschiedenen Dorf- und Herrschaften begangene Diebstähle wirklich bekannt und eingestanden worden, welche er teils alleine, teils mit Beihilfe seiner Diebs-Kameraden vermittelst nächtlichen Einsteigens begangen und mit begehen geholfen hat. Entwendet wurden verschiedene Sachen, so meistens Schweine, Gänse, frisches und geräuchertes Fleisch, Schmalz, Getreide, Brot, Milch, Männer- und Weiberkleider, Bettleinen, Flachs, Garn und vieles mehr, manchmal auch bares Geld.* Als *höchstschädlicher und gefährlicher Land-Dieb* wurde Bauer *für schändliches Landstreuen, Mausen und Stehlen* zum Tode durch den Strang verurteilt. (L 85)

Eine besondere Gruppe unter den Vaganten stellten die kriegsversehrten und überhaupt die aus Altersgründen oder körperlichen Gebrechen entlassenen Soldaten dar – die Invaliden. Zwar wurden viele im Staatsdienst beschäftigt, empfingen regelmäßige Pensionszahlungen oder fanden gelegentlich Zuflucht in einem Invalidenheim; eine große Zahl fiel jedoch durch das noch weitmaschige Netz staatlicher Fürsorge und war auf Almosen angewiesen. Da sie zur körperlichen Arbeit in Landwirtschaft oder Bauhandwerk nicht fähig waren, mußten sie zum Erwerb der lebensnotwendigen Mittel auf gelegentliche Trickbetrügereien, Kuppelei oder harmlose Diebstähle zurückgreifen. Die damit einhergehende Kriminalisierung und die latent vorhandene Bereitschaft zur Ausgrenzung randständiger Gruppen trieben jene Invaliden auf die Straße. Hier jedoch drohte den rastlos Umherziehenden ständig die Gefahr, von landesherrlichen Bütteln aufgegriffen und in ein Arbeits- oder Zuchthaus gesteckt zu werden. Ein preußisches Patent aus dem Jahre 1718 verlangte, daß *alle müßigen Bettler, so als Invaliden oder abgedankte Soldaten im Lande herum vagieren, arretieret, und nach Kolberg geschickt werden sollen, sie mögen einen Abschied haben oder nicht, auch wenn sie versehrt sein sollten oder sonst eine Krankheit vortäuschen sollten, sofern sie nur zu einfachen Arbeiten oder Herrendienst in der Garnison noch taugen mögen.* (Q 59)

Haben wir bisher Menschen auf den Verkehrswegen beobachtet, die entweder quasi beruflich oder aus Not unterwegs waren oder als Vagierende auf der Straße lebten, so umfaßt eine letzte Gruppe jene Reisenden, die aus mehr oder minder touristischen Motiven und aus immateriellen Interessen heraus unterwegs waren. Ähnlich den bisher behandelten Personenkreisen sind auch hier Menschen aus den verschiedensten sozialen Schichten vertreten. So begegnet man auf der Straße dem jungen Adligen auf seiner Kavalierstour, dem Studenten, der die Universität wechselt oder in die Semesterferien geht, dem Wallfahrer auf der Suche nach seinem Seelenheil, dem Badereisenden mit dem Bedürfnis nach körperlicher Heilung und geistiger Zerstreuung, dem Forschungs- und Bildungsreisenden und dem Schlachtenbummler, der die bedeutenden Kriegsschauplätze besichtigt.

Das bekannteste Beispiel für diese Art der Sensationsbefriedigung anläßlich militärischer Aktionen stellt wohl die von Goethe beschriebene Kanonade von Valmy im Jahre 1792 dar. Fanden Schlachten in der Nähe größerer Städte statt, so zogen mitunter Tausende von Schaulustigen während oder nach den Kampfhandlungen zum Ort des Geschehens. Wie der Berliner Johann David Müller notierte, war am 24. August 1813 die *ganze Tour vom Halleschen Tor in Berlin bis nach*

Großbeeren mit einem Zug von Fourage-, Proviant- und Privatwagen besetzt; der Zug bewegte sich nur langsam und brachte eine unabsehbare Menschenmenge, von der Neugierde aus Berlin heraus gelockt, nach Großbeeren, die hier ein Chaos von Menschen, Militär, Leichen, toten Pferden, Kugeln, Tornistern, Schuhen, Riemzeug etc erblickte. Nachmittags brannten zahllose Küchenfeuer, und um fünf Uhr wurde überall umgeben von Leichnamen gespeist, und viele tausend Berliner nahmen an dem Mittagessen teil. (Q 57)

Freilich waren nicht alle Reiseziele derart martialisch. So vergnügte sich das gehobene Stadtbürgertum seit der Mitte des 18. Jahrhunderts auf den immmer beliebter werdenden *Pikeniks und Spazierfahrten*, um die *schönen Gegenden* zu bewundern. Erinnert sei hier nur an den berühmten Osterspaziergang in Goethes Faust, der den Doktor mit seinem Famulus aus der grauen Stadt hinaus in die grünen Frühlingsgefilde führt.

Die spätmittelalterliche Kirchenkrise und neue Frömmigkeitsbewegungen führten bekanntlich nicht alleine zur Reformation, sondern auch zu einer Wiederbelebung und teilweisen Verstärkung der spezifisch katholischen Frömmigkeitsformen. Um Seelenheil, Fürbitte und Ablaß zu erlangen, nahmen Frauen, Männer, ja ganze Familien die Fährnisse einer Reise auf sich und bevölkerten als Wallfahrer und Pilger die europäischen Verkehrswege. Dabei sind zwei Typen von Pilgern zu unterscheiden. Zunächst jene, die sehr weite Distanzen zurücklegten und oft über Monate oder sogar Jahre unterwegs waren, um die bedeutenden Pilgerstätten und Wallfahrtsorte zu besuchen. So wanderten etwa die Jakobsbrüder auf festgelegten, von St. Jakobs-Kirchen gesäumten Routen quer durch Europa, den sogenannten Jakobswegen, in die nordwestspanische Stadt Santiago de Compostella zu den Reliquien des heiligen Apostels. Weitaus zahlreicher waren jene Pilger, die sich auf dem Weg zu regionalen Wallfahrtsorten befanden, wie etwa die bekannte Wieskirche in Oberbayern, Kevelaer am Niederrhein, Altötting in Oberbayern und Walldürn im badischen Franken. Diese Reisen dauerten zwar meist nur wenige Tage, wurden dafür aber mehrmals jährlich unternommen. Selbst gegen Ende des 18. Jahrhunderts, als die aufgeklärten Fürsten versuchten, das ausufernde Wallfahrtswesen einzudämmen, und sich eine tiefgehende Verweltlichung in weiten Bevölkerungskreisen beobachten läßt, blieben Pilger auf der Straße ein gewohnter Anblick. So notierte Goethe während seiner Italienreise im Jahre 1786 folgende Begebenheit: Bei der Fahrt auf dem oberitalienischen Fluß Brenta *mit dem öffentlichen Schiffe in gesitteter Gesellschaft gesellte sich zu vielen abwechselnden Bildern und Gestalten eine Erscheinung, die, obgleich aus Deutschland stammend, doch hier ganz eigentlich auf ihrem Platz war, zwei Pilger nämlich. Sie haben das Recht, mit dieser öffentlichen Gelegenheit umsonst weitergebracht zu werden. Als ich vernahm, daß es Deutsche seien, keiner andern Sprache mächtig, gesellte ich mich zu ihnen und vernahm, daß sie aus dem Paderbornischen kamen. Beides waren Männer schon über fünfzig, von dunkler, aber gutmütiger Physiognomie. Sie hatten vor allem das Grab der Heiligen Drei Könige zu Köln besucht, waren dann durch Deutschland gezogen und nun auf dem Wege zusammen bis Rom, um dann ins obere Italien zurückzugehen; dann wollte der eine wieder nach Westfalen wandern, der andere aber noch den Heiligen Jakob zu Compostella verehren.* (Q 24) Im Gegensatz zur mehr als einjährigen Pilgerfahrt der beiden Westfalen unternahm der Würzburger Tuchscherer Jakob Röder nur kurze Wallfahrten nach Walldürn, Dettelbach, Maria Buchen und Kreuzberg, die kaum länger als zwei Tage dauerten, an denen aber mitunter 500–600 Würzburger teilnahmen. Aus seinem Tagebuch erfahren wir, daß er zwischen 1599 und 1618 insgesamt 54mal diese Wege zurücklegte. (Q 37)

Die modernen Kultur- und Bildungsreisen hatten ihre Vorläufer in den adligen Kavalierstouren, die im Laufe der Frühen Neuzeit immer beliebter wurden und zum festen Bildungsgang des europäischen Adels gehörten. Im allgemeinen besuchten die jungen Kavaliere die politisch und kulturell interessanten Städte, Fürstenhöfe und Regionen Europas, vor allem in Frankreich, Italien und in den Niederlanden, bald auch in England. Allerdings schränkte die konfessionelle Spaltung Europas die Auswahl der Reiseziele gegen Ende des 16. und im frühen 17. Jahrhundert noch ein. So bestimmte der reformierte Landgraf Moritz in seinem Testament von 1612, daß die hessischen Prinzen und jungen Adligen zu den *Heerlagern und Universitäten der Hugenotten und in die Niederlande ziehen sollten, während er ausdrücklich vor Italien und Spanien warnte, weil dort Scheinheiligkeit und Verführung in der Religion und in profanen Sachen zu erwarten seien!* (L 46) Die jungen Edelleute waren auf ihrer zuweilen mehrjährigen Tour längst nicht nur allein oder mit einem Begleiter bzw. Burschen, sondern auch in mehrköpfigen Gruppen unterwegs. Diese konnten sich aus wenigen Dienern und einem Hofmeister zusammensetzen, bestanden aber bei Prinzen des europäischen Hochadels oft aus einer umfänglichen Entourage. Gelegentlich stellten die Adligen ihren Stand bewußt nicht heraus und reisten inkognito. Teilweise wirkte hier die Lust an der Maskerade, teilweise aber, besonders in Krisen- und Kriegszeiten, bot die Anonymität einen sinnvollen Schutz. Der katholische polnische Thronfolger Wladyslaw Wasa hielt es nämlich durchaus für ratsam, sich als einfachen Offizier oder Landadligen auszugeben, als er während der Anfangsphase des Dreißigjährigen Krieges auch die protestantischen Länder Europas besuchte. Eine Rolle spielten auch staatsrechtliche und konventionell höfische Gründe, konnte man doch mit dem Inkognito aufwendige wie lästige, protokollarisch vorgeschriebene Zeremonien und Rangstreitigkeiten vermeiden. Wie ein Begleiter des polnischen Kronprinzen während der Durchreise in Breslau im Juni 1624 berichtete, konnte es bei diesem Versteckspiel zu komischen Situationen kommen. *Nach dem Mittagessen verließen wir Breslau, denn die Anwesenheit des Kronprinzen war dort bereits ruchbar geworden. Ein noch ahnungsloser biederer einheimischer Offizier, der nichts anderes dachte, als daß wir einfache Soldaten wären, geleitete uns aus der Stadt. Er folgte Herrn Dehnhoff (einem anderen Begleiter des Kronprinzen) auf Schritt und Tritt und bat unentwegt, ihn, wenn wir wieder in Polen seien würden, dem Kronprinzen zu empfehlen. Bei dieser seiner Einfältigkeit erlaubten wir ihm, die Kutsche zu besteigen und uns bis hinter die Stadt zu begleiten, worum er uns sehr gebeten hatte. Als wir nun die Stadt verlassen hatten und den guten Hauptmann verabschiedeten, sagte ihm Herr Dehnhoff: »Herr Hauptmann, Ihr batet mich wiederholt, Euch dem Allerdurchlauchtigsten Kronprinzen, meinem Herrn, zu empfehlen, sowie ich in Polen ankomme. Und ich versprach Euch so zu handeln. Doch der Allergnädigste Kronprinz befindet sich zur Zeit gar nicht in Polen, sondern vielmehr hier«, und er zeigt auf den Kronprinzen, »weshalb ich Euch gleich an Ort und Stelle empfehlen und Seine Hoheit überreden konnte, daß Seine Hoheit sich Euch zu erkennen gebe und Euch Seiner Gnade versichere.« »Heilige Mutter Gottes!« Als der Hauptmann begriff, daß es der Kronprinz selbst war, mit dem er so respektlos umgegangen war: ›Hol Dich doch der…‹, fiel er Seiner Hoheit zu Füßen und bat ihn inbrünstig, es ihm nicht zu verübeln und ihn in Gnaden zu entlassen.* (Q75)

Gegen Ende des 18. Jahrhunderts warb der hannoversche Aufklärer und mit seinem Werk ›Über den Umgang mit Menschen‹ sprichwörtlich gewordene Adolph von Knigge für die Bildungsreise bei den vornehmen Ständen, also auch dem Bürgertum. *Auch mische man sich auf den Reisen, wenn es uns ernst ist, unsere Menschen- und Länderkenntnis zu erweitern, unter Personen von allerlei Ständen. Die Leute von gutem Tone sehen einander in allen europäischen Staaten und*

Residenzen ähnlich, aber das eigentliche Volk, oder noch mehr der Mittelstand trägt das Gepräge der Sitten des Landes. Nach ihnen muß man den Grad der Kultur und Aufklärung beurteilen. (Q 39)

Lange vor den Nordseebädern des 19. Jahrhunderts kannte man die heilende Wirkung bestimmter Quellen. So reisten seit dem Mittelalter wohlhabende Bürger und Adlige auf ärztlichen Rat in Kurorte – etwa das bekannte Leuker Bad im Wallis und seit dem 16. Jahrhundert (Bad) Pyrmont –, um Linderung ihrer körperlichen Beschwerden zu erlangen. Besonders ab der zweiten Hälfte des 18. Jahrhunderts erfreuten sich solche Heilkuren zunehmender Beliebtheit. Allein im Jahre 1793 verzeichneten die Kurorte Wiesbaden 8260 und Karlsbad 700 Besucher. Die *Badesaison* wurde für betuchte Zeitgenossen zu einem festen Bestandteil des Jahresablaufes. So reiste der Weimarer Staatsminister Johann Wolfgang von Goethe zwischen 1785 und 1823 insgesamt 22 mal in die böhmischen Bäder, nach Pyrmont, Berka, Wiesbaden und Tennstedt; jeder Kuraufenthalt dauerte 15 bis 19 Wochen. Besonders im niedersächsischen Pyrmont gab sich bereits während des 17. und 18. Jahrhunderts die europäische Hocharistokratie ein exklusives Stelldichein. Allein im Jahre 1681 kurten dort 40 königliche und fürstliche Personen, darunter 24 regierende Herrscher. Der gesellschaftlichen Anziehungskraft der vornehmen Badeorte war die Hoffnung auf Heilung vorangegangen, und regelrechte Wunderberichte über die Wirkung bestimmter Heilquellen verbreiteten sich wie ein Lauffeuer in ganz Europa und lockten Mitglieder aller sozialen Schichten an. So berichtet ein lokaler Chronist im Jahre 1556 von den turbulenten Anfängen des Badeortes Pyrmont, die an die religiösen Erregungen im Zusammenhang mit den wundertätigen Marien- und Heiligenerscheinungen erinnern: *Daher ist ein Geschrei ausgebrochen, als sollte und könnte dieser Brunnen alle Seuchen und Gebrechen heilen. Es war schier kein Blinder, Tauber oder vom Mutterleib Lahmer und kein Aussätziger, der nicht hoffte, durch diesen Brunnen seine Gesundheit wiederzuerlangen. Da sah man auf allen Straßen die Kranken auf Karren, Wagen und Schlitten bringen, gehen und kriechen. Welche nahe dabei wohnten und durch keine anderen Mittel die Ihren dahin bringen konnten, trugen sie auf den Rücken zum Brunnen und waren so viele Menschen dabei, daß sie nicht anders als in einem Feldlager umherlagen.* (L 24)

Vorbereitung und Ausrüstung

Die Reisen in der Frühen Neuzeit unterschieden sich hinsichtlich Dauer und Sicherheit beträchtlich vom modernen Verkehr. Lassen heute Flugzeug, Eisenbahn und Automobil auch größte Distanzen auf wenige Stunden zusammenschrumpfen, war man damals bereits innerhalb Europas tage-, wochen-, monate-, ja oft jahrelang unterwegs. Sind die Gefahren am Ende des 20. Jahrhunderts, auf einer Reise zu Schaden zu kommen oder sein Reiseziel nicht zu erreichen, minimal, so sah sich der frühneuzeitliche Reisende einer breiten Palette von Gefahren ausgesetzt, die von ungünstiger Witterung, plötzlich auftretenden Krankheiten, Kriegen und Unruhen, Räubern und Rebellen, unnachgiebigen und korrupten Zöllnern sowie nicht zuletzt von dem desolaten Zustand der Verkehrswege und der Verkehrsmittel ausgingen. Mit heute teilweise wenig probat erscheinenden Reisevorbereitungen und einer Fülle von Utensilien und Hilfsmitteln versuchte man, diesen vielfältigen Gefahren und Unwägbarkeiten vorzubeugen.

Das Zedlersche Universallexikon aus dem 18. Jahrhundert lieferte seinen Lesern insgesamt 91 Reisetips, von denen manche auch heute noch Gültigkeit besitzen, andere dagegen den spezifischen Problemen der Frühen Neuzeit Rechnung tragen: *3) Mache dir, vornehmlich, ehe du in ein Land gehst, die Münzen der Provinz bekannt und lasse sie dir von Kaufleuten, die deine guten Freunde sind, erklären. Denn sonst lernst du dieselben gewiß in der Fremde mit deinem Schaden kennen. 5) Kauf die neuesten und speziellsten Beschreibungen des Landes oder derjenigen Städte ein, die du besuchen willst. 6) Habe akkurate Spezialkarten bei dir, damit du sehen kannst, wo du in der Welt seist und korrigiere dieselben, wenn sich Unstimmigkeiten einstellen. 7) Insbesondere nimm von dem Ort, wo du her bist, gute Recommendationsschreiben* (Empfehlungsbriefe) *mit, sie seien von wem sie wollen. Die Recommendationsschreiben von vornehmen Kauf-Herren an berühmte Bankiers und renommierte Kaufleute sind wohl die besten. 14) Auf der Reise habe überhaupt nicht mehr Bagage* (Gepäck) *bei dir als nötig: Denn es ist kostspielig und beschwerlich, viel mit sich zu schleppen. 15) Distinguiere* (markiere) *deinen Koffer durch ein gewisses Zeichen, so er von anderen kenntlich ist. 19) Gehe in kein Land, wenn du nicht zuvor die Sprache des Landes ein wenig verstehst und reden kannst. 21) Kuriere dich vor der Reise recht aus, gebrauche Blutreinigungen usw. und führe diejenigen Medikamente, die deiner Konstitution am zuträglichsten sind, bei dir. 22) Tritt deine Reise lieber an zur Frühlingszeit als zur Winterszeit, weil die Wege nicht allein zu der Zeit schlimmer sind, sondern auch sonst ungesünder und unangenehmer zu reisen ist. 24) Setze dich nicht eher auf den Postwagen, bis du gesehen hast, wo und wie deine Sachen plaziert sind. 29) Wo gefährliche Orte sind, wie Berge, Fähren, böse Brücken usw. laß den Postillion anhalten, steig lieber herunter und gehe zu Fuß, als daß du dich in Leib- und Lebensgefahr begibst, insbesondere auf Fähren, da die Pferde bisweilen scheu geworden und die Personen in das größte Unglück gekommen sind. 31) Willst du, daß die Postillione schneller fahren sollen, so glaube sicherlich, daß die Versprechung eines guten Trinkgeldes sicherlich mehr ausrichten wird als die Androhung von Schlägen, wie einige Passagiere zu tun pflegen. 35) Wenn du Wälder passierst, so schlaf nicht, besonders nicht bei Nacht, weil du nicht allein von den Ästen der Bäume herunter gefegt werden kannst, sondern es finden sich auch wohl in den Wäldern böse*

Buben, die den Passagieren auflauern. Daher wache und halte dein Gewehr in guter Bereitschaft. 40) Familiarisiere dich nicht mit dem Frauenzimmer in der Kutsche, insbesondere wenn es hübsch und jung ist, weil solche danach öfters verlangen, daß man sie freihielte. 74) Beim Ausgehen trage allerhand kleine Münzsorten bei dir, besonders wenn du dich in Armen-, Waisen- und Gefangenenhäusern herumführen lassen willst. Denn dort wirst du öfters mit großer Heftigkeit von solchen Leuten um eine Gabe angeschrien. (Q 96)

Gerade weil Zedler wohl bestimmte Formen des Reisens im Sinn hatte, mußte diese Liste trotz ihres imponierenden Umfanges unvollständig bleiben. Angesichts des weiten Spektrums unterschiedlicher Motive und Ziele, wie sie im ersten Kapitel vorgestellt wurden, war die Umsetzung solcher Ratschläge zudem oft nicht realisierbar bzw. irrelevant. Darüber hinaus konnten die Zedlerschen Tips zwar Hinweise zum bequemeren Reisen liefern, das Hauptproblem des Unterwegsseins, nämlich die existentielle Unsicherheit, jedoch nicht grundsätzlich lösen. Selbst bei freiwilligen, und also in der Regel gut vorbereiteten Reisen, blieb ein hohes Maß an Unwägbarkeiten und Gefahren bestehen, denen die Zeitgenossen mit besonderer Aufmerksamkeit begegneten und die sie mit kirchlich-religiösen Bräuchen und Handlungen zu bewältigen suchten. Da man nie wissen konnte, ob man selbst zurückkehrte oder die Daheimgebliebenen je wiedersehen würde – immerhin gehörte der unvermittelte und überraschende Tod durch Seuchen und Krankheiten zum frühneuzeitlichen Alltag –, widmete man der Abschiedszeremonie besondere, heute übertrieben wirkende Aufmerksamkeit. Dabei vermischten sich abergläubische Praktiken mit christlichen Frömmigkeitsformen. So galt zum Beispiel der Karfreitag grundsätzlich als unglückbringend für eine Abreise; eine Vorstellung, die sich bald auf alle Freitage des Jahres übertrug. Der feste Glaube an die Unterstützung der Heiligen, die sich zum Helfen verpflichtet hatten, findet in verschiedenen Legenden seinen

Niederschlag. Die vielen Reisegebete und Reisesegen verraten trotz des christlichen Gepräges ihre heidnische Herkunft. Seit dem Mittelalter entwickeln sich im deutschsprachigen Raum bestimmte formelhafte Reisesegen, die durch Vermittlung eines Priesters bzw. auch von einem Laien gespendet wurden. Weit verbreitet waren seit dem 12. Jahrhundert der sogenannte Weingartener Reisesegen und der Münchener Ausfahrtsegen, im 14. Jahrhundert kamen *Ich will heute aufstehen* (fortgehen) und *Hode da dich uth ga* (Heute gehe ich weg) hinzu. Aus den Motiven dieser Segen sind besonders hervorzuheben: die Geleitschaft der Engel, der Jesuspfad, die Gesellschaft von Jesus und die Dreifaltigkeit als Reisebegleitung. Das Gebet lautet I*n Gottes Namen schreit ich aus, Gott der Vater sei über mir, Gott der Sohn sei vor mir, Gott der Heilige Geist neben mir, wer stärker ist als diese drei Mann, der soll mir sprechen mein Leben an* (das Leben bedrohen). (L 52)

Unabhängig von der sozialen Stellung und den finanziellen Mitteln der Reisenden lassen sich bestimmte Rituale regelhaft beobachten. Dazu gehörte neben dem Gebet und dem Besuch des Gottesdienstes die Abwicklung finanzieller Angelegenheiten, selbstverständlich in erster Linie freilich der emotional aufgeladene Abschied von den Angehörigen. Einer der Reisebegleiter des bereits erwähnten polnischen Kronprinzen Wladyslaw widmete dem Abschied der Reisegesellschaft vom königlichen Hof in Warschau große Aufmerksamkeit und beschrieb ihn auffallend ausführlich: *Als der festgelegte Tag der Abfahrt anbrach, es war der 17. Mai 1624, nahm Seine Hoheit an der Messe in der Sakristei der Johanniskirche teil und ging, um sich von den königlichen Majestäten zu verabschieden. Und dort, erst privatim in einem Raum, in dem sonst niemand war außer Ihren Majestäten und Seiner Hoheit dem Kronprinzen, wurden die Instruktionen verlesen, nach denen der Kronprinz und wir, die wir mit ihm fuhren, uns verhalten sollten. Ich begab mich dann zum König, wo ich einige Worte zu ihm sprach und ihn bat, während meiner Abwesenheit und im Fall, daß der Herrgott mich auf der Reise zu sich nehmen sollte, für meine Frau und meine Kinder ein gnädiger Herr sein zu wollen. Es antwortete mir Seine Majestät der König mit milder Stimme, und man merkte, daß in seinen Augen Tränen standen, daß er mich für diesen Dienste vorsah in der Hoffnung, daß ich Seiner Hoheit verläßlich dienen werde. Und sowohl meiner früheren sowie der jetzigen Verdienste wegen wolle er sich gnädigst erinnern, und solle mir etwas humanitus* (Menschliches) *zustoßen, dann wolle er sich um meine Frau und Kinder kümmern. Ich fiel vor ihm nieder, umfing seine Knie und bedankte mich, wonach ich den anderen Platz machte, auf daß sie seine Hände küßten. Alsdann suchte ich die Hoheit, die Königin, in ihrem Gemach auf. Hier sprach jene lange auf mich ein, daß ich dem Durchlauchtigen Kronprinzen eifrig zu Diensten sein sollte, wogegen sie sich selbst anbot, während meiner Abwesenheit für meine Frau und Kinder gnädigst zu sorgen. Dort verabschiedete sich unsere Reisegesellschaft von ihr und auch von den Hochwohlgeborenen Königssöhnen, die Seine Hoheit den Kronprinzen bis zum Wagen begleiteten und ihm mit Tränen in den Augen nachwinkten. Und dann begleitete der ganze Hof Seine Hoheit den Kronprinzen bis nach Wola, eine knappe Meile hinter Warschau.* (Q 75)

Trotz zunehmender Sicherheit des Reisens und wachsender Bequemlichkeit durch regelmäßige Kutschrouten und Fährverbindungen blieb auch am Ende des 18. Jahrhunderts der Abschied zu einer längeren Reise ein besonderes Ereignis. So unternahm der spätere Arzt Johann Heinrich Stilling, genannt Jung-Stilling, vor seinem Aufbruch zu einer mehrmonatigen Wanderschaft einen sentimentalen Abschiedsrundgang durch seinen Heimatort. *Stilling ermannte sich, faßte Mut und empfahl sich Gott. Nichts hing ihm weiter an, sondern er erwartete mit Verlangen den zweiten Ostertag, welchen er zu seiner Abreise bestimmt hatte. Doch er konnte nicht unterlassen, noch einmal zu guter Letzt auf den Kirch-*

hof zu gehen. Er tat's nicht gern am Tage, deswegen ging er des Abends vor Ostern beim Licht des vollen Monds hin und besuchte Vater Stillings und Dortchens Grab, setzte sich auf jedes eine Weile und weinte stille Tränen. Den folgenden Ostermontagmorgen, anno 1762, rechnete er mit dem Schöffen ab. Er bekam noch etwas über vier Reichstaler. Dieses Geld nahm er zu sich, ging auf die Kammer, tat seine drei zerlappten Hemden, das vierte hatte er an, ein paar alte Strümpfe, eine Schlafkappe, seine Schere und einen Fingerhut in einen Reisesack, zog darauf seine Kleider an. Nun kämmte er sein fadenrechtes braunes Haar, nahm seinen langen dornenen Stock in die Hand und wanderte auf Salen zu, wo er sich einen Reisepaß besorgte und zu einem Tor hinaus ging, das gegen Nordwesten stand. (Q 32)

Von vergleichbaren Riten und besonderen Gebeten war in der Regel auch die Heimkehr des Reisenden begleitet, die überschwengliche Freude hervorrief und stets ein bemerkenswertes, im weiten Kreise von Freunden, Nachbarn und Verwandten gefeiertes Ereignis war. Zwei Strophen aus einem weitverbreiteten, 1677 in Hamburg gedruckten Danklied nach verrichteter Reise lauteten denn auch: *Auf! auf! mein Herz und Sinn, wirf Furcht und Sorgen hin: die Reis ist nun vollendet, der Unfall abgewendet, der mir bisher gedreuet, Auf!auf! und sei erfreuet. / Mein Leib und Leben war in ernster Gefahr, doch Gott hat mich erhalten, den ich allein ließ walten. Er hieß mich bewahren durch seiner Engel Scharen.* (Q 99)

Der anonym gebliebene Verfasser eines Berichtes über die Reise des ostfriesischen Gesandten, Freiherr Dodo von Inn- und Knyphausen, nach Berlin schildert die Heimkehr der Reisegesellschaft am 15. Mai 1683 in Emden. *Wir kamen zum großen Vergnügen unserer Freunde an, die uns mit Freudenrufen empfingen, mit denen sie ihre Zufriedenheit zum Ausdruck brachten und auch ihre Anerkennung für die Anstrengungen und Schwierigkeiten, die wir während der Strapazen einer mühseligen Reise durchgestanden hatten.* (Q 64)

Die lang andauernde Abwesenheit vom Heimatort und die äußerst unsichere und fehlende Gewißheit einer Rückkehr konnten die gesamte Lebensperspektive eines Menschen verändern. Die Braut konnte inzwischen einen anderen geheiratet haben, Verwandte und Freunde erkannten einen nicht mehr, das Elternhaus war nicht mehr vorhanden, oder der eigene Platz in der Dorfgemeinschaft war von einem anderen eingenommen worden. Bekannt ist der Fall des Martin Guerre, der sein südfranzösisches Heimatdorf Mitte des 16. Jahrhunderts für mehrere Jahre verlassen hatte und an dessen Stelle schließlich ein Hochstapler zurückkehrte und Hausstand sowie Bauernhof übernahm. Erst nach der Rückkehr des wahren Martin Guerre flog dieses Bubenstück auf. Weniger spektakulär, doch für die Betroffenen nicht minder dramatisch verlief die Rückkehr unseres preußischen Soldaten wider Willen Ulrich Bräker, der nach einem Jahr in seine Schweizer Heimat zurückkehrte. *So nah bei der Heimat brannte ich vor Begierde, dieselbe völlig zu erreichen. Also den 26. Oktober morgens früh nahm ich den Weg zum letzten Mal unter die Füße, rannte wie ein Reh über Stock und Stein, und die lebhafte Vorstellung des Wiedersehens von Eltern, Geschwistern und meinem Liebchen gingen mir einstweilig vor Essen und Trinken. Auf der Brücke zu Wattweil redete mich ein alter Bekannter an, der von meinem Weggehen um meine Liebesgeschichte gewußt hatte und dessen erstes Wort war: ›Ja gelt! deine Anne ist auch verplempert, dein Vetter Michel war so glückselig, und sie hat auch schon ein Kind‹. – Das fuhr mir ja durch Mark und Bein, indessen ließ ich's den argen Unglücksboten nicht merken. Eh nun sagt ich, hin ist hin. Dann eilte ich unserem Wohnort zu. Als ich in die Stube trat, Vater und Mutter waren nicht zu Hause, merkte ich bald, daß auch nicht eines von meinen Geschwistern mich erkannte und sie über den ungewohnten Anblick eines preußischen Soldaten nicht wenig erschraken, der so in seiner vollen Montierung* (Uniform), *den Tornister auf dem Rücken, mit runtergelasse-*

nem Zottenhut und einem tüchtigen Schnurbart sie anredete. Die Kleineren zitterten, der Größte griff nach der Heugabel und – lief davon. Endlich kam die Mutter. Ich sprach sie um Nachtherberge an. Sie hatte viel Bedenklichkeiten, der Mann sei nicht da und dergleichen. Länger konnte ich mich nicht halten, ergriff ihre Hand und sagte, ›Mutter, Mutter, erkennst mich nicht mehr?‹ Oh dann ging es zuerst an ein lärmendes, von Zeit zu Zeit mit Tränen vermengtes Freudengeschrei von Kleinen und Großen, dann an ein Bewillkommen, Betasten und Begucken, Fragen und Antworten, daß es eine Tausendslust war. Sonntags frühe putzte ich meine Montur wie in Berlin zur Kirchenparade. Alle Bekannten begrüßten mich, die andern gafften mich an wie einen Türken. Auch – nicht mehr meine, sondern Vetter Michels Anne tat es, und zwar ziemlich, ohne zu erröten. (Q 4)

Im Laufe der Frühen Neuzeit ist neben den geschilderten spirituellen Riten und Vorbereitungen ein zunehmend rationaler Umgang mit den Gefahren und Unwägbarkeiten des Reisens zu beobachten, ohne daß die Reisegebete an Popularität eingebüßt hätten. Eine bemerkenswerte Verbindung dieser beiden Entwicklungen zeigt das *neue, vermehrte Hamburgische Reise- und Handbüchlein, welches etliche schöne andächtige Morgen-, Abend- und Reisegebete und Gesänge zu Wasser und zu Land mit einem angehefteten Wechsel- und Rechnungsspiegel für Kauf- und Handelsleute samt einem ausführlichen wohlverbesserten Wegweiser durch ganz Deutschland nebst Landkarte von Deutschland und dem Elbstrom enthält.* (Q 62) Dieses 1675 in Hamburg gedruckte Werk gehörte zu einer neuen Literaturgattung, der Reiseliteratur, die in nahezu allen europäischen Ländern bereits seit Jahrzehnten einen reißenden Absatz bei den Buchhändlern fand und im 18. Jahrhundert schließlich den Markt überschwemmen sollte. Diese unzähligen Reisebeschreibungen, Reiseratgeber und Reisetagebücher dienten dem gebildeten Bürgertum und den Adligen als vorbereitende Lektüre für ihre

Touren. Eine wichtige und berufsspezifische Untergruppe stellen hierbei die sogenannten Kaufmannshandbücher dar, die besondere Informationen über Wechsel und Zahlungsgebräuche an den verschiedenen, vor allem von Kaufleuten frequentierten Orten lieferten. Das bereits erwähnte Zedlersche Lexikon definiert um 1750 ein Reisebuch als *ein solches Buch, darin man entweder seine eigene oder anderen ihre Reise beschreibt und darin hauptsächlich erzählt, wenn und wie man von einem Orte zum anderen gekommen, was einem an jedem Orte Merkwürdiges entweder begegnet oder zu Gesichte gekommen ist. Man muß die wahren von den fingierten Reisen genau unterscheiden. Die ersteren, derer an der Zahl gewiß nicht wenige zum Vorschein kommen, haben ihren ganz guten Nutzen, wenn sie von einem, der Wahrheit liebt und Wissenschaft besitzt, abgefaßt worden sind. Es sind aber dergleichen wenige vorhanden, und die schlechten haben dagegen viele Fabeln in die Historie gebracht.* (Q 96)

Bezeichnenderweise erschien das älteste deutsche Reisehandbuch in der schwäbischen Handelsmetropole Augsburg. Der dort ansässige Bürger Jörg Gail gab sein neues nützliches Reißbüchlein 1563 in den Druck (Q 20). Auffallendes Kennzeichen dieses 272 Seiten umfassenden Routenhandbuches war sein kleines Format, so daß es bequem auf die Reise mitgenommen werden konnte. Ausgehend von seiner Heimatstadt Augsburg beschreibt Gail, der selbst sechs Jahre Mitteleuropa, Frankreich und Italien durchzogen hatte, die wichtigen Handelsstraßen nach Wien, Prag, Lyon, Antwerpen und Venedig anhand einer tabellarischen Auflistung der Etappen und deren jeweiliger Entfernung zueinander. Während des Dreißigjährigen Krieges verfaßte der Mitarbeiter Matthäus Merians in Frankfurt, Martin Zeiller, mehrere Reisehandbücher, von denen das *teutsche Reyßbuch* 1632 erschien (Q 98). Dieses war bereits im Sinne des modernen Reiseführers konzipiert und enthielt ausführliche Informationen über die Geschichte, die topographische Lage, die Sehenswürdigkeiten und wirtschaftlichen Eigenarten der Reiseziele. Eher oberflächlich beschäftigt sich Zeiller in seinem 1650 publizierten *Fidus Achates* mit europäischen Reisewegen (Q 97). Er liefert aber immerhin 160 Vorschläge von Reiserouten kreuz und quer durch den Kontinent, von Rom bis Stockholm, von London bis Konstantinopel, von Königsberg bis Madrid. Neben anderen barocken Reiseschriftstellern geht es auch Zeiller nicht mehr allein darum, gesund und gefahrlos ein Reiseziel zu erreichen, sondern der Aspekt der Bildung auf und durch die Reise wird deutlich. So betont er, daß man *nicht bloß laufen solle wie die Boten, ohne sich umzuschauen und nicht zu meinen, damit sei es schon ausgerichtet, daß man sagen kann, wo es die besten Wirtshäuser gäbe.* (Q 97) Die 1687 erschienene deutsche Übersetzung des italienischen Reiseführers *Der wahrhafte Burattin* ermöglichte schließlich dem Reisenden, sich auf die Sitten, Gebräuche und Eßgewohnheiten der autochthonen Bevölkerung in den verschiedenen europäischen Ländern vorzubereiten. Über Deutschland berichtet er: *In diesem Lande speiset man gut, aber auf teutsche Manier, das heißt, man richtet die Speisen im allgemeinen mit Butter, mit Wein und mit Spezereien an. Man ißt Stockfisch und Kraut in großer Menge, welches eben einem jedem nicht zusagt. Man gibt des abends einen halben Taler für Bett und Zimmer. Für die Diener zahlt man gleichfalls des abends zwei Fünfzehner und des morgens anderthalb Fünfzehner zur Mittagsmahlzeit. Doch würde es nur Streit geben, wenn man nicht vorher accordiret* (vereinbart), *denn in ganz Teutschland ist es Gewohnheit, daß sie haben wollen, was sie fordern. Zur Bequemlichkeit der Leute von Condition* (Lebensstandard) *wird es nötig sein zu erinnern, daß in Teutschland, Polen und in den Niederlanden man in der Regel kein Oel* (für die Reiselampe) *in den Wirtshäusern findet, oder daß es nichts taugt, sollte doch etwas vorhanden sein; daher ist es ratsam, wenn man sich bei Zeiten damit eindeckt. Auch sollte man in Teutschland eine Matraze und ein wollenes Kissen mit sich führen, weil man dort pflegt, Betten und Kissen mit Federn gefüllt benutzt, die überaus heiß werden.* (Q 10)

Einhergehend mit der Rationalisierung und Systematisierung der aufgeklärten Wissenschaften des 18. Jahrhunderts erschien schließlich auch eine Reihe von Reiselexika. So formulierte Martin Hassen, königlicher und kurfürstlicher Hofrat in Sachsen und Professor der Staatswissenschaften an der Universität Wittenberg, in seiner Vorrede für das neue europäische historische Reiselexikon von 1744: *Haben die jetzigen Zeiten unter anderem auch den Vorzug, daß nicht nur von üblichen Sprachen, sondern auch von den beliebtesten Wissenschaften wohl eingerichtete Wörter- und Nachschlagebücher vorhanden sind, so ist gewiß auch dies ein Vorteil, daß unser Deutschland ein zum Reisen in fremde Länder dienliches Nachschlagebuch oder sogenanntes Reiselexikon, erhält.* (Q 28)

Richtete sich dieses Lexikon an privilegierte Gelehrte, Wissenschaftler, Politiker und vor allem die Zöglinge der vornehmen Ritterakademien, so lieferte das *Topographische Reise- Post und Zeitungs-Lexikon von Deutschland oder kurze Nachrichten von den in Deutschland liegenden Städten, Marktflecken und andern Örtern, nebst deren Lage, Landesherrschaft, Gerichtsbarkeit und Hauptmerkwürdigkeiten wie auch Distanzen, Poststraßen, Postberichten* von 1782 eine Art Kursbuch und Ortslexikon, das der wachsenden Zahl an Reisenden die Routen- und Reiseplanung erleichtern sollte. (Q 88) Es handelte sich hier nicht mehr um die klassischen Individualreisenden, sondern um Passagiere eines sich immer besser einspielenden Systems regelmäßiger Verkehrsverbindungen.

Insbesondere die Flut dilettantischer Reisebeschreibungen und Reiseerinnerungen, die den Modetrend Ende des 18. Jahrhunderts, nämlich der neuen Innerlichkeit und übertriebenen Selbstreflexion, die in der Literaturgeschichte als Empfindsamkeit umschrieben wird, folgten, boten Anlaß zu teilweise beißender Ironie und Spott. So suchte, wie eingangs bereits erwähnt, *Doktor Syntax* nach der Niederschrift seiner Erlebnisse einen Verleger auf, um das Manuskript in Druck zu geben. Der Verleger, zugleich Buchhändler, war über dieses Angebot wenig erfreut und wies Syntax Begehren barsch ab: *Wir können Reisen von Leuten haben, welche stets zu Hause bleiben. Drum seid so gut und geht und werft nur Euer Manuskript ins Feuer.* (Q 11)

Betrafen die bisher erwähnten Reisevorbereitungen vornehmlich den geistigen und zwischenmenschlichen, also den emotionalen und immateriellen Bereich, oder den genauen Routenverlauf, so wurden bald weitere Planungen nötig. Zwar war eine Folge des voranschreitenden Staatsbildungsprozesses und der Territorialisierung die Entwicklung des Postverkehrssystems, mit dem das Reisen immer schneller, zuverlässiger, sicherer und nicht zuletzt auch billiger wurde. Zugleich umgaben sich jedoch die frühmodernen Staaten mit immer dichter werdenden Landesgrenzen und Zollbarrieren, die von einer ständig effizienter werdenden Verwaltung kontrolliert und überwacht wurden. Ein wachsendes Heer von Zöllnern und Grenzbeamten beaufsichtigte hier den Personenverkehr und Warentransport. Reisende, die sich nicht ausweisen konnten, mußten mit erheblichen Unannehmlichkeiten rechnen, unverzollte Güter fielen als Konterbande dem Fiskus zu; und das eben nicht nur an den ›nationalen‹ Grenzen, sondern auch an unzähligen Grenzen der mitteleuropäischen Kleinstaaten und den Zolleinnahmestationen an praktisch jeder wichtigen Brücke und an fast jedem Stadttor. In Seuchenzeiten wurden schließlich neben den persönlichen Reisedokumenten auch noch eigens besondere Gesundheitsatteste verlangt, ohne die die Landesgrenzen bzw. die Stadttore und Hafeneinfahrten dem Reisenden verschlossen blieben.

Da es im Zusammenhang mit der Territorialstaatsbildung im Reich und in Europa zu einem wahrhaft babylonischen Währungschaos kam, erforderte die finanzielle Vorbereitung einer Reise einen erheblichen Aufwand. Entweder man zog

Wechsel auf Geschäftspartner bzw. Bekannte, Verwandte und Freunde in den betreffenden Reiseetappen, oder man verschaffte sich hochwertige, international anerkannte Edelmetallmünzen – gewissermaßen Frühneuzeit-Dollars – wie etwa Gulden, Piaster und Dublonen. Oder aber man führte ungemünzte Edelmetalle, oft in Form von Schmuck und Geschirr mit sich, die man an Ort und Stelle gegen ortsübliche Zahlungsmittel eintauschen konnte.

Die bereits mehrfach angesprochene Vielfalt der drohenden Gefahren und Unbilden, denen die Reisenden ausgeliefert waren, führte bereits in der Frühen Neuzeit zu einem bemerkenswert spezialisierten und ausdifferenzierten Versicherungswesen, das neben Schiffen und Transportgütern auch einzelne Reisende absicherte. Zum persönlichen Schutz auf der Reise innerhalb eines bestimmten Herrschaftsbereiches konnte man zudem einen sogenannten Geleitbrief erwerben, mit dem man sich unter die Protektion der betreffenden Obrigkeit stellte. Solche Geleitbriefe schützten zwar meist recht effektiv vor Übergriffen lokaler Amtsträger, blieben allerdings gegenüber Räubern in der Regel wirkungslos. Besonders in höhergestellten und mehr oder weniger abgeschlossenen Personenkreisen ermöglichte das Empfehlungsschreiben besondere Vergünstigungen und bevorzugte Behandlungen am Reiseziel. Mit der im Laufe des 18. Jahrhunderts zunehmenden Sicherheit des Reisens verloren der Geleitbrief und das Empfehlungsschreiben immer mehr an Bedeutung, und besonders das Empfehlungsschreiben galt unter den jungen Adligen auf ihrer *grande tour* geradezu als Einschränkung ihrer Freizügigkeit. In der Mitte des 18. Jahrhunderts werden im Zedlerschen Universallexikon die Vorläufer der heutigen Personalausweise lapidar beschrieben: *Paß heißt, daß einer in einem Lande oder an einem Ort ungehindert und sicher ab- und zureisen darf.* (Q 96) Dieser Ausweis, auch Attestat genannt, wurde einem Reisewilligen auf besonderen Antrag von der örtlichen Obrigkeit ausgestellt. Dieses Papier enthielt in der Regel eine genauere Personenbeschreibung unter Angabe von Namen, Beruf, Geburts- bzw. Wohnort, Religion, Alter und Größe, aber auch, da Paßbilder unbekannt waren, eine detaillierte Beschreibung der Physiognomie des Betreffenden. So beinhaltet das im Brandenburgischen Landeshauptarchiv Potsdam aufbewahrte *Polizeiliche Legitimations-Attest* des Pfefferkuchenhändlers Johann Rowoldt zu Beginn des 19. Jahrhunderts noch folgende Angaben: *Haare: dunkelbraun, Stirn: halb gedrückt, Augenbrauen: dunkelbraun, Augen: braun, Nase: länglich, Mund: breit, Zähne: gut, Bart: fehlt, Kinn: gegrübt, Gesichtsbildung: lang, Gesichtsfarbe: gesund, Statur: groß und stark, Sprache: deutsch, besondere Kennzeichen: Daumen der linken Hand hat eine Schnittnarbe.*

Stempel und Unterschrift der ausstellenden Behörde und ggf. das Gültigkeitsdatum komplettierten den Paß. Nicht nur bei ›zivilen‹ Reisenden, auch und vor allem in den militärischen Gesellschaften gewinnt der Ausweis besondere Bedeutung. Um beurlaubte Soldaten oder jene Männer, die mit einem Sonderauftrag unterwegs waren, etwa, um Rekruten zu werben, von Deserteuren zu unterscheiden, wurden *Paß, Paßport, Paß-Zettel* oder *Paß-Briefe* schon sehr früh im 17. Jahrhundert flächendeckend eingeführt. Allein reisenden Soldaten ohne solche Bescheinungen ihrer Vorgesetzten drohte *nach Beschaffenheit der Umstände schärfste Bestrafung.*

Eine besondere Form von frühneuzeitlichen Reisedokumenten ergab sich aus den regelmäßig weite Landstriche heimsuchenden Seuchenzügen, auf die der frühmoderne Staat mit einem *cordon sanitaire* reagierte. Kam ein Reisender auch nur in die Nähe einer betroffenen Region, war es ratsam, sich mit einem sogenannten Gesundheitszeugnis zu versehen, um die Sperrposten zu passieren. Wußte man zwar kaum um die eigentlichen Übertragungsmechanismen der epidemischen Krankheiten, so lehrte doch die Erfahrung, daß die Reisenden die Seuchen gewissermaßen in ihrem Gepäck mit sich trugen. Oft führte daher der bloße Verdacht einer Infektion zu einer

Abweisung, die unter Umständen zu unbequemen und weiten Umwegen zwang. Als der erwähnte Thomas Platter auf seiner Reise 1599 vom südfranzösischen Perpignan aufbrach, ließ er sich vorsorglich, da er guter Gesundheit war, vom Stadtschreiber ein entsprechendes Zeugnis für den weiteren Weg nach Spanien ausstellen, siegeln und unterschreiben.

Obwohl Platter auf seiner Reise durch Frankreich und Spanien relativ große und bereits zentralistisch regierte Staaten mit einheitlichen Währungssystemen durchquerte, mußte er sich intensiv mit dem Zahlungsverkehr auseinandersetzen. Wesentliche Ursache hierfür waren die Schwankungen des Edelmetallgehaltes einzelner Münzsorten; denn anders als heute richtete sich die Kaufkraft einer Münze nach ihrem Realwert, sozusagen dem Materialwert, und nicht dem Nominalwert, also dem aufgeprägten Nennwert. Entsprechend verwirrend wirkt Platters Beschreibung des französischen Münzwesens. *Die Münzen in ganz Frankreich sind ganze und halbe Sonnenkronen in Gold, eine gilt drei Franken oder sechzig Stüber; die geringste Münze ist ein Denar oder Heller, von denen zwölf einen Stüber ausmachen. Sie sind aus geringwertigem Kupfer wie auch die Dublone, von denen sechs einen Stüber ausmachen. Ferner werden auch in Frankreich neben den Stübern gemünzt Silberstücke zu dreißig Pfennigen, desgleichen Viertel von Dickpfennigen, Kreuzdicken, halben und ganzen Dickpfennigen und Kreuzdicken. Und gilt ein Franken zwanzig Stüber oder zehn Schweizer Batzen, wie ich in Frankreich war. Denn seither und zuvor auch die Münzen* (im Edelmetallwert) *oft gesteigert und gemindert worden, daher bewerten die Kaufleute das Gold und grobe Silber* (ungemünztes Metall) *allezeit höher, als daß die königliche Ordnung es vorsieht.* In diesem Währungswirrwarr konnten auch die von Platter empfohlenen *Münz-Ordnungs-Bücher*, die nicht nur über Münzgewichte, Edelmetallgehalte und Wechselkurse informieren, sondern auch die einzelnen Münzsorten in Originalgröße abbilden, nur beschränkte Hilfe bieten. (Q 66)

Für Kaufleute und sozial bzw. ökonomisch privilegierte Reisende bot sich die Möglichkeit einer Versicherung ihrer Handelsgüter oder ihrer eigenen Person. Besonders mit der Entwicklung der großen oberitalienischen, niederländischen und bald auch englischen Handelsfirmen ab dem 16. Jahrhundert erlebte das europäische Versicherungswesen einen entscheidenden Entwicklungsschub. War zwar der Wortlaut der Versicherungspolicen, die Organisation der Unternehmen insgesamt und der Ablauf der Geschäfte bereits von einer modernen Rationalität und Sachlichkeit gekennzeichnet, so waren die Schadenfälle noch typisch frühneuzeitlich. Im Gegensatz zu den heute üblichen pauschalen Reiseversicherungen führte das hohe Risiko angesichts der vielfältigen Gefahren zu einer bemerkenswerten Auffächerung der Policen. *Die Prämie oder der Preis der Assekuranz wird auf verschiedene Arten berechnet. Es kann Schiff und Gut versichert werden, auch eine ganze Flotte, ein Viertel, die Hälfte, auch Dreiviertel einer Flotte und so weiter. Desgleichen kann man sich vor allen Gefahren und Zufällen auf der ganzen Reise versichern, auch nur jeweils allein vor Schiffbruch, vor Repressalien, vor Piraten oder Seeräubern, vor Feinden des Landes, die ganze Reise oder nur für bestimmte Etappen, allein für die Hin- oder Rückreise und ebenso vor zufälligen Dingen, jenen Sachen, die man nicht vorhersehen und durch Vorsicht, Fleiß, menschliche Kräfte, Witz und Verstand allein nicht verhüten kann, und die durch göttliches Verhängis natürlicherweise erfolgen, etwa wenn ungewöhnliche Meeresströme, Aufschwellung der Gewässer oder Erdbeben sich ereignen.* (Q 96)

Die Versicherungsgesellschaften versuchten, selbst den Gefahren, die seit Jahrhunderten im Mittelmeer durch maurische Seeräuber drohten, mit einer speziellen Police zu begegnen. In der Regel versklavten die Piraten ihre christlichen Gefangenen, die nur durch enorme Lösegelder freigekauft werden konnten und die nicht selten deren Angehörige in den finanziellen Ruin stürzten. Der Abdruck einer *Police für*

Türkengefahr auf Lösegelder im bereits mehrfach erwähnten Universallexikon mag als Beleg für die tatsächliche Gefahr einerseits und die weitverbreitete Gepflogenheit einer entsprechenden Vorsorge andererseits gelten.

Weniger sachlich, aber nicht minder nützlich waren die persönlichen Empfehlungsschreiben und Geleitbriefe, die in der Fremde ihren Inhabern die Türen der Standesgenossen öffneten und mehr Bewegungsfreiheit sowie besondere Vergünstigungen oder Perspektiven verschafften. Waren die Empfehlungsschreiben an bestimmte Personen gerichtet, so sollten die Geleitbriefe generellen Schutz vor Übergriffen und Behinderungen gewähren. In diesem Sinne war der Geleitbrief von 1624 verfaßt, den der polnische König Sigismund III. für den Herzog Albrecht Stanislaw Radziwill als Leiter der Reisegesellschaft des Kronprinzen ausstellte. *Allen Herrschern, allen kirchlichen und weltlichen Herzögen, Markgrafen, Grafen, Baronen und allen, die ein öffentliches Amt ausüben, die besonderen Pflichten nachgehen oder deren Vertreter und unseren Freunden und teuren Nachbarn senden wir Grüße und die Versicherung unseres ehrlichen Wohlwollens. Es begibt sich nach Deutschland, Belgien, Italien und in einige andere Länder und Städte der christlichen Welt der allerdurchlauchtigste Herzog Albrecht Stanislaw Radziwill, den wir wegen des Ruhms seines Fürstengeschlechts und seiner großen Verdienste gegenüber uns selbst und der Adelsrepublik schätzen und den wir wegen der vorzüglichen Eigenschaften seines Geistes und Charakters mit unserer Gnade und königlichen Fürsorge umgeben und allen von Herzen empfehlen, wobei wir freundschaftlich und höflich bitten, ihm, seiner Reisegesellschaft, Dienerschaft, allen seinen Sachen und Gepäck in ihren Ländern nicht allein eine sichere Durchreise zu gewähren, sondern ihm auch den Aufenthalt zu gestatten, wo und wann er darum bittet. Desgleichen wird gebeten, den Pflichten der Gastfreundschaft und der Höflichkeit nachzukommen, ohne eine verderbliche, krankhafte Ansteckung von seiten der Die-*

nerschaft, des Gefolges und des Gepäckes zu befürchten, weil man aus Ländern unseres Königreiches kommt, die – Gott sei Dank – von ansteckenden Krankheiten sicher und frei sind. Dergleichen Nachsicht, wie wir sie nach dem Gesetz der Nachbarschaft und der Freundschaft erhoffen, werden wir auch ihren Untertanen und Menschen in den Landen unseres Königreiches erweisen. (Q 75)

Neben diesen finanziellen und administrativen Vorbereitungen erforderten die Umstände des frühneuzeitlichen Reisens die Mitnahme einer Reihe weiterer, uns heute zum Teil unbekannter, aber damals notwendiger Ausrüstungsgegenstände und Hilfsmittel – können wir uns bei Reiseantritt doch auf das Einpacken privater Kosmetika, Travellerschecks und weniger Ersatzkleidung beschränken. Im Gegensatz zum ausgehenden 20. Jahrhundert dauerten die Reisen aber nicht nur viel länger, zugleich brachten die desolaten und kaum markierten Verkehrswege, die mangelhaften Transportmittel sowie die oft miserablen und unsicheren Gasthäuser grundsätzlich zahlreiche Unbequemlichkeiten mit sich. Die unmittelbaren Einwirkungen der klimatischen Wechselfälle, also Sonne und Hitze, Sturm und Regen sowie Schnee und Frost, denen der frühneuzeitiche Europäer in heute kaum nachvollziehbarem Maße ausgesetzt war, gehörten dabei noch zu den eher kalkulierbaren Widrigkeiten. Passende Kleidung gehörte deshalb zu den unverzichtbaren Bestandteilen einer Reiseausrüstung; so umfaßte die Liste von Utensilien aus dem frühen Reisehandbuch *Fidus Achates* von Martin Zeiller aus dem Jahre 1650 *einen Regenmantel oder einen heute üblichen Rock, desgleichen einen breiten Hut. Gegen die Kälte soll der Reisende das Haupt und den ganzen Leib, besonders aber die Füße wohl verwahren. Hierzu werden die neuen Kappen, Nasenfutter und Überstrümpfe mit Knöpfen* (Gamaschen) *gelobt. Es soll ein Wandersmann auch Schlafhosen, Schlafhauben, Handschuhe, ein übriges Paar Schuhe und ein Paar Pantoffel in einem wohlverschlossenen Reisetruhlein, Ran-*

zen, Felleisen oder Vellis mitzunehmen nicht vergessen. Und wenn die Schuhe nicht aus Korduan (Leder) *sind, sollen dieselben oft geschmiert und vom Sand gereinigt werden. Wenn die Füße von engen Schuhen verletzt werden, hilft hierbei der Zwiebelsaft. Es kann auch nicht schaden, für den Notfall ein Aderlaß- und Schröpfeisen bei sich zu haben. Wer mit dem Wagen oder Schiff reist, tut wohl, einen Bettsack und einen Schlafpelz mitzunehmen. Weiter soll er auch ein kleines Feuerzeug, Nadel, Faden, Klöblein und Schlößlein für eine schlecht gesicherte Tür eines Gasthauszimmers mitnehmen. Er soll sich auch mit Büchern, außer einem Bet- und Gesangbüchlein, Standesbüchlein, Schreibtäflein, Reise- und kleinen Tagebuchs, worin er seine täglichen Erlebnisse einträgt, auch mit einem Kalender versehen.* (Q 97)

Für abgelegene Strecken empfahl es sich, neben der angemessenen Kleidung auch einen tüchtigen Vorrat an Lebensmitteln mit sich zu führen. So gibt der Schweizer Carl Grass, der im Jahre 1790 von Chur bis zum Mont Blanc wanderte, den Inhalt seines Gepäcks wie folgt an: *Meine Bagage bestand in einem mäßigen Portefeuille, zwei Überhemden, seidenen und baumwollenen Strümpfen, etwas Cremor Tartari* (Weinstein, eine beliebte Verdauungshilfe) *Tee, Zucker, ein paar Zitronen, etwa gedörrtes Fleisch und Birnenbrot.* (Q 25)

Die jeweilige Ausrüstung und Bekleidung der Reisenden richtete sich natürlich vornehmlich nach deren finanziellen Kapazitäten. Vor allem Arme und Vagierende, also praktisch alle Menschen, die aus wirtschaftlicher Not oder Vertreibung auf die Straße gezwungen wurden, waren für die längeren Touren und Übernachtungen unter freiem Himmel in der Regel nur unzureichend ausgerüstet. Selbst unter den freiwillig Reisenden gab es nur wenige, die sich gezielt auf eine längere Reise vorbereiten und mit angemessener Kleidung und Ausrüstung versehen konnten. Auch für den frommen Würzburger Handwerker Jacob Röder, der auf mehreren Wallfahrten immer wieder die fränkischen Landstraßen benutzte, bedeu-

tete seine Pilgerausrüstung, bestehend aus Stock, Hut und Mantel einen beachtlichen Wert. So vermachte er in seinem Testament *seinen guten wollenen Mantel seinem guten Freund und Mitpfründner Peter Müller*, mit dem er zahlreiche gemeinsame Wallfahrten unternommen hatte. (Q 37) Der Lehrer Ulrich Zwinglis, Heinrich Wölffli, hielt mit einer Federzeichnung in seiner Reisebeschreibung fest, wie er auf der 1520 unternommenen Pilgerfahrt nach Jerusalem mit Hilfe seines Pilgerstabes und mit wehendem Mantel einen Bach überquert.

Der weitaus größte Teil der freiwillig zu Fuß Reisenden besaß zum Transport der Utensilien einen Rucksack, das sogenannte Felleisen, oder einen Mantelsack, in den das wenige Gepäck eingeschlagen war und der zugleich eben als Mantel und als Zudecke während der Nacht diente. Der bedeutende französische Künstler Jacques Callot hat in seiner Skizze einen Soldaten aus dem Dreißigjährigen Krieg mit einem solchen Mantelsack dargestellt.

Wohl nur für ganz wenige, nämlich die gut Betuchten und Reichen unter den Reisenden, die sich eine große Bagage mit Dienerschaft und gegebenenfalls sogar Gepäckwagen leisten konnten, war die *Neueste Erfindung zur bequemen und zweck-*

mäßigen Feldequipage für Offiziere und andere Reiseliebhaber eingerichtet. Freilich sind die hierin vorgeschlagenen Hilfsmittel und Utensilien wohl eher dem in der zweiten Hälfte des 18. Jahrhunderts so lebhaften Wunsch nach verfeinerten Lebensformen entsprungen als dem Streben nach praktischen Reiseerleichterungen. So widmet sich der anonym gebliebene Autor ausgiebig dem Problem der standesgemäßen Verrichtung menschlicher Bedürfnisse, das sich während längerer Reisen über Land zwingend einstellte. Dazu trugen nicht allein die Gemeinschaftslatrinen bzw. das grundsätzliche Fehlen sanitärer Anlagen bei, sondern auch die häufigen, von ungewohnter oder schlechter Nahrung sowie Nässe und Kälte hervorgerufenen Durchfallerkrankungen. Als Abhilfe wird hier ein *Feld-Nachtstuhl empfohlen, der viereckig ist, also in der Höhe und Breite gleich, bestehend aus vier Rahmen, der letzte Teil des Vierecks, also die Brille wird mit zwei eisernen Krampen gehalten. Die Brille ist mit Roßhaaren gefüttert und mit braunem Kalbleder überzogen, ebenso wie der Schließdeckel, der mit einem Riemen angeschnallt wird. Das Abschnallen desselben dient zur Bedeckung des kupfernen Topfs bei dem Ausleeren. Um das Auge nicht zu beleidigen, bedeckt ein Kalbfell den ganzen Sitz, und da das Fell nach vorne herunterfällt, schützt es zugleich vor dem Beflecken bei dem Gebrauch des Stuhls ohne Topf.* (Q 61)

Für das leibliche Wohl des distinguierten Reisenden sollten *Feldkästen, Kaffee- und Bouteillenkästen* sorgen. Hierunter sind Vorgänger der bei dem Bürgertum des 19. Jahrhunderts so beliebten Picknickkörbe zu verstehen. *Der Bouteillenkasten sollte zwei Maß Bouteillen für Wein und Likör enthalten, weiter einen Zitronenstecher, zwei Trinkgläser, einen*

Punschlöffel, zwei Solinger Bestecke, Platz für zwei Servietten und drei Speiseteller. Der Kaffeekasten enthielt eine Kaffee- wie auch Schokoladenkanne neben einem Filtrierbeutelgestell, eine Milchkanne, eine Zuckerdose, eine Büchse für gerösteten Kaffee, einen Meßlöffel, eine Büchse für gemahlenen Kaffee, zwei porzellanene Kaffeeschalen und diverse kleine Instrumente zur Bereitung des Kaffees. (Q 61)

Die zunehmende Professionalisierung des Transports von Personen und Gütern im Laufe der Frühen Neuzeit veränderte für Bessergestellte den Reisealltag. Die Benutzung der immer regelmäßiger verkehrenden Fähren und Kutschen warf jedoch ein neues, auch heute noch bekanntes Problem auf – die Reiselangeweile. In dem Maße, wie Agenten, Kutscher, Fährleute oder Träger die Überwindung des Raumes organisierten und übernahmen, blieb dem Reisenden nur die Überwindung der Zeit übrig. Er saß im Pferdewagen oder an Deck eines Schiffes und hatte stunden- mitunter tagelang auszuharren, ehe er nach der Ankunft am Ziel oder an der nächsten Etappe für Unterkunft bzw. Weiterreise Vorsorge treffen mußte und seine ganze Aufmerksamkeit wieder in Anspruch genommen wurde.

Als standesgemäßer Zeitvertreib galt unter den Adligen und gebildeten Ständen das Lesen. Zur Vorbereitung seiner Reise von Schottland nach Norwegen verschaffte sich der niedersächsische Edelmann Ludolf von Münchhausen Reiselektüre in Edinburgh, *damit er etwas zu lesen hätte und die Langeweile vertreiben könnte, während das gemeine Volk die Zeit mit Angeln und Saufen zubrachte.* Einige Zeit später verzeichnete er auf seiner Reise durch Leipzig in seinem Tagebuch einen Ausgabeposten über *zehn Groschen für einen gebundenen Virgil, damit ich etwas auf dem Wagen zu lesen hätte.* (L 11)

Wie wir bereits in dem zitierten Handbuch des Martin Zeiller gelesen haben, wird auch in den Reiseratgebern immer stärker auf die Notwendigkeit hingewiesen, sich mit Reiselektüre einzudecken. Es entstand sogar eine eigene Gattung von Unterhaltungsliteratur für Reisende. Eines der frühesten Werke war das Rollwagenbüchlein von Jörg Wickram, das zuerst 1555 in Straßburg erschien. Der Autor empfahl sein Buch ausdrücklich als Reise- und Badestubenlektüre. Es handelt sich um eine Sammlung von Schwänken, die in lebhaftem Stil die Streiche und Possen von Bürgern, Bauern und Landsknechten schildern. Anflüge von Pikanterie werden durch moralische Unterweisung verdrängt, dementsprechend wird Grobianisches vermieden. Diese Schwänke waren nicht nur für die intime Lektüre gedacht, sondern eigneten sich auch vorzüglich zum Vorlesen und zur Unterhaltung einer ganzen Reisegesellschaft. Wickram stellt in seinem Rollwagenbüchlein denn auch die entsprechende Zielgruppe in einem Holzschnitt dar: Deutlich erkennt man sechs Reisende, von denen zwei mißmutig und gelangweilt dem Betrachter zugewandt sind.

So vertrieben sich die Mitreisenden des bereits bekannten späteren Arztes Heinrich Jung-Stilling auf der mehrere Tage dauernden Schiffsfahrt von Bingen nach Köln die Zeit mit Anekdoten und – größtenteils erfundenen – Episoden aus ihrem Leben, wobei die meisten eine erstaunliche Unbefangenheit zeigten. *Der vornehmste Herr trat vor Stilling und sagte, ›wie kommen sie so früh her?‹ Stilling erzählte kurz und gut, wie es ihm ergangen war. Mit einer edlen Miene fing dieser Herr an: ›Sie sind doch wohl kein Kaufmann, sie kommen mir so nicht vor.‹ Stilling verwunderte sich über diese Rede, ›sie müssen sich gut auf die Physiognomie verstehen, ich bin auch kein Kaufmann, ich studiere Medizin‹. Der Unbekannte fuhr fort, ›Sie erzählen uns doch wohl unterwegs eure Geschichte.‹* Stillings Lebensbericht eröffnete nun eine Erzählrunde unter den Reisenden auf dem Schiff. *Diese Geschichten ergötzten diese Reisegesellschaft. So verfloß dieser Tag unter den angenehmsten Gesprächen.* Auch Knigge streicht die Bedeutung der Geselligkeit für ein angenehmes Reisen heraus. *Es ist doppelt zu empfehlen, daß man einen guten Gesellschafter bei sich hat; denn nichts ist langweiliger und verdrießlicher, als mit einem Manne zu reisen und in einem Kasten eingesperrt zu sitzen, der stumm und mürrischer Laune ist, bei der geringsten unangenehmen Begebenheit aus der Haut fahren will, über Dinge jammert, die nicht zu ändern sind, und in jedem kleinen Wirtshause so viel Gemächlichkeit, Wohlleben und Ruhe fordert, als er zu Hause hat. Das Reisen macht gesellig; man wird da mit Menschen bekannt und auf gewisse Weise vertraut, die wir sonst schwerlich zu Gesellschaftern wählen würden.* (Q 32)

Im 18. Jahrhundert wurde das gemeinsame *Raissonieren* (diskutieren) über Gelesenes und Erlebtes üblich und geriet wie die gemeinsame Lektüre zu einem zentralen Topos der europäischen Reiseliteratur. Umgekehrt haben später viele Autoren ihre Episoden in die Rahmenhandlung einer reisenden, sich Geschichten erzählenden Gesellschaft eingeflochten.

Besonderer Vorbereitungen bedurfte eine Überquerung der Alpen, die als große Gebirgsbarriere die wichtigen italienischen Handelsstädte von den oberdeutschen Gewerberegionen trennte, aber auch ein Hindernis für den gesamten Güter- und Personenverkehr zwischen dem mediterranen Südeuropa und den ökonomischen und kulturellen Zentren in Nordwesteuropa, vor allem Belgien und Niederlande, waren. Daher mußten die wenigen Alpenpässe ganzjährig von Kaufleuten und Reisenden frequentiert werden, was bereits im Sommer wegen der drohenden Wettereinbrüche besonderer Hilfsmittel bedurfte. So berichtet der bekannte Schweizer Chronist Josias Simler im 16. Jahrhundert, daß sich *auch die Handeltreibenden, wenn ein ungelegener Wettersturz eintritt, durch bezahlte Leute und große Kosten den Weg bahnen lassen müssen, um den Transport ihrer Waren zu ermöglichen. Im übrigen sichern sich diejenigen, die an Stellen, wo sich kein Pfad befindet, und sie Tiefschnee passieren wollen, auf folgende Weise vor dem Versinken: Sie verwenden kleine, dünne Brettchen oder Holzreifen, wie man sie zum Faßbinden gebraucht, stellen mit Schnüren ein netzartiges Gitter her und binden sie unter ihre Sohlen. Auf diese Art wird die Spur des Trittes vergrößert, so daß man nicht einsinkt und nicht in den Schnee fällt. Um an vereisten, schlüpfrigen Stellen sicher treten zu können, pflegen sie eiserne, mit drei spitzen Zacken versehene Sohlen, ähnlich den Hufeisen der Pferde, zu befestigen. In einzelnen Gegenden bedient man sich beim Auf- und Abstieg über steile Hänge und bei Schnee mit eiserner Spitze versehener Stöcke.* (Q 78)

Während es ein uns heute selbstverständlich erscheinendes und dichtes Netz von gut markierten und ausgeschilderten Verkehrswegen sowie präzises Kartenmaterial geradezu unmöglich macht, sich zu verlaufen bzw. zu verfahren, war der Reisende der Frühen Neuzeit auf seinen Orientierungssinn oder die zum Teil wenig verläßliche Auskunft der Einheimischen angewiesen: Ortsschilder, Meilensteine und Straßennumerierungen existierten nur in den seltensten Fällen entlang der wichtigsten Fernstraßen. Zu den Utensilien eines gut vorbereiteten Reisenden zählten deshalb auch bestimmte Orientierungshilfen wie Landkarte, Meilenscheibe, Kompaß oder Taschenglobus. Allerdings ließen das verfügbare Kartenmaterial und die verschiedenen astronomisch-geometrischen Meßinstrumente kaum eine Feinorientierung zu. So zeigt eine handgezeichnete Karte der wichtigen Straßen in der Wetterau nördlich von Frankfurt lediglich die wie auf einer Perlenschnur aufgereihten Städte, ohne Informationen über den Verlauf der Straße selbst zu vermitteln. Immerhin konnte man aber anhand der skizzierten Silhouette einiger charakteristischer Gebäude, meist Rathäuser, Kirchen oder Schlösser, die jeweilige Stadt rasch identifizieren.

Selbst die ab der Mitte des 17. Jahrhunderts vermehrt erscheinenden sogenannten Postkarten vermitteln nicht mehr als einen groben Routenverlauf. Der Entfernungsbestimmung dienten sogenannte Schrittzähler, kleine Apparaturen, deren Räderwerk durch einen Hebel betrieben wird, der über ein

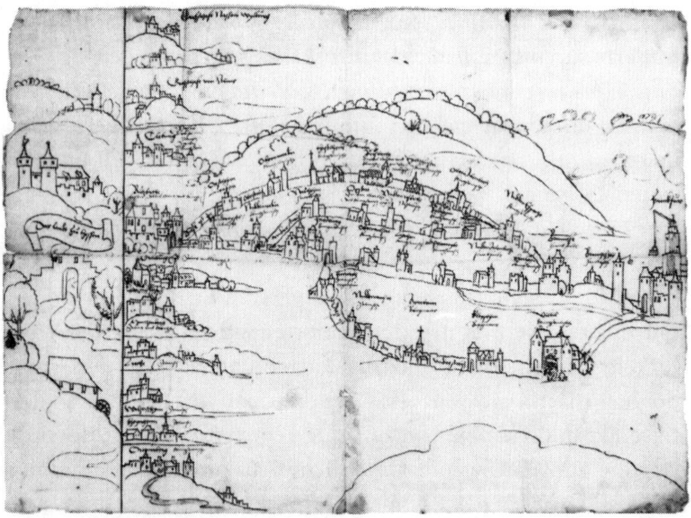

Band am Bein des Trägers mit jedem Schritt bewegt wird. Die Abbildung zeigt ein solches Gerät des Uhrmachers Johann Martin, der um 1700 in Augsburg gearbeitet hat. Es zeigt vier Zifferblätter, auf denen Einer zu Zehnern, zu Hundertern und Tausendern übertragen werden, so daß der Zähler zehntausend Doppelschritte anzeigen kann.

Dem gleichen Zweck, nämlich der Entfernungsbestimmung, dienen die sogenannten Meilenscheiben. Im allgemeinen handelt es sich dabei um Einblattdrucke des 16. und 17. Jahrhunderts, die in ihrem Zentrum eine stilisierte Vedute des Ausgangsortes haben. Um dieses Zentrum ziehen sich zwölf bis fünfundzwanzig konzentrische Kreise, die die verschiedenen Distanzen zu den Etappen anzeigen. Im Mittelpunkt der wahrscheinlich frühesten überlieferten Meilenscheiben steht die Handelsmetropole Augsburg mit einem verhältnismäßig differenzierten Stadtgrundriß, der die Befestigungsanlagen, Kirchen und öffentlichen Gebäude abbildet – also einen einfachen Stadtplan. Um die Stadtvignette sind schießscheibenartig zehn bis dreizehn Kreise geschlagen, die durch zwölf radiale Querlinien die Scheibe in zwölf Sektoren einteilen. In diesen Sektoren sind bis zu vierzehn Etappennamen mit den dazu gehörigen Entfernungsangaben an den zwölf wichtigen, von Augsburg wegführenden Handelsstraßen angegeben. (Siehe Abb. S. 74)

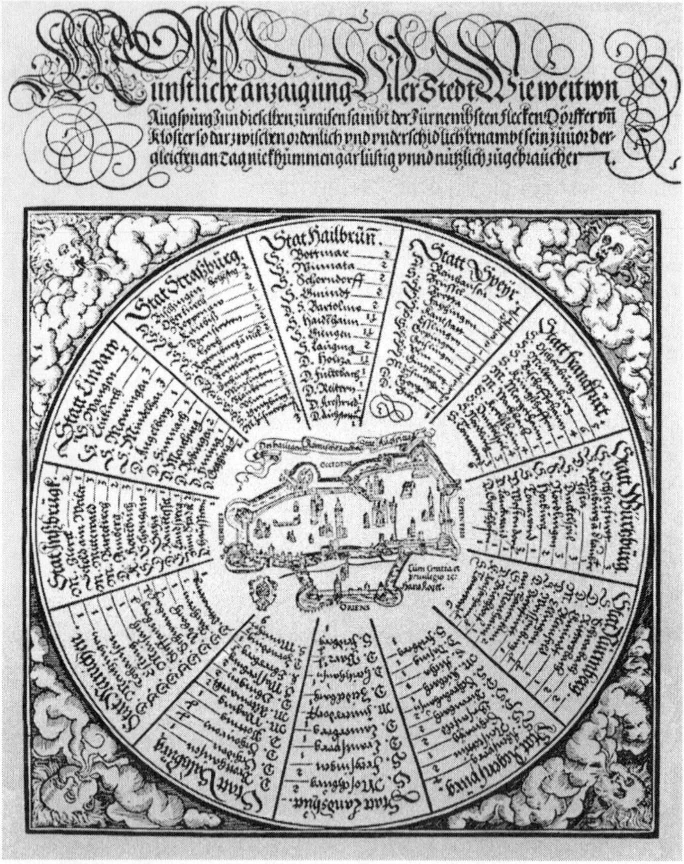
Künstlich anzaigung Viler Stedt Wie weit von Augspurg Inn dieselben zuraisen sambt der Fürnembsten flecken Dörffer vñ Kloster so darzwischen ordenlich vnnd vnderschidlich benambt sein zuuor dergleichen an Tag nie khummen gar lüstig vnnd nützlich zugebrauchen
Stat Hailbrün.
Statt Speyr.
Statt Franckfurt.
Statt Würtzburg.
Statt Nürnberg.
Stat Regenspurg.
Statt Landshut.
Stat Saltzburg.
Statt Münichen.
Statt Innsbrugk.
Statt Lindaw.
Statt Straßburg.

Verkehrswege

Die erwähnten Meilenscheiben beschreiben selbstverständlich nur einen kleinen Teil der europäischen Verkehrswege und waren zudem grundsätzlich jeweils auf eine spezielle Stadt, ein Handels- und Verkehrszentrum hin ausgerichtet. Eine Karte der europäischen Fernwege zeigt jedoch ein umfängliches, überraschend dichtes und hierarchisch aufgebautes Straßennetz. Es existierten kontinentale Fernstraßen, die als Hauptverkehrsachsen die europäischen Länder verbanden, sowie Heer- und Landstraßen, auf denen der überregionale Verkehr floß; regional kamen noch zahlreiche kleinere Dorf- und Landstraßen hinzu, die Dörfer und Weiler untereinander sowie mit den nächstgelegenen Marktflecken und Kleinstädten verbanden. Auf unterster lokaler Ebene verzweigten sich die sogenannten Nachbarfahrwege, Wege und einfachen Pfade, die als sehr engräumiges Wegenetz die Gehöfte untereinander verknüpften und die Fluren erschlossen. Diese Verkehrswege unterschieden sich hinsichtlich ihres Zustandes, des Verkehrsaufkommens wie ihrer Dimensionen ganz erheblich voneinander. Zudem waren längst nicht alle öffentlich, statt dessen viele in privatem Besitz; für bestimmte Straßen und Strecken mußten auch Maut und andere Gebühren entrichtet werden.

Die Hauptverkehrsachsen entsprechen in Deutschland weitgehend der Trassenführung heutiger Bundesstraßen, während die Autobahnen oft die traditionellen Verkehrswege ebenso mißachten wie topographische Gegebenheiten. Die beiden Pole der zweifellos wichtigsten mitteleuropäischen Verbindungen bildeten der heutige belgisch-niederländische Raum und Oberitalien. In den Niederlanden hatte sich um die wichtigen mittelalterlichen Handels- und Gewerbestädte Gent, Brügge, Mecheln und viele andere eine protoindustrielle, hochurbanisierte Region gebildet. Im Laufe des achtzigjährigen Krieges der nördlichen Niederlande mit Spanien (1566–1648), stiegen Amsterdam und Rotterdam zu den führenden Umschlagplätzen für den Überseehandel auf. Mit Gründung der Amsterdamer Börse 1608 wurde von hier aus der kapitalintensive europäische Fern- und Überseehandel finanziert und gelenkt. In Oberitalien hatten sich ebenfalls seit dem Mittelalter große Stadtrepubliken herausgebildet, deren Wohlstand wesentlich auf dem Handel mit orientalischen Luxusgütern beruhte und die vornehmlich vom östlichen Mittelmeer aus über die Häfen von Genua und Venedig nach Europa eingeführt wurden. Begünstigt durch diesen ausgedehnten Fernhandel, entwickelte sich deshalb nicht zufällig zuerst hier ein zukunftweisendes Bank- und Kreditwesen, dem die heutige Finanzsprache noch viele Schlüsselbegriffe verdankt, so etwa Konto, Giro oder Lombardsatz.

Der Austausch zwischen diesen ökonomischen Gravitationszentren in Europa wurde im wesentlichen durch zwei Hauptverkehrsadern gewährleistet, eine westliche und eine östliche Trasse. Die östliche führte von Venedig und den lombardischen Städten über Kärnten und Osttirol nach Salzburg, von dort über Regensburg und Nürnberg nach Frankfurt am Main und Köln. Hier vereinigte sie sich mit der westlichen Trasse, die von Florenz und Genua über Turin und Mailand zu den großen Schweizer Alpenpässen führte. Von dort richtete sich ein Strang durch die Ostschweiz nach Oberdeutschland, also Ulm und Augsburg, der andere führte über Luzern und Basel und folgte dort der Rheinschiene nach Köln. Diese Nord-Süd-Achse im europäischen Personen- und Güterverkehr wurde durch einen lebhaften Fernhandel in Ost-West-

Richtung ergänzt. Dabei versorgten der ostmitteleuropäische Raum und das Baltikum die niederländischen Gewerbezentren mit Rohstoffen und Lebensmitteln: Holz, Teer, Hanf und Leinen für den Schiffsbau; Getreide, Vieh, Honig und Fische zur Ernährung der städtischen Bevölkerung. Der Handel mit Massengütern folgte im wesentlichen den mittelalterlichen Schiffahrtswegen der Hanse. Diese bedeutende Vereinigung der nordeuropäischen Kaufmannsstädte wickelte ihren Handel aber auch zu einem beträchtlichen Teil über den Landweg ab. So verband der berühmte Hellweg das Niederrheingebiet über Duisburg, Dortmund, Soest und Paderborn mit den wichtigsten binnenländischen Hansestädten von Münster und Osnabrück im Westen über Hildesheim, Braunschweig und Magdeburg in der Mitte, bis zu den polnischen und schlesischen Hansestädten und Handelszentren wie Thorn, Posen, Krakau und Breslau im Osten. Die Trasse der Bundesstraße B1 folgt noch heute dem westlichen Abschnitt dieser Verbindung. In Ost-West-Richtung trieb man polnisches Vieh zu den nordwesteuropäischen Märkten. In die Gegenrichtung transportierte man Gewerbeprodukte und ab der zweiten Hälfte des 16. Jahrhunderts in zunehmendem Maße auch Überseeimporte. Weiter im Süden verband eine alte Handelsstraße Leipzig über Naumburg und Erfurt mit Frankfurt am Main, die beiden bedeutendsten deutschen Messestädte. War diese Route eher für den innerdeutschen Handel wichtig, so zog sich eine weitere europäische Fernstraße durch den Süden Deutschlands. Sie kam von dem nordostfranzösischen Handels- und Verkehrsknoten Chalons-sur-Marne über Metz, kreuzte bei Speyer die Rheinschiene, durchzog den fränkischen Raum bis Nürnberg, traf schließlich bei Regensburg auf die Donau und folgte ihr bis in das ungarische Tiefland und den Balkan.

Ein Teil dieser Straßen hatte seinen Ursprung in den antiken Römerstraßen. Dies trifft insbesondere auf jene des Rheinlandes und Südwestdeutschlands zu. Andere Straßen, etwa der Hellweg zwischen Dortmund und Paderborn, können sogar auf vorrömische Wurzeln zurückgeführt werden. Eine dritte Gruppe schließlich entwickelte sich während des Mittelalters und verband die neu entstehenden städtischen Zentren wie Nürnberg und Leipzig.

Gleich ob die Straßen bereits damals mehr als ein Jahrtausend alt waren oder erst seit einigen Jahrzehnten frequentiert wurden, ihr Zustand war gleichermaßen schlecht. Es handelte sich eigentlich um Sandpisten, die sich in der Schlechtwetterperiode in morastige, grundlose Schlammgräben verwandelten und die weder gesichert noch befestigt und zudem im allgemeinen unbeschildert waren. Selbst im trockenen Sommer konnte man die Begrenzung einer Straße kaum erkennen.

Gleichgültig ob zu Beginn oder am Ende der Frühen Neuzeit, egal ob im nebligen Norddeutschland oder im sonnigen Italien, es gab kaum jemanden, der nicht über den miserablen Zustand der Verkehrswege geklagt hätte. Bereits in dem ältesten amtlichen Bericht über den Zustand der Straßen in Tirol von 1524 klingt diese Kritik an. *Als wir* (eine fürstliche Straßenbaukommission) *durch den Fluß geritten waren, stellten wir fest, daß der Zöllner* (hier: der Straßenaufseher) *die Straße an einigen größeren Strecken gut hergerichtet, erweitert und mit Stützmauern versehen hat. Doch an vielen und fast allen Enden ist es nötig, die Straße zu verbreitern, Felsen aus dem Weg zu räumen und mit Trockenmauern zu befestigen. So sind auch viele Mauern zerrissen und abgebrochen, die man mit Mörtel neu mauern müßte.* Nicht anders sah die Straße zwischen Meran und Naturns aus: *Dieser Weg ist seit vielen Jahren nie ausgebessert worden, die Pflaster sind alle aufgerissen, die Spurrillen sind tief und steinig und bei Regenwetter versinken die Wagen bis an die Achse.* (Q 84) Ähnliches notiert mit spitzer Feder auf seiner Rückreise von Berlin der französische Begleiter des ostfriesischen Gesandten Dodo von Inn- und Knyphausen 1683: *Wie dem auch sei, am Morgen des 30. April verließen wir Uelzen; als das Tor geöffnet wurde, fuhren wir zweieinhalb Meilen durch Wälder, an deren Ende wir auf die Aller stießen. Danach fuhren wir durch endlose Moräste, in denen wir mehrere Rudel Hirsche sahen. Bei Sonnenuntergang kamen wir zur Leine, die wir auf einer jener Brücken überquerten, denen als Pfeiler nur die Wellen dienen und als Stütze das Wasser hatten* – mit anderen Worten, es gab überhaupt keine Brücke. Zwischen Bielefeld und Münster kam es noch schlimmer: *Dieser Weg führte durch große Sümpfe und war so fürchterlich und einsam, und ich glaube, daß selbst wilde Tiere Mühe haben, dort zu leben, denn sie finden dort überall nur Nässe und Löcher, und die Wege sind genauso beschwerlich. Da es schon recht spät und dunkel war, sahen wir uns gezwungen, auszusteigen, um uns vor der Schaukelei in Sicherheit zu bringen.* (Q 64) In dem Tagebuch über seine Reise nach Syrakus in den Jahren 1801/02 äußerte sich Johann Gottfried Seume entsprechend über die italienischen Straßenverhältnisse. Bereits vorher hatte er *von den großen gefährlichen Morästen zwischen Ferrara und Bologna gelesen.* Die Realität spottete schließlich jeder Beschreibung. *Der Wagen war gut, die Pferde waren schlecht und der Weg noch schlechter. Schon in Padua konnte ich eine kleine Ahnung davon haben; denn eine Menge Kabrioletiers* (Kutscher) *wollten mich nach Verona bringen; da ich aber sagte, daß ich nach Bologna wollte, verlor kein einziger ein Wort weiter, als daß sie alle etwas von Teufelsweg durch die Zähne murmelten. Wir zahlten schließlich gut und fuhren schlecht, und wir wären noch schlechter gefahren, wenn wir nicht zuweilen eine der schlimmsten Strecken zu Fuße gegangen wären. Einige Stunden von Ferrara aus ging es leidlich, dann sank aber der Wagen ein bis zur Achse. Der Vetturino* (Fahrer) *wollte Ochsenvorspann nehmen; die billigen Bauern forderten aber für zwei Stunden nicht mehr als achtundzwanzig Lire für zwei Ochsen. Der arme Teufel von Fuhrmann dauerte mich, und ich riet ihm selbst, gar kein Gebot auf die unverschämte Forderung zu tun. Die Gäule arbeiteten mit der furchtbarsten Anstrengung absatzweise eine halbe Stunde weiter; dann ging es nicht mehr. Wir stiegen aus und arbeiteten uns zu Fuß durch, aber es wurde auch mit dem leeren Wagen immer schlimmer. Erst fiel ein Pferd, und als sich dieses wieder erhob, fiel das andere, und einige hundert Schritte weiter fielen schließlich beide und wälzten sich in dem schlammigen, tonigen Boden. Die Pferde halfen sich endlich wieder auf, aber der Wagen saß fest. Nun stelle dir die vollständig verschmutzte Person deines Freundes vor, wie ich mich mit der ganzen Kraft meines physischen Wesens meine Schulter unter die Hinterachse des Wagen setzte und heben und schieben half.* (Q 77)

Wohl in kaum besserem Zustand befand sich der Weg, den Jens Baggesen zu seinem Badeaufenthalt im heute niedersächsischen [Bad] Pyrmont hinter sich bringen mußte. In der ihm eigenen empfindsamen Schreibweise setzt er sich mit dem Leid der Zugtiere auseinander, das sich aus dem desolaten Straßenzustand ergab: *Um sechs Uhr sind wir vom Fuß des Klütberges abgefahren, den Rücken dem schönen Hameln zugewandt. Der Weg war so steinig und löchrig und morastig, daß die Pferde, von denen wir nur vier vor unserem und drei vor dem Bagagewagen hatten, im Schritt gehen mußten. Die ersten drei Stunden vergingen mit Gesang, Gesprächen und Angst, jeden Augenblick umzukippen, ziemlich gut; doch in der vierten hielt ich die Rumpelei nicht länger aus, stieg aus dem Wagen und ging vorweg. Endlich näherte sich der Wagen wieder. Unendlich langsam ging es ständig bergauf, bis wir in einem dunklen Wald den Gipfel eines Berges erreichten, über den der Weg von Hameln zum Gesundheitsbrunnen führt. Die Pferde konnten nicht mehr, Spazier* (ein Mitreisender) *und meine Schwester stiegen aus, genauso wie ich, um ihre Mühe zu erleichtern, doch es half nichts. Eins der beiden vorderen Pferde wurde ohnmächtig oder tat so und wurde also ausgespannt und an den Wagen gebunden, um hinterherzutrotten. Mit innigem Mitleid gingen Spazier und ich an seiner*

Seite und sahen sein kraftloses Taumeln – und wirklich hatte ich in dieser Stunde, da ich Zeuge seines schweren Vorwärtsschleppens war, eine Art von sicherem Gefühl, daß auch ein Pferd mein Nächster sei. Wir wünschten beide, das Leiden des armen Pferdes teilen zu können – da fiel es endlich um – seine erschöpften Beine konnten es auf dem holprigen morastigen Weg nicht mehr länger tragen. (Q 2)

Neben diesen sozusagen alltäglichen Gefahren barg die Benutzung von Gebirgsstraßen besondere Risiken, drohten doch zusätzlich Lawinen, Steinschlag, Wetterumsturz und gähnende Abgründe. Das größte Hindernis im europäischen Verkehr waren natürlich die Alpen, die sich als Riegel nicht nur zwischen die oberitalienischen Wirtschaftszentren und die nordalpinen Gewerberegionen schoben, sondern auch das Zentrum der katholischen Kirche vom restlichen Europa trennten. Die Menschen waren daher gezwungen, trotz der drohenden Gefahren immer wieder das Risiko einer Alpenüberquerung auf sich zu nehmen. Seit alters her konzentrierten sich diese Verkehrsströme auf etwa ein Dutzend Pässe, Nadelöhre wie zum Beispiel den St. Bernhard-, den Simplon-, Gotthard-, Brenner- oder den Reschenpaß, die auch heute noch wichtige Verbindungen darstellen. Andere wichtige Pässe des Mittelalters und der Frühen Neuzeit haben dagegen ihre Bedeutung weitgehend verloren, etwa der Mont Cenis, der Lukmanier, der Septimer oder der Splügen. Selbst eine Überquerung des niedrigsten Alpenpasses (1374 m), des Brenners, konnte unter Umständen außerordentlich strapaziös sein. So berichtet bereits der pilgernde Dominikanermönch Felix Faber im Jahre 1483: *Am 23. Januar erhoben wir uns in der Frühe und machten uns und die Pferde marschbereit und stiegen vom Grunde aus in gerader Richtung auf der Reichsstraße auf den Breñner empor. Das war in Folge der uns entgegenströmenden Wassermassen mit großen Mühseligkeiten verbunden, denn wegen der Schneeschmelze strömte uns auch auf der neuen Straße, die der Herzog von Österreich im Jahre zuvor hat anlegen lassen, reichliches Gewässer entgegen. Auf dem alten Wege wären wir auf keinen Fall weitergekommen, denn ein wahrer Wildbach schoß durch ihn unter wunderlichem Geräusch der mitgeführten Steine und Felsen herab. In diesem Gebirgsgebiet sind mächtig hohe Bergspitzen, und im Winter, vor allem zur Zeit der Schneeschmelze, ist der Übergang sehr gefährlich, weil von den höheren Bergen die Schneemassen losbrechen.* (Q 18)

Charakteristisch für die frühneuzeitlichen Verkehrswege waren aber nicht nur ihr schlechter Zustand, sondern auch die fehlende Beschilderung und nur selten vorhandene Wegweiser. Meilensteine waren zwar bekannt, jedoch auf wenige Straßen beschränkt und noch so selten, daß Zedler sich in seinem Universallexikon ausführlich dazu äußert. *In England hat man zwischen London und Oxford gewisse Lapides* (Steine), *fast in Größe wie die Grenzsteine an den Dresdner Stadtfluren, von welchen die Herren Professoren zu Oxford erzählen, daß selbige noch von den alten Römern, als sie Britannien zu einer Provinz gemacht, herkämen. In dem Kurfürstentum Sachsen mußten sich die Reisenden ehemals mit den blassen Waldzeichen behelfen, die an den Grenzbäumen eingeschnitten worden, rot und schwarz angestrichen und mit allerlei seltsamen Buchstaben versehen waren. Endlich fing der Kurfürst zu Sachsen, Johann Georg III. im Jahre 1682 an, hin und wieder durchs Land hölzerne Wegesäulen zu errichten, wovon noch viele stehen. Im Jahre 1702 fing man an, andere Säulen mit Armen aufzurichten. Die Arme wurden nur bei Kreuz- und Scheidewegen gesetzt, um anzuzeigen, wohin jeder Weg leite. Damit sie desto dauerhafter sein sollten, so wurden sie aus Eichenholz verfertigt.* (Q 96)

Die allmähliche Zunahme von Beschilderung und Aufstellung von Meilensteinen seit dem späten 17. Jahrhundert kam zwar dem Interesse der frühmodernen Fürstenstaaten entgegen, ihr Territorium zu vermessen und zu kartieren. Der Zustand der Straßen wurde dadurch allerdings nicht wirklich grundlegend verbessert. Seine Ursache hatte dies vornehmlich in den technisch-organisatorischen und politisch-administrativen Gegebenheiten der Zeit. Die Konstruktion der Straßen hing wesentlich von den am Ort verfügbaren Baumaterialien ab. Man benutzte Reisig und Knüppel, um die Schlaglöcher auszufüllen, was wenig praktikabel war und im übrigen eine Technik darstellte, die sich seit den Tagen Karls des Großen nicht geändert hatte. So beklagte der Publizist und Politiker Justus Möser auch noch in der zweiten Hälfte des 18. Jahrhunderts diese mangelhaften Ausbesserungsarbeiten: *Sie flicken und flicken, bis sie die ganze Natur jener Wege zerstört haben und mit dem nächstbesten Sand oder Kehricht, Wasen, Stroh und Quecken, das sonst noch erträgliche Terrain zu grundlosen Morästen und fluchauspressenden Mordwegen verwandelt haben.* (Q 52)

Nur in Ausnahmefällen, in der Regel in Gebirgsnähe, versuchte man mit Kies und gebrochenen Steinen die Straßen mit einer einigermaßen festen Decke zu versehen. Frost, heftige Niederschläge und natürlich die vielen Hufe und scharfen, eisenbereiften Räder brachen die Decke – zumal ein Fundament in der Regel fehlte – binnen weniger Wochen wie-

der auf, und es kam ständig zu neuen Schlaglöchern und Deckenverwerfungen. Die in einigen Ländern erhobene Abgabe auf Kutschen mit zu schmalen, scharfen Felgen, die das Gewicht des Wagens nicht genügend verteilten und so die Fahrdecke zerstörten, half da nur wenig. Wie mühselig diese Ausbesserungsarbeiten waren, zeigt ein Stich aus dem späten 18. Jahrhundert. (Siehe Abb. S. 83)

Die Fürsten übertrugen die Reparaturarbeiten in der Regel den am Wege liegenden Gemeinden. Mit dem noch aus dem Mittelalter stammenden Instrumentarium der Landfolge bzw. der Hand- und Spanndienste verfügte der Landesherr über ein Rechtsmittel, das ihm den theoretischen Zugriff auf ein schier unerschöpfliches Reservoir an billigen Arbeitskräften ermöglichte. Hintergrund dieser Dienstverpflichtung, die einer Steuer gleichkam, war das traditionelle Lehnssystem, in welchem dem Bauern vom Grundherrn gegen eine jährliche Pacht und bestimmte Dienstleistungen das Nutzungsrecht für ein Stück Land übertragen wurde. Meist zweimal im Jahr, außerhalb der arbeitsintensiven Aussaat- und Erntezeiten, forderte die Obrigkeit diese ›Arbeitssteuer‹ ein, und die Bauern mußten eine bestimmte Anzahl von Arbeitstagen ableisten; Besitzer von Zugvieh – Pferde oder Ochsen – hatten darüber hinaus gewisse Fuhrleistungen, ebenjene Spanndienste, zu erbringen. Der Einsatz dieser Arbeitskräfte bedurfte zwar keiner Aufwendung von Kapital, er war jedoch außerordentlich uneffektiv und trug neben den technischen Problemen erheblich zum notorisch schlechten Zustand der Straßen bei. Im Gegensatz zu heutigen Straßenbauarbeitern hatten die Bauern wenig Erfahrung und kaum technisches Know-how; zudem war ihr Arbeitseifer verständlicherweise sehr begrenzt, wurden sie doch nicht nur nicht entlohnt, sondern sie fehlten auch für dringende Arbeiten auf ihrem Hof. Ein anderes Problem lag in den wenig präzisen Bestimmungen der Landfolge. So wurde im allgemeinen nur pauschal die Abstellung einer Arbeitskraft pro Haushalt gefordert, und die Bauern konnten diese Regelung mit der Entsendung von Kindern, Frauen oder gebrechlichen Alten unterlaufen, während die leistungsfähigen Kräfte im eigenen Betrieb gehalten wurden. Schwierigkeiten bereitete oft auch die Koordination der Zugtiere. Der weitaus größte Teil der Bauern besaß nur ein oder zwei Pferde oder Ochsen. Man mußte also mindestens zwei, öfters drei oder vier Bauern zur gleichen Zeit einteilen, um ein Vierergespann für die schweren, im Straßenbau eingesetzten Fuhrwerke zu bestücken. Diese strukturellen Schwächen waren den Zeitgenossen durchaus bewußt, und der bereits erwähnte Justus Möser schrieb dazu lapidar: *Man läßt hier der Sonne und dem Froste ihre natürliche Wirkung und spart sich für die Aufopferung eines geringen unergiebigen Raums unzählige Hand- und Spanndienste.* (Q 53)

Oft kam es auch zu regelrechten Interessenkonflikten zwischen der fürstlichen Landesregierung und den Gemeindeverbänden, z. B. wenn eine Straßentrasse schon länger bestehende Dorf- und Feldwege oder Äcker durchschnitt oder aber, im umgekehrten Falle, neuangelegte Bewässerungskanäle der Dorfgenossenschaft die Straße gefährdeten. So klagte bereits der erwähnte erste amtliche Zustandsbericht über die Tiroler Straßen von 1524: *Die Gemeinde Branzoll hat die Gräben neben der Steingasse einfallen lassen, so daß diese bei schlechtem Wetter ganz mit Wasser angefüllt ist: die Gemeinden Salurn und Eppan haben den Weg gar zugrunde gehen lassen, ebenso der Markt Reutte; die Gemeinde Schlanders verdarb den Weg durch ihre tiefen Waler* (Bewässerungsgräben) *zum Wässern der Felder. In der Gemarkung von Ried ist der Weg auch durch Wasser so verdorben, da es hoch bis an die Warenballen auf den Wagen schlägt. Die Gemeinden Inzing und Flaurling haben ihren Weg schließlich völlig mit Stauden verwachsen lassen.* (Q 85)

Erst die sozioökonomischen Umwälzungen im Laufe des 19. Jahrhunderts brachten mit dem Wandel der Agrarverfassung eine Freisetzung dieser ländlichen Arbeitskräfte, die jetzt massiv als Tagelöhner im Verkehrswegebau, besonders bei den großen Tunnel-, Brücken- und schließlich den Eisenbahnbauten, eingesetzt werden konnten.

Im Heiligen Römischen Reich Deutscher Nation standen neben diesen technischen und organisatorischen Hindernissen auch die staatlich-politischen Gegebenheiten den Bemühungen zum Bau und Erhalt von Verkehrswegen entgegen. Mit der Zunahme des Güter- und Personenverkehrs seit dem ausgehenden 17. Jahrhundert trat dieser Mangel auch den Zeitgenossen immer deutlicher vor Augen, verhinderte doch die staatliche Zersplitterung des Alten Reiches in viele hundert Territorien eine einheitliche und straff gelenkte Straßenbaupolitik. Auf seiner Reise durch Mitteldeutschland notierte Jens Baggesen in Friedberg/Hessen 1789 mit ironischen Worten: *Je tiefer wir in das bunte Römische Reich hineingeraten, um so geblümter und verblümter wird die Statistik, so daß wir, politisch gesehen, wirklich nicht mehr recht wissen, wo wir uns befinden und wozu der Flecken gehört, auf dem wir gehen. Darmstadt, Hanau, Solms, Burggrafschaft, Kurmainz und Pütter-weiß-wie-viele Regierungen* (Johann Stephan Pütter: bedeutender Staatsrechtler des 18. Jahrhunderts) *spielen hier in einem solchen Durcheinander Blindekuh, daß man glauben sollte, dieser Teil von Deutschland wäre einmal kaputtgegangen und in aller Eile auf gut Glück wieder zusammengekleistert worden. Ich danke dem Himmel, daß diese meine Reise nicht statistisch ist und daß ich mich also nicht darum zu kümmern brauche, ob Peter oder Paul hier etwas zu sagen haben. Was am meisten darunter leidet, sind unser Wagen und unsere Schuhe; denn die Wege scheinen ebensowenig wie wir zu wissen, wer sie instand halten müßte, und in dieser Ungewißheit werden sie immer schlechter. Da wir uns lieber die Beine als den Hals brechen wollen, wenn das Unglück schon einmal geschehen sollte, wühlen wir uns zu Fuß durch.* (Q 2)

Gegenüber dem territorial zersplitterten Reich wurden in den größeren, zentral gelenkten Königreichen, besonders in England und Frankreich, Anstrengungen zum Bau von gepflegten und gut befestigten Fernstraßen unternommen. Kristallisationspunkte der Verkehrswege wurden hier die politischen, kulturellen und wirtschaftlichen Metropolen London und Paris. Ein vergleichbar dominierendes Gravitationszentrum fehlte bekanntlich im Reich; erst im Laufe des 19. Jahrhunderts bildete sich mit Berlin und Wien ein gewissermaßen bipolares mitteleuropäisches Verkehrssystem heraus.

Beide Staaten, Frankreich und England, setzten denn auch früh neue technische und organisatorische Akzente im Straßenbau. In England, das bereits vor der eigentlichen Industrialisierung seit dem 16. Jahrhundert eine räumlich arbeitsteilige Nationalökonomie hervorgebracht hatte, gelang es mit der Gründung der sogenannten Turnpike-Trusts, größere Kapitalmittel für den Bau von Überlandstraßen zu mobilisieren. Diese Mautstraßen-Kompanien setzten sich in der Regel aus interessierten Großgrundbesitzern und Kapitalanlegern aus dem Wirtschaftsbürgertum zusammen. In den Jahrzehnten nach 1750 verabschiedete das englische Parlament eine Reihe von Gesetzen, die diesen privaten Aktiengesellschaften Bau und Unterhalt der Staßen sowie das Eintreiben von Nutzungsgebühren erlaubten. Für diesen neuen Straßentyp bürgerte sich der Name ›Turnpike-Road‹ ein, benannt nach den Schlagbäumen, an denen die Benutzungsgebühren entrichtet werden mußten. In den folgenden Jahrzehnten erlebten diese Gesellschaften einen bedeutenden Boom; betrieben 1750 150 Gesellschaften ein Straßennetz von über 3000 Meilen, so teilten sich 1830 etwa 1000 ›Turnpike-Trusts‹ Straßen in einer Gesamtlänge von 22 000 Meilen und damit immerhin 20% des gesamten britischen Straßennetzes.

In den Monarchien auf dem Kontinent versuchten dagegen die Fürsten gewissermaßen per Dekret den Bau und Erhalt befestigter Verkehrswege durchzusetzen. Dahinter stand neben dem merkantilistischen Bestreben zur Förderung des Handels auch ein unmittelbares finanzielles Interesse der Fürsten, versprach doch ein gut frequentierter Verkehrsweg regelmäßige Geldeinnahmen an den Mautstellen. Einzelinteressen des Wirtschaftsbürgertums fanden bei dieser zentralistischen und fürstlich gelenkten Verkehrspolitik weitaus weniger Berücksichtigung als auf den Britischen Inseln.

Es waren nicht zuletzt jene fiskalischen Interessen, die die Fürsten nicht nur zur effektiven Reparatur der Straßen veranlaßten, sondern auch zum Neubau von Fernstraßen, die in Kontinentaleuropa bald nach dem französischen Vorbild als Chausseen bezeichnet wurden. Im Falle Frankreichs sollte mit ihnen die Verbindung zwischen den wichtigsten Städten und der Metropole Paris gewährleistet werden. In kleineren deutschen Fürstenstaaten richteten sich diese Chausseen dagegen meist an den älteren, bereits bestehenden europäischen Fernverkehrswegen aus; oder man versuchte, der Konkurrenz durch die größeren Territorien vorzubauen. So mahnte der für den Straßenbau zuständige Beamte im relativ verkehrsgünstig gelegenen kleinen Fürstentum Lippe Ende des 18. Jahrhunderts: *Preußen hat jetzt eine neue Chaussee über Minden, Herford und Bielefeld angelegt, welche schon jetzt häufig von Frachtfuhrleuten befahren wird. Diese Anlage droht, unsere Landstraßen zu ruinieren. Es muß daher mit Ernst darauf bedacht genommen werden, eine zu jeder Jahreszeit befahrbare Straße durch unser Land einzurichten, um die Vorteile, welches uns die glückliche Lage gewährt, nicht ganz zu verlieren.* (L 58)

In Preußen bemühten sich Monarch und Regierung Mitte des 18. Jahrhunderts zunächst, mit Landstraßen- und Wegeordnungen die Ausstattung der Verkehrswege zu vereinheitlichen. So verfügte Friedrich II. (der Große), daß alle Eigentümer, deren Grundstücke *an Heer- und Poststraßen grenzen, an den Straßenseiten Bäume zu pflanzen und Gräben anzulegen hätten. Damit aber hier einheitlich verfahren werde, so sollen die Haupt- und Heerstraßen drei Wagenspuren breit, andere aber, worauf nicht so starke Passage geht, zwei Wagenspuren breit gelassen und eingerichtet werden. Die Gräben müssen so gut es geht in gerade Linie gezogen, vier Fuß breit und drei Fuß tief angelegt werden. Die Bepflanzung geschieht in der Weise, daß die Bäume anderthalb bis zwei Ruten* (6 bis 8 Meter) *weit auseinander hinter den Gräben ackerwärts zu stehen kommen, damit sie die Feldfrüchte nicht beschatten noch auch verursachen mögen, daß die Wege nicht gehörig austrocknen. Die Bäume müssen aus allerlei nützlichen Arten bestehen und sechs Fuß Stamm unter der Krone haben; es darf jedoch kein Holunderflieder noch anderes Stauden- und Heckwerk gepflanzt werden. Die gepflanzten Bäume müssen sogleich ordentlich bepfählet und mit Dornen umwunden werden, damit dieselben gegen den Anlauf des Viehs und andere Anfälle verwahrt bleiben.* (Q 59)

Diese beachtlichen Anstrengungen fanden ihre Fortsetzung Ende des Jahrhunderts in den Chaussee-Reglements. Mit der Einrichtung spezieller Wegeämter, die sich aus einem Direktor, einem Oberwegeinspektor, einem Assessor sowie vor Ort einem Sekretär und einem Registrator zusammensetzten und die unmittelbar der Regierungsaufsicht unterstellt waren, sollten die staatlichen Bemühungen optimiert und koordiniert werden. Die Chausseen stellten insofern eine bautechnische Neuerung dar, als sie in der neuen Packlage-Bauweise errichtet wurden. Dabei zerschlug man das aus den Steinbrüchen gebrochene Gestein in grobe, mittlere und feine Brocken. Mit den groben Steinen wurde eine feste, aber wasserdurchlässige Grundschicht als Unterbau gebildet. Mit dem mittleren und feinen Material trug man zwei festgestampfte Deckschichten auf. Man achtete auf eine deutliche Wölbung der Fahrfläche, die den raschen Abfluß des Regenwassers sicherstellte, das dann in seitlich verlaufende Gräben abgeleitet wurde. Gerade die Kombination von Pflaster und steinigem Unterbau erlaubte den Einsatz immer schwererer Karossen und vor allem großer Lastwagen. Die eigentliche Chaussee sollte etwa 20 Fuß breit sein, damit mindestens zwei Fuhrwerke nebeneinander Platz hatten. Zusammen mit den an beiden Seiten ausgehobenen Wasserabzugsgräben, der Bepflanzung und den beidseitig angelegten Sommer- und Fußwegen kam die gesamte Anlage auf eine Breite von etwa 15–20 Meter. Neben der Wasserableitung dienten diese Gräben zusammen mit der Randbepflanzung dazu, die Chausseen zu markieren sowie vor allem die Fuhrleute davon abzuhalten, sich Nebenwege zu suchen und so die Mautstellen zu umgehen. Schließlich favorisierte man Baumarten mit einem hohen Wasserbedarf und einer großen Blätterkrone, wie Pappeln, Linden oder Weiden, um die Passanten vor Witterungseinflüssen zu schützen und den Untergrund der Chaussee zu drainieren. Mit dieser Bepflanzung wurde auch die Grundlage für die malerischen und heute noch für bestimmte ländliche Bereiche des östlichen Deutschlands so charakteristischen Alleen gelegt.

Diese modernen Chausseen kamen allerdings in Mitteleuropa erst am Ende der Frühen Neuzeit in Gebrauch und erschlossen nur wenige Strecken. Die meisten Hauptstraßen und praktisch alle Nebenstrecken und Fahrwege blieben noch bis weit in das 19. Jahrhundert hinein weitgehend unbefestigt.

Zwar wurde in den allermeisten Fällen eine vorhandene Straße – eine Fernstraße oder ursprünglich untergeordnete Straße – zur Chaussee ausgebaut und hierbei, so es die topographischen Gegebenheiten erlaubten, Begradigungen vorgenommen. Es wurden aber auch völlig neue Trassen erschlossen. Eine Folge der Baumaßnahmen war die Enteignung angrenzender Grundstücke, deren Besitzer entschädigt wurden. So verfügte der preußische König Friedrich Wilhelm II. im Jahre 1796, daß die in der Grafschaft Mark gelegene Strecke von Pelkum nach Hamm zu einer Chaussee auszubauen sei und jeder Anrainer, *den erforderlichen Grund und Boden, es sei Acker, Wiese, Weide oder Wald, gegen Entschädigung zu überlassen habe.* (Q 59)

Im Zuge dieses staatlichen Engagements im Verkehrswegebau wurde jetzt auch verstärkt reglementierend in den fließenden Verkehr eingegriffen; in erster Linie nicht etwa, um die Verkehrsteilnehmer zu disziplinieren oder die Unfallgefahr zu vermindern, sondern um die mit viel Mühe und Kostenaufwand gebauten Straßen zu schützen. So legte die gerade erwähnte Verordnung von 1796 fest, daß *in eine schon bestehende Spurrille keiner mehr hinein fahren darf. Auch dürfen zwei oder mehrere Wagen und Karren nicht direkt hintereinander in einer Spur fahren. Das Befahren der neben der Chaussee angelegten Erdwege ist nur bei deren völliger Trockenheit oder bei festgefrorenem Boden erlaubt. Bei dieser Beschaffenheit der Erdwege muß auch das schwere Fuhrwerk, also zwei-, drei- und vierspännige Karren sich derselben bedienen. Wer zur zulässigen Zeit auf dem Erdwege fährt, muß jedoch mit dem äußersten Rade zwei Fuß vom Rande des Grabens wegbleiben. Auf den Fußwegen darf übrigens nicht gefahren werden. Gesattelte Reitpferde und beladene Schubkarren dürfen im Sommer und Winter zwar benutzt werden, jedoch nur bei trockener Witterung bzw. bei Frost.* Die Wegeämter haben darüber hinaus darauf zu achten, daß bei Streckenabschnitten durch Wälder alle *innerhalb einer Entfernung von zwölf Fuß vom Rande der äußeren Grabenseite stehenden Bäume wegzuschaffen sind und auch die Zweige weiter entfernt stehender Bäume dergestalt zu behauen sind, daß das abfallende Laub die Gräben nicht verunreinige. Sogenanntes Schlag- und Strauchholz, wozu auch Obstbäume gezählt werden, dürfen nur in größerer Entfernung gepflanzt werden. Da lebendige Hecken, so sehr auch sonst deren Anpflanzung zu empfehlen sei, den Chausseen nachteilig sind, sollen an denselben in der Regel nur tote Zäune, die nicht über vier Fuß hoch sind, gestattet sein; diese sollen jedoch dergestalt angefertigt werden, daß zum Luftdurchzug genügend Raum gelassen wird. An Orten besonderer Lokalität und mit Erlaubnis des Wegeamtes können lebendige Hecken gelegent-*

lich doch zugelassen werden. Es darf jedoch nur Weißdorn und auch nur in einer Entfernung von zwei Fuß vom äußeren Rand des Grabens angepflanzt werden. Die Bauern sollen am Chausseegraben an ihrem Acker besondere Raine anlegen, damit der Graben bei der Feldarbeit nicht verdorben wird. Ebensowenig dürfen die Gräben durch Einwerfung von Unkraut, Steinen, Sträuchern, Erde, Dornen, Heckenschnitt und dergleichen verunreinigt werden. Auch darf an den Gräben kein Vieh gehütet werden und das Vieh nicht hirtenlos die Straße überqueren, da der Viehtritt den Graben ruiniert. Die Seitenabzugsgräben dürfen nicht verstopft werden, sondern müssen vielmehr instand gehalten werden. (Q 59)

Neben den Gebirgen stellten die Flüsse schwer überwindbare Hindernisse für den Landverkehr dar. Brücken waren selten, an den großen Flüssen war man meist auf Fähren angewiesen, kleinere Flüße überquerte man an Furten oder über wenig vertrauenswürdige Holzstege. Zu den Ausnahmen zählte im 17. Jahrhundert die hölzerne Rheinbrücke bei Straßburg, wie sie ein bedeutender Schüler von Matthäus Merian, Wenzel Hollar, 1665 in Kupfer stach. Beachtlich sind die Spannhöhe über dem Wasserspiegel, die eine problemlose Durchfahrt der Flußkähne ermöglicht, sowie die zweistufige, ebenfalls aus Holz konstruierte Uferbefestigung.

Während des Mittelalters war mit anderen Kenntnissen auch die hochentwickelte Brückenbaukunst der Antike weitgehend in Vergessenheit geraten. Die bestehenden Steinbrükken wurden daher während der Frühen Neuzeit oft zu Recht den Römern zugeschrieben, wenn nicht gar der abergläubische Volksmund den Teufel als Bauherrn für diese unerklärlichen Zeugnisse der Ingenieurkunst reklamierte. Neben der vom Laien kaum nachzuvollziehenden Baukunst beschäftigte die Kühnheit, mit der sich die Brücken insbesondere im Hochgebirge über gähnende Abgründe spannten, die Phantasie der Zeitgenossen. Die Ergriffenheit, die sich bei der Überquerung eines solchen Bauwerkes einstellte, macht der Gelehrte Johann Georg Sulzer anläßlich seiner Schweizer Reise im Jahre 1778 deutlich. *Dieses ist die sogenannte Teufelsbrücke, über die man hinüber muß, um auf den in den Felsen eingehauenen Weg zu gelangen. Man wird mitten auf dieser Brücke von dem tobenden Geräusch des Wassers betäubt, von der Höhe schwindelnd, und von dem zu Staub zerschmetterten und sich in der Luft herumtreibenden Wasser ganz naß. Das Greuliche dieser Szene ist über alle Beschreibung, und man begreift kaum, wie Menschen es haben unternehmen können, sich einen Weg hier durch zu bahnen.* (Q 87) Acht Jahre später notierte der Göttinger Historiker Christoph Meiners zu seiner Begegnung mit der Teufelsbrücke in der Schöllenen-Schlucht auf seinem Weg zum Gotthard-Paß: *Je näher man der Teufelsbrücke kommt und je steiler die Felsen werden, desto gewaltsamer drängt sich die Reuß durch ihr enges und unebenes Bett fort. Alle Schrecknisse des ganzen Weges finden sich an dem Platze, wo die Teufelsbrücke über die Reuß gebaut ist, in den höchsten Graden vereinigt. Meine wenigen Zeilen, die ich niederschrieb, vermischten sich mit dem Staubregen, der aus dem sechzig bis siebzig Schuh tiefen Bett der Reuß heraufstieg.* (Q 50) Die von Sulzer und Meiners beschriebene Teufelsbrücke in der Schöllenenschlucht faszinierte denn auch seit dem 18. Jahrhundert immer wieder Maler und Graphiker.

Im Gegensatz zur Teufelsbrücke stammten besonders im südlichen Europa viele der Steinbrücken aus der Römerzeit, und während des Mittelalters waren im übrigen Europa nur sehr wenige bedeutende Brückenbauten hinzugekommen, etwa die Karlsbrücke in Prag oder die Lahnbrücke in Wetzlar. Der bereits zitierte Schweizer Reisende Thomas Platter war auf seiner Reise denn auch jedesmal beeindruckt, eine große Steinbrücke anzutreffen; er beschrieb sie nicht nur in seinem Reisetagebuch, sondern zeichnete sogar einige von ihnen. Die Brücke von Vienne in der Provence schrieb er berechtigterweise der römischen Antike zu, wenngleich er sich bei Bauherr und Baujahr irrte und einer unbelegten Legende folgte.

Vienne hat eine gewölbte Brücke aus Stein hoch über die Rhone gebaut, die nur zwei Bogen hat. Man sagt, das Wasser sei dort mächtig tief, und Pilatus soll unter der Brücke ertrunken sein. Cäsar Tiberius Gracchus soll die Brücke und zwei Schlösser zu beiden Seiten anno der Welt 3790 vor Christi Geburt erbaut haben. (Q 66)

Im Zuge des wenn auch zögerlichen Ausbaus der Verkehrswege wurden diese altertümlichen Brücken zu regelrechten Engpässen. Meist waren sie so schmal, daß jeweils nur ein Wagen passieren konnte und sich regelrechte Staus bildeten; gelegentlich lagen sie aber ohnehin an Routen, die im Laufe der Jahrhunderte ihre einstige Bedeutung eingebüßt hatten. Dennoch waren Brücken stets angenehmer und vor allem auch ungefährlicher als die übliche Überquerung eines Flusses mit einer Fähre oder durch eine Furt. An den seichten Flußübergängen hatten sich seit dem frühen Mittelalter Siedlungen entwickelt, die zu florierenden Umschlagplätzen und bedeutenden Städten wurden. Viele Ortsnamen erinnern heute noch an diese alte Funktion und den Entstehungszusammenhang: Frankfurt und Schweinfurt am Main, Frankfurt an der Oder sowie Oxford an der Themse.

Einen ersten Innovationsschub erlebte der Brückenbau während der Renaissance, als im Zusammenhang mit der Stadtplanung, mit dem Schloßbau, aber auch mit dem Festungsbau stilistisch an antike Vorbilder angelehnte Brücken gebaut wurden. Punktuell verbesserte sich dadurch zwar die Verkehrssituation; jedoch ging man nicht vor dem Chausseebau des 18. Jahrhunderts dazu über, Brücken mit stärkeren Widerlagern an den Ufern und flacheren Brückenbögen zu spannen. Diese neue Manier verringerte Kosten und Bauzeit und trug auch dem erhöhten Schiffsverkehr Rechnung, indem ein breiterer Durchlaß zwischen den Pfeilern möglich wurde.

Beruhte der traditionelle Brückenbau auf empirischen Erfahrungen und Faustregeln, so setzten sich seit der Renaissance theoretische Kenntnisse in Mechanik und Statik in der Baukunst durch. Mit zunehmenden geometrischen und mathematischen Fähigkeiten und vor allem ihrer praktischen Umsetzung entstand ein umfassender Kanon an Berechnungstabellen und Konstruktionsregeln. In Frankreich bündelte man sehr früh das vorhandene Fachwissen und gründete im Jahre 1747 die *École des Ponts et Chaussées*, eine staatliche Ausbildungsstätte für Straßen- und Brückenbauingenieure. Einen Höhepunkt der frühneuzeitlichen Brückenbaukunst stellt die zwischen 1768 und 1774 in Paris errichtete Pont de Neuilly dar, deren Architekt aus dieser Schule hervorgegangen war. Um das Durchflußprofil günstiger zu gestalten, hatte man die Pfeilerstärke verringert und hierfür stark abgeflachte polyzentrische Korbbögen oder Kreissegmentgewölbe benutzt, was bei den Zeitgenossen großes Erstaunen und Bewunderung hervorrief. Im frühindustriellen England kündigte der Bau der ersten gußeisernen Bogenbrücke der Welt in Coalbrookdale im Jahre 1779 den Anbruch einer neuen Zeit an.

Wurden die großen und aufwendigen Brückenbauten von privaten Trusts oder in landesherrlicher Regie durchgeführt, mußten die kleineren Brücken, ähnlich wie die Straßen, auf Kosten der Städte und Gemeinden, in deren Gemarkung sie lagen, unterhalten werden. Kam ein Reisender durch eine baufällige Brücke zu Schaden, hafteten die Einwohner gemeinschaftlich, wie eine Hohenzollersche Landesverordnung aus dem Jahre 1698 festlegte: *So sollen neben den Wegen und Stegen auch die Brücken in jedes Ortes Gebiet gemacht und erhalten werden; sofern jemand, es mag sein, wer es will, durch solche liederliche* (schadhafte) *Brücken Schaden zugefügt würde, demjenigen soll der Schaden von der Stadt oder dem Dorf, worin die Brücke liegt, sogleich gutgetan und verbessert werden.* (Q 59)

Neben den wirtschaftlichen und fiskalischen Interessen beim Brücken- und Straßenbau bestimmten insbesondere nach dem Dreißigjährigen Krieg militärstrategische Motive die infrastrukturelle Erschließung des Raumes. Bereits die Bezeichnung Heerstraße deutet auf eine militärtypische Nutzung hin, mußten diese Wege doch in einer bestimmten Breite angelegt werden, damit sich die geschlossenen Truppenkörper in geordnetem Marsch darauf in höchstmöglicher Geschwindigkeit fortbewegen konnten. Der immer aufwendigere Train und eine mobilere, strategisch immer wichtiger werdende Artillerien machten die Überquerung eines Flusses auf einer der typischen, engen und baufälligen Holzbrücken bzw. durch eine Furt fast unmöglich. Die Armeeführung griff deshalb häufiger auf den Bau von einfachen Behelfsbrücken zurück, die von speziellen Arbeitstruppen, den späteren Pionieren, gebaut wurden. Die idealtypische Vorstellung einer Flußüberquerung nahm der sächsische Artillerieoffizier Hans Friedrich von Flemming im Jahre 1726 denn auch selbstverständlich in sein Lehrbuch über den *vollkommenen Teutschen Soldaten* auf. (Q 19)

Drei Jahre zuvor hatte sein Landsmann Johann Christian Lünig den organisatorischen Aufwand eines militärischen Brückenbaus in seinem *Corpus Juris Militaris* thematisiert. *Nachdem man auch ferner erwogen hat, wie die am Rheinstrom durchgeführten Kriegshandlungen, und damit die*

Überquerung des Flusses zur Beförderung der Kriegsoperation voranzutreiben ist, hat die hohe Generalität entschieden, eine oder mehrere Schiffbrücken (Pontonbrücken) *herzustellen und hierzu allerhand Brückenbaumaterial, Seile, Anker, Bretter, Schiffsbrückenoffiziere, andere Bedienstete und Knechte, auch zur Weg- und Anführung der Schiffe Pferde oder Ochsen heranzuschaffen.* (Q 47)

Im Gebirge kamen neben den Brücken in seltenen Fällen auch Tunnel vor. Wie bei ersteren wurde die Urheberschaft auch hier oft auf die Römer oder magische Kräfte zurückgeführt. So nannte Sebastian Münster in seiner Kosmographie von 1588 Julius Cäsar als Bauherrn des Tunnels bei Dachsfelden (Tavannes) im Berner Jura. Der Tunnel im Urserental erregte die Aufmerksamkeit Sulzers auf seiner Schweizer Reise im Jahre 1778. *Gegen zwei Uhr nachmittag reiste ich aus dem Hospental ab, nordöstlich durch das angenehme und ebene Urserental, und gegen drei Uhr befand ich mich am Ende des Tales. Hier scheint der Ausgang aus demselben unmöglich, weil überall senkrecht in die Höhe steigende Felsenberge herumstehen. Nur die Reuß hat gegen Norden sich einen engen*

Durchgang zwischen hohen Felsen durchgegraben. Weil sie aber keine Ufer hat und zwischen diesen Felsen wie durch einen Kanal läuft, so kann man da nicht herauskommen. Daher hat hier ein Weg mitten durch einen an die Reuß stoßenden Felsen durchgehauen werden müssen. Er ist nur achtzig Schritte lang, gerade so breit, daß zwei Pferde nebeneinander vorbeikönnen, und gerade so hoch, daß der Reiter mit dem Kopf nicht an das Felsengewölbe anstößt. In der Mitte ist eine kleine Seitenöffnung zum Fluß hin, um dem Gang etwas Licht zu geben. (Q 87)

Ein erwähnenswertes Unikum im Landverkehr stellt das Seilwindenwerk am Schweizer Hauensteinpaß südlich von Basel dar. Mit Hilfe von Seilwinden, die über eine riesige Tretmühle angetrieben wurden, überwanden die Kutschen und Fuhrwerke die relativ kurzen, aber steilen Hänge des östlichen Jura. Bereits in den 1590er Jahren beschrieb Thomas Platter dieses technische Wunderwerk: *Danach haben wir eine Mühle und etliche Häuser angetroffen, der Spittel genannt, sind auf einen gar hohen Berg geritten, wo in aller Höhe ein Seil-Häuslein steht, von dem aus auf beiden Seiten die Lastwagen, von denen viele auf dem Weg nach Genf und anderswohin durchpassieren, wie die Fässer in den Keller hinauf und hinab gelassen werden.* (Q 66)

Der frühneuzeitliche Verkehr spielte sich aber nicht nur auf Chausseen, Land- und Dorfstraßen, Brücken und in Tunneln ab, sondern auch auf dem Wasser. Ähnlich wie das weitverzweigte und hierarchisch aufgebaute Straßennetz durchzog ein System von natürlichen und in zunehmender Anzahl auch künstlichen Wasserstraßen Europa – zu schweigen von der von alters her lebhaften Küstenschiffahrt. In kongenialer Weise wurde bei der Schiffahrt mit dem Auftrieb des Wassers und den Strömungs- und Windverhältnissen eine physikalische Energiequelle erschlossen, die der menschlichen und tierischen, beim Landtransport genutzten Muskelkraft weit überlegen war und vor allem nichts kostete. Bereits die Tonnage eines kleineren Flußfrachtkahnes überstieg die Ladekapazität eines Pferdefuhrwerkes um ein Vielfaches. Wenn auch die Wasserstraßen ihre Gefahren bargen, etwa durch Eisgang, Sturm, Stromschnellen oder Untiefen, so waren sie gerade für den Transport schwerer Güter bzw. von Massengütern weitaus besser geeignet als die notorisch schlammigen und morastigen Landwege. Daher versuchten die interessierten Flußanlieger durch teilweise gemeinsam koordinierte Maßnahmen, durch Beseitigung von Sandbänken und angeschwemmtem Treibholz, in einigen Fällen auch mittels Begradigungen, diese Transportmöglichkeiten zu verbessern.

Es scheint sinnvoll, zwischen der Küsten- und Flußschiffahrt zu unterscheiden. Schrittmacher für die Entwicklung der nord- und westeuropäischen Küstenschiffahrt war zunächst die Hanse. Seit dem 13. und 14. Jahrhundert organisierten die Hansekaufleute den Handel zwischen dem Ostseeraum, den skandinavischen und deutschen Nordseeküsten sowie den englischen, französischen und iberischen Hafenstädten bis hinunter nach Lissabon. Dabei versorgten sie Westeuropa mit baltischem Getreide und Rohstoffen für den expandierenden Schiffsbau in den Niederlanden und in England. In umgekehrter Richtung transportierten sie das begehrte und vergleichsweise billige portugiesische Baiensalz und westeuropäische Gewerbeprodukte in den Norden und Nordosten des Kontinents. Mit dem angedeuteten Aufstieg Englands und der Niederlande als führenden Schiffahrtsnationen im nördlichen Europa im Laufe des 16. Jahrhunderts geriet der Hansehandel in immer größere Bedrängnis. Besonders die Niederländer drängten in den lukrativen und für ihre urbanen Gewerberegionen lebensnotwendigen Getreidehandel im Ostseeraum, den sie ab 1600 weitgehend kontrollierten.

Der Aufstieg der westeuropäischen Seemächte, neben England und den Niederlanden bereits seit dem ausgehenden Mittelalter auch noch Portugal und Spanien, läßt allzu leicht den lebhaften Schiffsverkehr und Handel im Mittelmeergebiet in

Vergessenheit geraten. Gewiß waren die Reisenden und Kauffahrer hier neben den maurischen Piraten auch stets durch den faktischen Dauerkriegszustand mit den Osmanen bedroht. Trotzdem wurde aber noch am Ende des 16. Jahrhunderts der weitaus größte Teil des Importes von orientalischen Luxusgütern und Gewürzen über die traditionelle Mittelmeerroute abgewickelt und eben noch nicht über den neu entdeckten Seeweg nach Indien. Es war daher keine Seltenheit, wenn sich in einem westeuropäischen Hafen, etwa in Antwerpen, norddeutsche Hansekoggen und Galeeren aus Venedig oder Genua begegneten.

Praktisch alle bedeutenden Seehäfen lagen an den Mündungen der großen europäischen Stromsysteme, über die das gesamte Hinterland erschlossen wurde: Hamburg an der Elbe, Bremen an der Weser, Danzig an der Weichsel, London an der Themse, die niederländischen Häfen im Mündungsgebiet von Rhein und Maas, Nantes an der Loire, Bordeaux an der Garonne, Marseille an der Rhone, Oporto am Duoro und Sevilla am Guadalquivir. Über die Städte bzw. deren Häfen wurde sowohl der Export der Landesprodukte abgewickelt als auch der Import der Handelsgüter. Von Oporto aus organisierte man etwa die gesamte nordportugiesische Weinausfuhr, so daß dieser Exporthafen für die schweren Likörweine aus dieser Region sogar als ›Portwein‹ namengebend wurde. In einzigartiger Weise gelang es Danzig durch seine Lage an der Weichselmündung, den gesamten Export polnischen Getreides zu monopolisieren, wobei es auf der sogenannten Mottlau von den unzähligen Weichselkähnen auf die Seeschiffe umgeladen wurde.

Am Beispiel Hamburgs spielt der Begleiter des schon genannten Dodos zu Inn- und Knyphausen diese Zusammenhänge in lobenden Worten durch: *Große Flüsse haben den Vorteil, daß sie die Bürde beladener Schiffe zu tragen vermögen und daß sie dadurch Bedeutung erlangen bei allen Völkern, die von den*

reichen Schätzen profitieren, deren Last die Flüsse willig tragen, und daraus entsteht deren guter Ruf, der sich weithin ausbreitet. Ein weiterer Vorteil ist, daß an deren Ufern schöne Städte voller Reichtum und Überfluß liegen und daß alle Nationen Zugang zu ihnen haben. All diese guten Eigenschaften vereinigt der Fluß Elbe auf sich, an dessen Ufern die prachtvolle und herrliche Stadt Hamburg liegt, der er durch seine Schiffe zu unermeßlichem Reichtum verhilft. Sauberkeit und Pracht der Stadt sind genügend Beweis für die Fülle ihres Wohlstandes, der eine so große Bevölkerung auf einem so kleinen Raum leben läßt. (Q 64)

Der Großteil der Küstenschiffe fuhr meist nur tagsüber und in Sichtweite des Ufers und war ohnehin nicht mit angemessenen Navigationsinstrumenten ausgerüstet. Dennoch blieben die Gefahren durch die berüchtigten Küstennebel und die zahlreichen Sandbänke nur schwer kalkulierbar. Abhilfe schaffte ein System von Seezeichen, zu denen markante Bauwerke und Geländeformationen zählten, die bald auch durch künstliche Orientierungshilfen ergänzt wurden. Besonders die Hafeneinfahrten, sowohl der Küstenstädte als auch der Häfen an den großen europäischen Binnengewässern, wurden durch Leuchtfeuer und -türme markiert. Den mittelalterlichen Leuchtturm vor der Hafeneinfahrt Luzerns am Vierwaldstätter See hielt Sebastian Münster einer Darstellung in seiner *Cosmographey* für wert, den er bewußt jenen Türmen *auf der See bei Hamburg, Lübeck und Danzig* zur Seite stellte. Er führt dazu aus, daß der Name Luzerns *von dem großen Turm, der am See in der Nähe der Brücke steht, herrührt, auf welchem von alten Zeiten her bei Nacht ein Feuer angezündet worden ist, das den Schiffsleuten damit die richtige Einfahrt anzeigt.* (Q 58)

Ähnlich wie die Landstraßen bildeten die Flüsse im Binnenland ein dichtes Netz unterschiedlich frequentierter Verkehrswege, die zudem alle verschieden breit und tief waren. Bedeutendster Fluß für das westliche Mitteleuropa war der Rhein, der mit seinen Nebenflüssen, vor allem Neckar, Main, Mosel, Lahn und Ruhr, die Schweiz, Südwestdeutschland, das Elsaß und Lothringen sowie den hessisch-westfälischen Raum

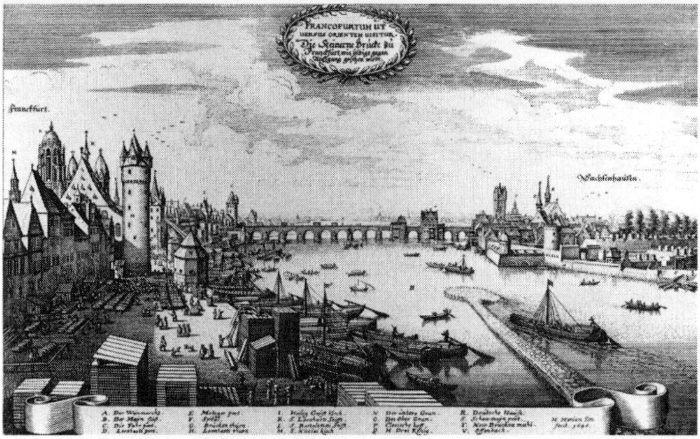

mit den niederländischen Gewerberegionen verband. Große Städte wie Köln oder Frankfurt am Main, aber auch kleinere wie etwa Bacharach oder Lorch spielten eine bedeutende Rolle als Flußhäfen, in denen Holz, Wein und andere landwirtschaftliche Produkte für den Export auf Frachtkähnen oder Flöße geladen wurden. Wenn auch vielleicht nicht so umfänglich wie die wichtigen Küstenhäfen, hatten auch diese Städte ein System von Kaimauern und Anlegestellen, von Speicherhäusern und Ladekränen.

Einen gewissen Eindruck von der Geschäftigkeit und dem Umfang der damaligen Flußschiffahrt vermittelt die aus der Mitte des 17. Jahrhunderts von Matthäus Merian stammende Ansicht von Frankfurt am Main. Dutzende von Lastkähnen liegen hier am Mainufer, haushoch stapelt sich fertig geschnittenes Bauholz, in langen Reihen liegen die Weinfässer auf dem Platz vor den beiden Ladekränen.

Der konkurrenzlos kostengünstigste Transport zu Wasser machte nicht nur die heute noch von der Binnenschiffahrt genutzten Flüsse interessant; vielmehr wurden selbst die kleinen und kleinsten Wasserläufe befahren. Konnte auf den großen Strömen die Windenergie zum Segeln genutzt werden, so war

dies auf den kleineren Flüssen nicht möglich. Hier, ebenso stromaufwärts oder bei widrigen Winden, mußte man zusätzlich auf die Muskelkraft von Mensch oder Tier zurückgreifen. So zog ein Ochsen- oder Pferdegespann, häufiger aber auch Menschen, an einem Tau das Schiff vorwärts. Dazu wurden in unmittelbarer Ufernähe spezielle Wege, die sogenannten Treidelpfade, angelegt. Sie verliefen beiderseits der Flüsse auf einem erhöhten Damm und sind teilweise auch noch heute im Gelände zu erkennen. Das Deckengemälde der niederländischen Malerfamilie van de Luyk in der ehemaligen Hansehalle in Danzig zeigt die Mündung eines kleineren Flüßchens in die Weichsel, die von großen niederländischen Fleuten (Frachtschiffen) und aufgetakelten Flußkähnen befahren wird, während auf dem kleineren Fluß Kähne ohne Segel zu erkennen sind. Deutlich sind hier die Treidelpfade für die Fahrt ins Landesinnere zu erkennen.

Um verschiedene Gewässersysteme untereinander zu verbinden, begann man bereits im späten Mittelalter mit der Anlage künstlicher Wasserwege. Frühmittelalterliche oder gar antike Durchstiche, etwa der erste ›Suezkanal‹, der das Rote Meer mit dem Nil verband, oder die vielgerühmte und im Zusammenhang mit dem Bau des modernen Altmühlkanals vor wenigen Jahren vielbemühte, unter Karl dem Großen projektierte Fossa Carolina, hatten letztlich keine bleibende Wirkung. Seit dem späten Mittelalter galt die niederländische Wasserbautechnik in ganz Europa als führend. In der Tat durchzog seit dem Mittelalter ein beachtliches Kanalsystem das flache Mündungsgebiet von Maas und Rhein sowie die flandrische Küstenregion. Die Überwindung der Wasserscheiden außerhalb der Küstenregionen und der Flußniederungen sowie die Einhaltung eines dauerhaften, für die Schiffahrt notwendigen Wasserstandes machte jedoch die Errichtung von Kammerschleusen unumgänglich. Das Prinzip der Kammerschleuse war erst etwa seit dem 14. bzw. 15. Jahrhundert bekannt und nur in wenigen Fällen bereits realisiert worden. Aber erst sie erlaubte den Bau längerer und größerer Kanäle. Insofern ist die Verwunderung des Schweizer Reisenden Thomas Platter über die Wasserbaukunst der Niederländer verständlich, die er in seinem Tagebuch von 1599 festhielt. *Da Brüssel viel höher als Antwerpen liegt und deshalb der Wasserstand für größere Schiffe zu niedrig wäre, hatte man im Jahre 1550 unter großer Verwunderung aller Menschen angefangen und im Jahre 1561 eine Wasserstraße mit großer Kunstfertigkeit und hohen Kosten vollendet. Dieser 5 Meilen* (etwa 40 Kilometer) *lange Graben ist nun so breit, daß zwei große Schiffe einander ausweichen können, zudem so tief ausgehoben, daß stets ein hinreichender Wasserspiegel gewährleistet bleibt. Außerdem hatte man an verschiedenen Örtern große breite Schutzbretter oder Wasserleitungen aus Stein erbaut, die das Wasser während der Ebbe solange aufhalten, bis der Graben von der Flut wieder gefüllt werden kann.* Da bei diesem Kanalbau noch keine Kammerschleusen errichtet worden waren, gab es insgesamt sechs sogenannte Wasserfälle, also Staustufen. *Wir haben zwischen Brüssel und Willebrouq fünf oder sechs unterschiedliche Wasserfälle angetroffen, an denen wir jedes Mal aussteigen und einige Schritte gehen mußten, ehe wir an Bord eines bereitstehenden Schiffes gehen konnten. Dieses mußten wir tun, weil man die Schiffe nicht herablassen, auch nicht hinaufziehen konnte. Deshalb befanden sich an den Wasserfällen stets Anschlußschiffe.* (Q 66)

Trotz der frühen und vielgerühmten Wasserbaukünste der Niederländer gingen ähnlich wie im Chausseebau die wesentlichen Impulse zum systematischen Ausbau von künstlichen Wasserstraßen vor allem von Frankreich aus. Im frühen 17. Jahrhundert wurde hier in fast über vierzigjähriger Bauzeit der Briare-Kanal ausgehoben. Mit ihm wurde die Loire mit der Seine verbunden, und dadurch konnte die immer prekärer werdende Versorgungssituation der Millionenstadt Paris mit Nahrungsmitteln und Rohstoffen entschärft werden. Das berühmteste Bauvorhaben des Jahrhunderts stellte zweifellos der zwischen 1666 und 1681 gegrabene Canal du Midi dar. Dieses von den Zeitgenossen hochgerühmte Bauwerk verband die Garonne bei Toulouse mit der Hafenstadt Sête, also den Atlantik mit dem Mittelmeer. Damit kürzte man nicht nur mehrere tausend Kilometer Seeweg um die Iberische Halbinsel ab, sondern umging auch die Gefahren einer Hochseefahrt. Mit seiner Länge von 240 Kilometern, einer Sohlenbreite von zehn Metern und einer Wasserspiegelbreite von 20 Metern war der zum größten Teil noch heute befahrene Canal du Midi das größte zivile Bauwerk zwischen der Römerzeit und dem 19. Jahrhundert. Die über hundert Schleusenbauten erlaubten die Überwindung einer Höhendifferenz von bis zu 190 Metern. An einer einzigen Schleusenanlage mit acht aufeinanderfolgenden elliptischen Kammern konnten bereits auf kürzester Strecke 22 Höhenmeter überwunden werden. Eine zwar kleinere und technisch weniger aufwendige, aber immer noch beeindruckende Kammerschleuse nahm Vittorio Zonca in sein in Padua gedrucktes Architekturhandbuch aus dem Jahre 1607 auf. In der Kammer befinden sich gerade zwei mit

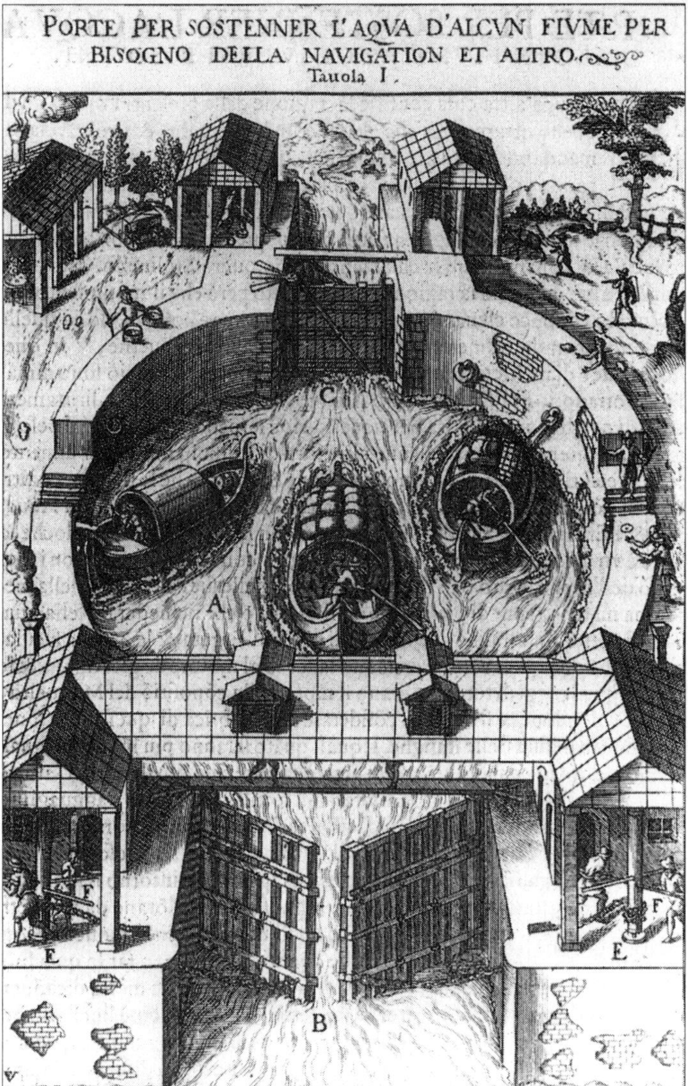
PORTE PER SOSTENNER L'AQVA D'ALCVN FIVME PER BISOGNO DELLA NAVIGATION ET ALTRO
Tauola I.
C
A
F
F
E
E
B

Handelsgütern beladene Lastkähne und ein kleinerer überdachter Reisekahn.

Wenn auch Frankreich zweifellos eine Vorreiterrolle beim Bau künstlicher Wasserstraßen spielte, so muß doch darauf hingewiesen werden, daß auch in den deutschen Territorien erhebliche Anstrengungen im Kanalbau unternommen wurden. Um Oder und Havel zu verknüpfen, ließen die brandenburgischen Kurfürsten bereits vor dem Dreißigjährigen Krieg, tatkräftig von niederländischen Wasserbauingenieuren unterstützt, den Finow-Kanal erbauen. Bedeutender war allerdings der nach dem Großen Kurfürsten benannte Friedrich-Wilhelm-Kanal, der den durchgehenden Schiffsverkehr von der Nordsee bis Oberschlesien ermöglichte.

Ähnlich wie beim Straßenbau waren auf dem Kontinent also die Landesherrn die treibenden Kräfte hinter dem Kanalbau. England ging hier wiederum einen anderen Weg. Statt staatlicher Stellen übernahmen meist Kanalbaugesellschaften die Anlage und Unterhaltung der künstlichen Wasserwege. Insbesondere der rasche Aufstieg der Kohle als Heizmaterial in den privaten Haushalten ebenso wie als Energieträger für die beginnende Mechanisierung des produzierenden Gewerbes und für die Eisenverhüttung machte die flächendeckende Erschließung durch Kanäle unabdingbar, mit denen der kostengünstige Transport der Kohle aus den Bergbauregionen zu den urbanen Zentren erst möglich wurde. Insbesondere gegen Ende des 18. Jahrhunderts setzte daher ein regelrechter Kanalboom ein; allein zwischen 1791 und 1794 wurden 42 Kanalbaugesellschaften gegründet. Wenn auch längst nicht jedes Bauprojekt umgesetzt wurde, so erweiterte sich Großbritanniens Kanalnetz von bereits 1000 Meilen Länge um 1760 auf 4000 Meilen mit annähernd 20000 Schleusen siebzig Jahre später. Nicht überall konnte man zur Überwindung der Höhenunterschiede auf Schleusen zurückgreifen. Selbst in England oder Frankreich mußte man die Lastkähne zwischen zwei Kanalstrecken immer wieder auf Rampen oder Schienen nach oben bzw. nach unten ziehen. Dabei nutzte man in der Regel Ochsen- oder Pferdegespanne, in einigen Fällen wurde auch durch Mühlenwerke die Wasserkraft genutzt. An besonders großen Höhenunterschieden oder steilen Geländeabschnitten sowie in technisch rückständigen Gebieten mußte das Frachtgut kosten- und arbeitsintensiv auf einen anderen Kahn umgeladen werden.

Dieser Überblick über die frühneuzeitlichen Verkehrswege zeigt einen bemerkenswerten Facettenreichtum und Ansätze zu einer gewissen Dynamik. Beides darf allerdings nicht über bestimmte, für die Frühe Neuzeit ja gerade typische Charakteristika hinwegtäuschen. Gewiß markierten die großen Kanalbauten, die gußeiserne Brücke von Coalbrookdale und die breiten Chausseen den Umbruch in Richtung des Massenverkehrs in der industriellen Moderne. Der überwältigende Anteil des europäischen Güter- und Personenverkehrs quälte sich aber weiterhin bis weit in das 19. Jahrhundert hinein auf den meist aus dem Mittelalter überkommenen Verkehrswegen vorwärts. Andererseits darf dieser Befund nicht zu der verkürzenden Sicht führen, die Moderne sozusagen erst mit der Wattschen Dampfmaschine und Stephensons Lokomotiven beginnen zu lassen. Fallen die Innovationen im Verkehrswesen während der Frühen Neuzeit zwar meist quantitativ nicht allzusehr ins Gewicht, so markieren sie doch qualitativ gewissermaßen eine längerfristig angelegte Vorlaufphase zur industriellen Welt.

Verkehrsmittel

Heute fallen einem bei dem Stichwort ›Verkehrsmittel‹ Auto, Fahrrad, Bahn oder Flugzeug ein. In der Frühen Neuzeit waren dagegen die meisten Menschen ›auf Schusters Rappen‹ unterwegs, und die eigenen Schuhe waren das bei weitem wichtigste und meistbenutzte, für die Armen ohnehin das einzige ›Verkehrsmittel‹, wenn man nicht gar barfuß gehen mußte. So wie man heute in fast jedem kleineren Ort zahlreiche Tankstellen, Autowerkstätten und Autohäuser findet, so begegnete man im städtischen Handwerk und in den ländlichen Siedlungen der Frühen Neuzeit unzähligen Schuhmachern und Stiefelmachern, aber noch mehr Flickschustern, die auch für die Reisenden als »Pannenhilfe« bei abgelaufenen Absätzen oder durchlöcherten Sohlen fungierten.

Schuhe wie Stiefel wurden ohne synthetische Werkstoffe aus Leder, Faden, Holz und Metallnägeln hergestellt. Diese einfache Herstellungsweise, besonders die dicke, hölzerne Sohle und groben Nähte, wird bei den Schuhen der englischen Rompilgerin Mary Ward erkennbar. (Siehe Abb. S. 112)

Bei tagelangen Fußmärschen auf schlammigen oder steinigen Wegen war das Schuhwerk nicht nur bald völlig durchnäßt, sondern hing auch buchstäblich in Fetzen von den Füßen. So scheute sich der Held des Erziehungsromans ›Anton Reiser‹ von Karl Philipp Moritz aus gutem Grunde, seine Reise fortzusetzen, als starker Regen einsetzte: *Da über dem hier ein lehmiger Boden ist, der bei jeder Nässe das Gehen auf der Land-*

straße ganz außerordentlich beschwerlich macht und Reiser um seine Schuhe fürchtete, setzte er seinen Marsch nicht fort, sondern machte Rast. (Q 55) Hätte er die Empfehlungen Johann Gottfried Ebels in dessen *Anleitung auf die nützlichste und genußvollste Art* zu reisen beherzigt, so wäre Anton Reiser diese Unterbrechung erspart geblieben: *Zwei Paar Schuhe muß man mitnehmen; ein Paar starke, grobe und dickbesohlte mit großen dickköpfigen Nägeln beschlagen für die steinigen Bergstraßen, für nasses Wetter und für Schnee und Eis; ein anderes auch starkes aber gegenüber den ersten ein leichtes Paar für die ebenen trockenen guten Wege.* (Q 15) Die kurzen Rechnungsnotizen des Ravensburger Kaufmanns Hans Sälder dokumentieren den hohen Verschleiß an Schuhen. Am 8. April 1480 mußte er nach seiner Reise von Nürnberg nach Frankfurt am Main *für ein Paar Schuhe und zwei Paar Schuhe zu flicken auf der Fastenmesse zu Frankfurt vier Schillinge und sieben Pfennige ausgeben.* (Q 72)

Der Schuh war jedoch nicht nur das Verkehrsmittel der zu Fuß Reisenden bzw. generell der ärmeren Bevölkerung. Auch ökonomisch Bessergestellte mit gefüllter Reisekasse zogen es vor, die vergleichweise komfortable Kutsche zu verlassen, wenn extrem schlechte Straßenverhältnisse das Fahren zur Qual machten. Sie gingen für einige Kilometer zu Fuß, waren also auf ihrer Reise ebenso auf adäquates Schuhwerk angewiesen. *Zu Mannheim nahmen sie wieder eine Retourkutsche. Als sie zwischen Speyer und Lauterburg in den großen Wald kamen, stieg*

Stilling aus. Er war des Fahrens nicht gewohnt und konnte das Wiegen der Kutsche, besonders auf Sandwegen nicht wohl ausstehen. Außer Stilling stieg auch der Schweizer aus und ging zu Fuß neben der Kutsche her. (Q 32)

Neben die ökonomischen und verkehrstechnischen Zwänge trat seit der Mitte des 18. Jahrhunderts ein völlig neues Motiv, zu Fuß zu reisen; galt dies doch nun als schick. Die Modeerscheinung des Wanderns wird zunächst vor allem von jungen Leuten, vornehmlich Schülern und Studenten mit adligem oder bildungsbürgerlichem Hintergrund getragen und als Weg zur Persönlichkeitsentwicklung und Lebenserfahrung bewußt der herkömmlichen adligen Kavalierstour zu Pferde oder mit der Kutsche als versnobtes Gegenmodell gegenübergestellt. Dahinter verbarg sich auch ein tiefgehender Generationenkonflikt, den die Dichter des ›Sturm und Drang‹ auf die Bühne brachten; das zeitlich versetzt aufkommende, gegen die Aufklärung gerichtete empfindsame Naturerlebnis, das in der Literatur der Romantik thematisiert wurde, tat ein übriges. Diese Empfindsamkeit, aber auch die Anfänge eines neuen Körperbewußtseins deuten sich bereits früh in den Empfehlungen des Freiherrn von Knigge an. *Das Fußgehen ist gewiß die angenehmste Art zu Reisen. Man genießt die Schönheiten der Natur; man kann sich unerkannt unter allerlei Leute mischen, beobachten, was man außerdem nicht erfahren würde; man ist ungebunden; kann das freundlichste Wetter und den schönsten Weg wählen; sich aufhalten, einkehren, wenn und wo man will; man stärkt den Körper; wird weniger erhitzt und gerüttelt; hat Appetit, hat Schlaf und ist, wenn Müdigkeit und Hunger der Bewirtung das Wort reden, leicht mit jeder Kost und jedem Lager zufrieden. Zudem gibt es Landschaften, die man am vollkommensten erreicht, wenn man zu Fuß wandert.* (Q 39) Ebenfalls ein Verfechter der Wanderidee war der schon erwähnte Ebel, dessen Ausführungen vom Ende des 18. Jahrhunderts heute eher Schmunzeln hervorrufen. *Es gibt sicher keine gesündere, stärkendere, die Lebenskräfte vermeh-*

rende Bewegung als das Reisen zu Fuß in einem gebirgigen Lande. Die nicht zu starke und nicht zu milde Erschütterung des Unterleibs, das Atmen der reinen Bergluft, die verstärkte allgemeine und gleiche Ausdünstung, und die einfachen Nahrungsmittel, besonders die Milchspeisen, lassen die Gründe leicht begreifen. Deswegen sieht man die meisten Fußreisenden aus den Gebirgen fetter, munterer und an Körper und Seele tätiger zurückkehren. (Q 15)

In den Entwicklungsromanen ab dem späten 18. Jahrhundert wurde diese Idee der Fußreise, oft auch in Gemeinschaft, aber eben ohne die übliche Entourage, literarisch verarbeitet. Die Palette reicht hier von Wilhelm Meisters Lehr- und Wanderjahren von Goethe bis zu dem spätromantischen Umhertingeln des Eichendorffschen Taugenichts.

Waren diese jungen Leute in der Regel mit wenig Gepäck unterwegs oder ließen es sich – sofern es ihre Reisekasse zuließ – als pragmatisches Entgegenkommen an die Bequemlichkeit nachtragen, so galt dies für den größten Teil der zu Fuß Reisenden nicht. Insbesondere die berufsbedingt Reisenden nutzten ihren Körper gewissermaßen nicht nur als Fortbewegungsmittel. Trotz der geringen Tragekapazität von wenigen Dutzend Kilo mußte der Körper etwa den fliegenden Händlern auch als Transportmittel für ihre Handelswaren herhalten. Dabei bedienten sie sich entsprechend ihres Handelsgutes einer Reihe verschiedener Tragevorrichtungen. Am meisten verbreitet waren die aus Weidengeflecht hergestellten großen Kiepen und die aus Leder oder Textilien gefertigten Rucksäcke oder Felleisen. Eine besondere Kiepe trägt der Korbverkäufer, den Georg Daniel Heumann in seiner Sammlung von kolorierten Stichen zu den fliegenden Händlern Mitte des 18. Jahrhunderts in Göttingen anfertigte. Sowohl bei seinem ›Transportmittel‹ als auch bei seiner Ware handelt es sich um sogenannte Hessenközen, die bis zum Beginn des 20. Jahrhunderts in Nordhessen angefertigt und überregional vertrieben wurden.

Wer die finanziellen Möglichkeiten dazu hatte und größere Mengen an Waren transportieren mußte, nutzte, wenn sich überhaupt die Gelegenheit ergab, die weitaus höhere Tragekapazität von Last- und Reittieren, die mehrere Zentner betragen konnte. Neben dem schnellsten, aber auch teuersten Tier, dem Pferd, griff man auf auch in der Unterhaltung

genügsamere Ochsen, Maultiere und Esel zurück. Selbst kleinere Tiere wie etwa Ziegen oder Hunde, die natürlich weitaus geringere Lasten tragen konnten, wurden zum Transport genutzt. Insbesondere im Gebirge und vor dem Bau befestigter Straßen wickelte man den größten Teil des Warenverkehrs mit Lasttieren ab. Selbst im verhältnismäßig gut erschlossenen England überwog diese Transportmethode in bestimmten Regionen gegenüber den Fuhrwerken. So verkehrten bis 1760 zwischen Liverpool und Birmingham ausschließlich Packpferdkarawanen, und selbst an der Mautstelle der Chaussee (Turnpike Road) zwischen Gloucester und Bristol wurden in einer Woche des Jahres 1765 neben 259 Kutschen und 491 Lastwagen immer noch 11 759 Pferde und 675 Maultiere gezählt.

Die trittsicheren Maultiere wurden, ähnlich wie Esel und besondere Pferderassen, gerade für die schwierige Überquerung der Alpenpässe benutzt. Der Kupferstich von J. A. Klein zeigt beladene Saumtiere auf dem Furka-Paß zu Beginn des

19. Jahrhunderts mit den typischen Saumsätteln, auf die man rechts und links die Warenballen aufschnallen konnte.

Die Doppelnutzung eines Pferdes als Trage- und Fortbewegungsmittel war durchaus üblich, wie die Illustration in einer englischen Handschrift aus den 1620er Jahren zeigt. Wie am Spitzenkragen erkennbar, handelt es sich hier um eine Angehörige der *peasantry*, also der relativ wohlhabenden Freien Bauern, auf dem Weg zum Markt.

Tragekapazitäten waren kostbar, nur ungern ließ man Lasttiere deshalb ohne Beladung auf die Rückreise gehen. Ihre Besitzer versuchten aus diesem Grund stets, auf der Rückreise noch unterwegs ›Aufträge‹ zu ergattern. Daß Fußreisende gerne solche sich bietenden Gelegenheiten nutzten, gegen geringes Entgelt in den Genuß eines Rittes zu kommen, berichtet Thomas Platter: *Zu Beziers haben wir Maultiere angetroffen, die nach Agde ziehen wollten. Weil sie nichts trugen, kamen wir mit dem Meister überein, daß er uns aufsetzen ließ. So ritten wir also fort.* (Q 66)

Mag es sich hier auch um ein wohl eher spontan zustande gekommenes Mietgeschäft handeln, so wurden bald, insbesondere an stärker frequentierten Reiserouten, regulär Mietpferde für eine bestimmte Strecke angeboten. So berichtet Platter an anderer Stelle: *Neben den Kutschen hatte man in Paris oder Rouen Pferde für halbe Strecken (Chevaux de relais), auf welchen man weiterreisen kann. Man bezahlt zu Paris oder an einem anderen Ort, von wo man verreisen will, dem Postmeister für die ganze Reise, etwa von Paris bis nach Lyon, und erhält von ihm am Abfahrtsort einen Quittungszettel mit Angabe von Abfahrtszeit und Reiseziel. Mit dieser Quittung kann der Reisende alle sechs*

Meilen oder auch öfter ein frisches Pferd erhalten und das erschöpfte Tier stehen lassen. Der Mieter darf schnell oder langsam reiten wie er will, doch nicht im vollen Galopp wie bei der Post, sondern im halben Lauf oder Trab. Hiermit kann man große Strecken in kurzer Zeit zurücklegen. (Q 66)

Zweifellos bot die größere Schnelligkeit der Reitpferde und die höhere Tragekapazität der Lasttiere einen wesentlichen Vorteil. Neben der Abhängigkeit von regelmäßiger Fütterung und den hohen Anschaffungskosten erforderten aber der Umgang, die Aufsicht und die Führung dieser Tiere spezielle Kenntnisse und Fähigkeiten, die allerdings nicht selten durch brutale Prügel ersetzt wurden. Gerade an Steigungsstrecken wurden die Kräfte der Tiere auf das Äußerste beansprucht, und noch heute erinnert der sogenannte Schinderbuckel, die erste große Steigungsstrecke an der Straße von Stuttgart nach Tübingen, an jene Strapazen. Mit dem Bauern, der seinen überladenen Esel prügelt, stach Jacques Callot 1628 den klassischen Typus des die Kreatur schlagenden Schinders in Kupfer.

Für den behutsamen Umgang mit Pferden plädiert denn auch der Aufklärer Knigge, der das Pferd nicht nur als Mittel zum Zweck sah. *Wer zu Pferd reist, muß darauf achten, daß die Pferde in einem guten, reinen und gesunden Stalle, von fremden Gäulen getrennt, gehörig gewartet und gefüttert werden. Zudem sind einige Vorschriften zu beachten, z.B. daß man fremde Pferde schone; daß man, wenn man größere Reisen machen will, langsam in und aus dem Stall reiten solle; daß man nicht wohl tue, in Städten über Kanäle, die mit Brettern bedeckt sind, zu reiten usw. Man sage nicht, daß dies bekannte Dinge sind! Sehr viele Leute lernen zu Pferde sitzen und Pferde bändigen, aber praktisch reiten lernt man nicht auf der Reitbahn.* (Q 39)

Eine bessere Ausnutzung von menschlicher oder tierischer Muskelkraft ermöglichte der Transport auf Achse. Die Frühe Neuzeit kannte eine außerordentliche Typenvielfalt an Radfahrzeugen für die verschiedensten Zwecke und Güter. Sie ähnelten sich zwar einerseits in zentralen Konstruktionsmerkmalen, andererseits konnten sie aber in Aussehen und Bauart erhebliche regionale und lokale Abweichungen aufweisen. Grundsätzlich waren ein- oder zweiachsige Fahrzeuge üblich, die mit einer Mitteldeichsel bei paarweiser Bespannung oder einer starren Doppeldeichsel bei einfacher Bespannung ausgestattet waren. Abgesehen von wenigen Metallbolzen oder Radlagerteilen wurde fast ausschließlich Holz zum Wagenbau benutzt. Zum Antrieb diente die Muskelkraft von Menschen, Huftieren und teilweise auch von Hunden.

Baupläne und detaillierte Beschreibungen sind allerdings nur für besondere Kutschentypen oder Spezialfahrzeuge überliefert. Für den weitaus größten Teil der von lokalen Handwerkern in mündlich überlieferter Manier hergestellten Transportmittel ist man auf zeitgenössische Abbildungen angewiesen.

Weit verbreitet waren die einfach konstruierten, leicht zu handhabenden einachsigen Karren, deren einfache oder Dop-

peldeichsel starr mit der Achse verbunden war und die von einem oder zwei Menschen bzw. Zugtieren bewegt wurden. Für den Transport schwerer Güter waren bis weit in die Neuzeit hinein Fahrzeuge mit vollen Holzrädern in Gebrauch, da die filigrane Speichentechnik den schlechten Straßenverhältnissen kaum gewachsen war. Solche einfach konstruierten flachen Wagen wurden etwa für den Transport des schweren, gewässerten Leinens von Haarlem in Holland auf die Bleichfelder im Umland benutzt.

Allerdings setzte man für den Überlandtransport auch Fuhrwerke mit übergroßen Speichenrädern ein, die einerseits stabil genug waren, andererseits durch ihren großen Raddurchmesser die unebenen Wege relativ problemlos bewältigen konnten. Diese wendigen und geländegängigen Karren waren besonders beim Militär beliebt, wenn Lebensmittel und Rüstungsgüter transportiert werden mußten. Der Holzschnitt aus der Mitte des 16. Jahrhunderts zeigt einen solchen Wagen, der gerade von Landsknechten beladen wird. Die Räder sind fast mannshoch, die Breite beträgt aber kaum mehr als von der starren Doppeldeichsel markiert.

Leiter- und Kastenwagen waren technisch etwas aufwendiger konstruiert. Sie waren stets zweiachsig, oft mit Kutschbock versehen und mit einer langen Deichsel, die mit einer beweglichen Vorderachse verbunden ist, ausgestattet. Sie dienten in der Hauptsache für den landwirtschaftlichen Verkehr auf unbefestigten Wegen, Äckern und Wiesen und wurden mit einem oder zwei Ochsen bzw. Pferden bewegt.

Die Handhabung der im Ferntransport eingesetzten Fuhrwerke bzw. Frachtwagen erforderte besondere Kenntnisse und Fähigkeiten. Dies betrifft zunächst die Lenkung der Zugtiere, wurden diese Fahrzeuge doch zwei- oder vierspännig, nicht selten aber auch sechs- oder gar bis zu zwölfspännig gefahren. Die kompliziertere Konstruktion verlangte zudem ein gewisses technisches Know-how. So waren diese Fahrzeuge oft mit eigenwilligen Bremsvorrichtungen ausgerüstet, und die empfindlichen Radlager mußten in kurzen Abständen immer wieder mit Wagenpech geschmiert werden, um sie vor Überhitzung und übermäßigem Abrieb zu schützen. Eine Federzeichnung aus dem Kölner Stadtmuseum zeigt einen sechsspännigen schweren Frachtwagen. Die Handelsgüter sind mit einer Plane geschützt, der Wagen selbst, wie bei Frachtwagen üblich, ohne Kutschbock ausgestattet, so daß der Fuhrmann auf einem der Zugpferde reiten mußte. Hinter dem Wagen ist ein Fuhrknecht skizziert, der wohl bei Gefällestrecken die erkennbare Bremsvorrichtung bediente. (Siehe Abb. S. 123)

Diese Frachtwagen konnten mehrere Tonnen Ladung aufnehmen; betrug die Ladung um 1600 bei einem Gespann von

vier bis sechs Pferden drei bis vier Tonnen, so ließen sich im 18. Jahrhundert mit einem Gespann von zwölf Pferden bis zu acht Tonnen bewegen. Wurde unempfindliches Frachtgut offen transportiert, schützte man hochwertige und witterungsanfällige Güter mit Planen, die am Wagen festgezurrt wurden. Derartige Schwertransporte waren selbstverständlich nur auf besonders festen Wegen und speziellen Straßen, etwa den Chausseen, möglich. Dennoch mußte man, um ein Einsinken zu verhindern, auf übergroße, bis zu 18 cm breite Felgen zurückgreifen – gegenüber den normalen Felgen von fünf bis sieben Zentimetern.

Hatte man zunächst auf den größeren Lastwagen neben Gütern auch Personen transportiert, so bildete sich, parallel zur Zunahme des Personenverkehrs, in der zweiten Hälfte der Frühen Neuzeit allmählich ein spezielles Personenbeförderungsmittel heraus – die Kutsche. Im Mittelalter und selbst noch im 16. Jahrhundert blieb das Reisen mit dem Wagen adligen Frauen, Alten und Gebrechlichen sowie den kirchlichen Würdenträgern vorbehalten; zudem war es in wenig erschlossenen Gebieten ohnehin praktisch unmöglich. Hinzu kam, daß die Fürsten ihrem Lehnsadel das Reisen mit dem Wagen verboten hatten, um dessen Verweichlichung vorzubauen und die Adligen als tüchtige Reiter zu erhalten. Allerdings verbreitete sich zusammen mit den verfeinerten Lebensformen der Renaissance auch das Bedürfnis nach größerem Reisekomfort von Italien aus über den gesamten Kontinent, und letztlich konnten alle fürstlichen Ermahnungen und Verordnungen den Aufstieg der Karosse (ital. carozza) als Reisemittel, aber auch vor allem als Statussymbol nicht aufhalten. Bestanden die wenigen Reisewagen des Spätmittelalters, die Kobelwagen, aus einfachen auf das Fahrwerk aufgesetzten halbrunden Rippengewölben (Kobeln), so wurde bereits in der Mitte des 15. Jahrhunderts mit einer Federung des Wagenkastens mit Hilfe von Ketten, Seilen oder Lederriemen experimentiert. Diese Federung machte die Kutschenfahrt erheblich beque-

mer, ließ aber noch viele Wünsche offen. Wie wir der Beschreibung Thomas Platters von 1599 entnehmen, waren *die Kutschen mit gewachstem Tuch bedeckt, bisweilen auch nur mit unbehandeltem Tuch; dementsprechend näßt es durch, gleich ob es regnet oder schneit.* (Q 66) Es sollte schließlich noch bis weit in das 17. Jahrhundert hinein dauern, bis eine mit Türen und Fenstern versehene geschlossene Kabine den Reisenden wirkungsvoller gegen Nässe, Wind und Staub schützte.

Das noch heute gern benutzte geflügelte Wort von der Staatskarosse hat seinen Ursprung in den kostspieligen Kutschen des 17. und 18. Jahrhunderts. Das Renommiergehabe des barocken Adels und bald auch des Bürgertums entdeckte dieses Transportmittel bald als geeigneten Träger für ihre Selbstdarstellung. In enger Zusammenarbeit mit den Wagnern und Stellmachern konstruierten Architekten, Kunstschreiner, Maler und Lackierer, Kunst- und Goldschmiede sowie Bortenmacher aus edlen Hölzern und Metallen, aus feinem Leder, Samt und Seide kleine Schlösser auf Rädern. Neben der prunkvollen Bauart bildete die Zahl der Kutschpferde, den heutigen ›Pferdestärken‹ ähnlich, einen Indikator für den sozialen Status des Besitzers.

Die technischen Neuerungen im Kutschenbau gegen Ende des 17. und im 18. Jahrhundert erstreckten sich vor allem auf zwei Gebiete. Zum einen wurde der Fahrkomfort durch ein völlig neues Federungsprinzip weiter verbessert. Der Fahrkorb wurde jetzt mittels fünf bis zehn aufeinanderliegenden und durch eine Manschette zusammengehaltenen eisernen Federblättern aufgehängt, so daß die Stöße sich nicht vom Fahrwerk auf die Passagierkabine übertrugen. Zum anderen bemühte man sich, die Reibung zwischen Achse und Radnabe mit Hilfe von verbesserten Schmiermitteln sowie besonderen Radlagern und Buchsen zu verringern.

Der Kutschverkehr nahm in dieser Zeit in Europa beträchtlich zu. Zählte man in Paris im Jahre 1658 320 Kutschen und Karossen, so war ihre Zahl einhundert Jahre später auf etwa 14 000 angestiegen. Der Wunsch nach der eigenen Kutsche nahm derart zu, daß man in Frankreich und England bald zu einer seriellen Produktionsweise übergehen konnte und damit die bisherige Praxis, Einzelstücke auf individuelle Bestellung herzustellen, ablöste. Diese ersten Kutschenmanufakturen konnten mehrere hundert Leute beschäftigen. Freilich auf geringerem Niveau, kam ihnen damit eine ähnliche ökonomische Schrittmacherfunktion zu wie der frühen Autoindustrie zu Beginn des 20. Jahrhunderts. Nicht umsonst erinnert denn auch die Fertigungshalle einer französischen Kutschenmanufaktur aus dem Jahre 1765 an Fordsche Fließbandarbeit.

Griff unser Gewährsmann Platter in den 1590er Jahren noch hauptsächlich auf Mietpferde zurück, so konnten die Reisenden zumindest im Nahverkehr in London oder Paris bereits eine knappe Generation später nicht mehr nur Pferde, sondern auch Kutschen mieten. Existierten in London 1625 etwa 20 Unternehmen, zählte man dort gut hundert Jahre später rund 800 Mietkutschen. Allerdings beschränkte sich der Hang zur Kutsche auf die urbanen Regionen Westeuropas und die Metropolen der mittel- und osteuropäischen Fürstenstaaten.

Neben diesem privaten Kutschenverkehr – gleich ob als Eigentümer oder Mieter – trugen die seit dem 17. Jahrhundert,

beschleunigt dann in der zweiten Hälfte des 18. Jahrhunderts, eingerichteten öffentlichen Postkutschverbindungen dem zunehmenden Wunsch nach komfortablem Reisen Rechnung. Bereits im späten 15. und 16. Jahrhundert hatten in Mitteleuropa die Grafen von Thurn und Taxis, geschützt durch ein kaiserliches Privileg, einige feste ›Postkurse‹ eingerichtet, die zunächst Mailand, Innsbruck, Wien, Madrid und Brüssel, also die Herrschafts- und Verwaltungszentren der Habsburger, verbanden. Auf diesen Routen übernahmen berittene Kuriere den Transport von Briefen und Depeschen, bevor jetzt der massive Einsatz von Kutschen auch den Transport von Gepäck und Personen erlaubte. Ausdrücklich lobte der Rostocker Theologe Christian Scriver Ende der 1660er Jahre die neue Errungenschaft: *Es ist doch eine zumal nötige und nützliche Erfindung und Ordnung mit den Posten wie es dann auch die Reisenden zu Dank annehmen, daß sie oft in kurzer Zeit weite Strecken mit diesem Mittel zurücklegen können.* (Q 76) Auch Gottfried Wilhelm Leibniz pries in einem Brief aus dem Jahre 1676 das neue Verbindungssystem: *Die Postverbindungen und der Reisekomfort waren früher noch wenig geregelt; die heutige Leichtigkeit des Verkehrs und des Nachrichten-*

austausches durch ganz Europa ist ja erst mit der Zeit entstanden, und die deutschen Fürsten sind die letzten gewesen, die sich diese Errungenschaften unseres Jahrhunderts zunutze machten. (Q 12)

Ein solches Netz regelmäßig bedienter Postrouten setzte das Vorhandensein von Relaisstationen voraus, die von Scriver als Posten bezeichnet wurden. An diesen Relaisstationen wurden die Pferde gewechselt, und die Passagiere konnten hier gegebenenfalls übernachten oder eine Mahlzeit einnehmen.

Rasch entstand ein stetig dichter werdendes, länderübergreifendes Netz von Postrouten, die an Kreuzungspunkten verknotet wurden. Präzise, stundengenaue Abfahrtszeiten, die an den Relaisstationen aushingen, aber auch aufeinander abgestimmte Fahrpläne machten das Reisen in bisher unbekanntem Maße planbar und kalkulierbar. Die sogenannte *Ordinari-Post* verkehrte *zu gesetzten Zeiten* (Zedler), fuhr also unabhängig von der tatsächlichen Nachfrage. Wer schneller oder auch ohne Umwege reisen wollte, konnte die *Extra-Post* nehmen, die allerdings erheblich teurer war. Doch selbst bei der *Ordinari-Post* konnten nur die gutbetuchten Passagiere das Innere einer Postkutsche genießen. Wegen seiner schmalen Reisekasse mußte Reiser, der Titelheld von Karl Philipp Moritz, während seines Englandbesuches im Jahre 1782 mit einem der billigeren Plätze auf dem Dach der Kutsche vorliebnehmen und konnte sich zu keinem Lob dieser Fortbewegungsart durchringen: *Aber an diese Fahrt von Leicester bis Northampton will ich denken, solang ich lebe. Nun rollte es mit der entsetzlichsten Geschwindigkeit in der Stadt auf den Steinen fort, und wir flogen alle Augenblicke in die Höhe, so daß es beinahe ein Wunder war, daß wir immer wieder auf die Kutsche zurück und nicht einmal nebenher fielen.* (Q 55) Dieses bleibende Reiseerlebnis von Reiser war durchaus keine Ausnahmesituation. Die Überfüllung der Postkutschen und die oft stunden- oder gar tagelange Wartezeit bis zur nächsten Verbindung ließen viele Reisende mit einem unbequemen und nicht ganz ungefährlichen Platz auf dem Dach oder den ungeschützten Notsitzen außerhalb der Passagierkabine vorliebnehmen. So gehörte die Enge in und auf den Kutschen und der Run auf die besten Plätze seit den frühesten Tagen der Postkutschenverbindungen durchaus zu den üblichen Reiseerfahrungen. So berichtet Platter bereits 1600 von seiner Fahrt von Paris nach Rouen: *Man läßt sich rechtzeitig einschreiben, an welchem Tag man fortmöchte. Der zuerst Eingeschriebene bekommt den besten Platz in der Kutsche, und so geht es einer nach dem anderen bis zum letzten Platz. Es können zehn bis zwölf Personen in einer Kutsche sitzen; vier von denen, je zwei am Stehgreif sitzen und vier andere mit ihnen, die alle ihre Füße in die Mitte der Kutsche zusammenstellen. Vier weitere sitzen hinter ihnen, jeweils zu zweit. Wenn weiterer Bedarf vorhanden ist, sitzen noch etliche auf dem Gestell außen an der Kutsche, woran man sonst die Kleider und Rucksäcke befestigt. So habe ich sogar vierzehn Leute auf einer Kutsche sitzen sehen.* (Q 66)

Die generelle Zunahme des Verkehrsaufkommens im Laufe der Frühen Neuzeit, der Bau immer größerer Lastwagen und schnellerer Kutschen erzeugte gewissermaßen einen verkehrspolitischen Handlungsbedarf, dem die Landesherrn mit einer Reihe von Verordnungen gerecht zu werden suchten. Insbesondere um die teuer errichteten Chausseestraßen zu schützen, verfügte der preußische König Friedrich Wilhelm II. in einem Reglement aus dem Jahre 1796: *Begegnen sich zwei beladene oder ledige Wagen, so müssen beide auf der rechten Seite zur Hälfte ausweichen. Jeder vorfahrende Wagen muß dem hinterfolgenden und schneller fahrenden Wagen, wenn dieser nicht anders vorbeikommen kann und der Raum es erlaubt, auf ein gegebenes Zeichen so weit ausweichen, wie es nötig ist, damit letzterer überholen und seinen Weg fortsetzen könne. Bei schmalen Brücken muß derjenige, der mit dem Fuhrwerk zuletzt ankommt, er sei beladen oder ledig, solange warten, bis der andere herüber ist. Wer durch Verabsäumung dieser Vorschriften dem andern Schaden zufügt, muß selbigen nach Beschaffenheit der ihm zur Last fallenden Schuld ersetzen, und soll derselbe außerdem verhältnismäßig bestraft werden.* Um den Verkehrssünder leichter identifizieren zu können, sollten spezielle Schilder, die Vorläufer der heutigen Autokennzeichen, an den Fuhrwerken gut sichtbar angebracht werden. *Es soll jeder einheimische Frachtfuhrmann an dem linken Karren- oder Stellwagenbaum auswärts, oder bei Deichselwagen an der linken Seite der Deichsel seinen Namen und Wohnort mit vier Zoll großen Buchstaben eingeschnitten haben, widrigenfalls aber derselbe, so oft er sich mit einem ungezeichneten Fuhrwerke auf der Chaussee einfindet, in 24 Stüber Strafe genommen werden.* (Q 59)

Wie heute nicht anders, mußten die gefährlichen Transportgüter besonders gekennzeichnet werden: *Fuhrleute, welche Schießpulver geladen haben, sind schuldig, die Bedeckung des Wagens oder der Karre mit dem Buchstaben P* (periculum = Gefahr) *zwei Zoll lang zu bezeichnen. Sie dürfen sich auch in keiner Stadt oder Dorfe aufhalten und müssen allemal neunzig Schritt von allen Gebäuden entfernt bleiben.* Der immer wieder von durchgehenden Zugtieren ausgehenden Gefahr wurde ebenfalls per Verordnung gegengesteuert: *Kein Fuhrmann darf auf der Chaussee sich über fünf Schritte von seinem Pferde entfernen. Entläuft dem Fuhrmann bei dieser Gelegenheit das Pferd und richtet dasselbe Schaden an, so wird er, außer dem Ersatze des letzteren, mit zehn Reichstalern Geldbuße belegt. Die Hengste müssen von den Fuhrleuten an Riemen oder Ketten geleitet und, sobald angehalten wird, angebunden werden.* Um einen reibungsfreien Verkehrsfluß auf den Straßen sicherzustellen, wurde angeordnet, daß *die Passage auf der Chaussee weder durch das abgestellte Fuhrwerk noch sonst gesperrt werden darf. Sollte aber an einem Fuhrwerk Schäden entstehen, so muß solches sobald wie möglich an die Seite geschafft werden.* Da die Postkutschen mitunter auch nachts unterwegs waren, sollten sie zur besseren Kennzeichnung eine *gute tüchtige Laterne mit ausreichendem Lichte haben.* (Q 59)

Der frühmoderne Staat griff aber nicht nur in den fließenden Verkehr ein, sondern versuchte auch, die Abwicklung des ständig zunehmenden Güter- und Personenverkehrs zu reglementieren. In einem umfänglichen Fuhrreglement des brandenburgischen Kurfürsten Friedrich III. aus dem Jahre 1700 wurde bestimmt, daß *sich alle diejenigen, die mit Pferden, Karossen, Chaisen, Landkutschen und Kaleschen ihr Geld verdienen und Leute gegen Lohn fahren wollen, sich bei dem zentralen General-Erb-Postamt registrieren lassen sollen. Die Angemeldeten werden in einer Rolle verzeichnet.* (Q 59) Die so lizenzierten Unternehmer durften fortan ihre Dienste anbieten, mußten sich jedoch an festgelegte Preise und Dienstleistungen halten. Diese Verordnung bezweckte in erster Linie eine Hebung des Reisekomforts, nicht zuletzt, um fremde, devisenträchtige Reisende auf die brandenburgischen Landstraßen zu locken. Daneben ging es um die Behebung der zahlreichen Engpässe, die durch schlichte Desorganisation auch das Reisen mit den ›öffentlichen Verkehrsmitteln‹ zu einem Hasadeurspiel machten. So passierte es immer wieder, daß für fünf oder sechs Reisende nur zwei Pferde zur Verfügung standen oder daß ein oder zwei Personen *mit so viel Bagage anrückten, welche mit zwei Pferden ohne Abtreibung und Ruin derselben nicht wohl fortgebracht werden können. So soll es zur Pflicht des Wagenmeisters gehören und zur Verhütung möglicher Unfälle dienen: daß ein oder zwei Personen, wenn sie wenig Gepäck und ein jeder über 50 bis 100 Pfund, also beide zusammen über 200 Pfund, auf's höchste nicht bei sich haben, auf guten Wege zwar mit zwei Pferden auf einem kurzen Weg von drei bis vier Meilen* (20–30 km) *fortgebracht werden können. Wenn sie aber schwereres Gepäck mit sich führen, der Weg schlimm, oder drei, vier oder mehr Personen zusammen sind, auch auf einem weiteren Weg als vier Meilen mit einer Fuhre gehen wollen, müssen nach*

Beschaffenheit drei, vier oder mehr Pferde angespannt werden. (Q 59)

Um die privilegierten Postkutschen vor der Konkurrenz der lizenzierten Fuhrunternehmer zu schützen, dürfen letztere weder Briefe und kleine Pakete transportieren noch an den sogenannten Posttagen abfahren. *Wenn aber die Ordinari-Post bereits besetzt oder abgefahren ist und dann jemand einen Extra-Wagen verlangen würde, wird eine solche Fuhre den Fuhrleuten erlaubt.* Zum generellen Schutz der einheimischen Fuhrleute durften sich auswärtige Fuhrleute nur 24 Stunden an einem fremden Ort aufhalten. Auch die individuelle Anmietung eines Fuhrwerkes mit Kutscher wurde geregelt. *Wenn jemand einen Fuhrmann an einem gewissen Ort, etwa von Berlin nach Potsdam, Oranienburg oder anders wohin mietet und mit demselben Fuhrmann wieder zurückreisen will, ist der Fuhrmann gehalten, drei bis vier Stunden nach der Ankunft an solchem Ort zu warten. Der Mieter muß dann für Retour- und Rückweg nur halb so viel wie für den Hinweg zahlen. Muß der Fuhrmann aber länger warten, muß der Mieter für jedes Pferd pro Tag sechs Groschen Wartgeld zahlen sowie das Futter für die Tiere und die Beköstigung des Kutschers übernehmen.* (Q 59)

Ähnlich wie beim Personentransport, wo der Passagier vor Antritt der Reise eine Art Fahrkarte erhält, die er auf den einzelnen Streckenabschnitten vorzeigen muß, ist auch beim Warentransport ein System von Frachtpackzetteln eingerichtet worden, das Aufgabe, Bezahlung, Transport und Empfang des Gutes regelte und gleichzeitig dokumentierte. Dieser neue, stetig umfangreicher werdende und heute selbstverständliche Verwaltungsaufwand mußte allerdings erst eingeübt werden. So wurde in einer brandenburgischen Verordnung aus dem Jahre 1674 bestimmt, *daß neben den Personenfrachtzetteln auch Koffer-, Packgut- und dergleichen Frachtzettel benutzt werden sollen, welche stets wie die Personenfrachtzettel mitgehen sollen. Darin ist die ganze aufgegebene Ladung einzu-*

schreiben. Da die Passagiere in der Kutsche *nicht mehr als ein Felleisen mit weißem Zeug* (Wäsche) *von 15 bis 18 Pfund schwer umsonst mitnehmen dürfen,* mußten für alle zusätzlichen Gepäckstücke besondere Frachtzettel erworben werden. (Q 59)

Trotz der technischen Neuerungen und der Rationalisierung und Administration im Personen- und Güterverkehr konnte nur eine allmähliche Erhöhung der Reisegeschwindigkeit erreicht und ein Ausbau der Transportkapazitäten erzielt werden. Bis weit in das 19. oder gar das 20. Jahrhundert hinein blieben eben noch die einzigen bekannten Energien – menschliche und tierische Muskelkraft bzw. Wind- und Wasserenergie – die begrenzenden Faktoren und standen der modernen Verkehrsrevolution noch entgegen, die dann zu einer bis dahin unvorstellbaren Beschleunigung des Reisens und Vermehrung des Transportaufkommens führte.

Neben den Radfahrzeugen standen aber auch noch mit Schlitten und Sänften besondere Fortbewegungsmittel zur Verfügung. Während in West- und weiten Teilen Mitteleuropas der Winter wegen seiner heftigen Niederschläge und der grundlosen Straßen als Reisezeit eher unbeliebt war, nutzte man die gefrorenen Flüsse und die betonhart erstarrten Schlammpisten Osteuropas gerne als Verkehrswege. Entsprechendes berichtet der Habsburger Diplomat Sigmund von Herberstein über seine Reise nach Moskau im März und April 1516. Bis Krakau reiste er in einer Kutsche. *Hier gab mir Hans Bonar, des Königs Diener, den treuen Rat, daß ich meinen Wagen verlassen und Schlitten für die Weiterreise benutzen sollte. Er vermietete mir einen Führer, der den Schlitten mit zwei Pferden fuhr. Mein mitreisender Gefährte ließ seinen Wagen auf einen Schlitten legen und ließ ihn von einem Knecht fahren. An einem Ort fanden wir Löcher in dem gefrorenen Eis. Jedoch die Straßen auf dem Eis, soweit sie sich für Schlitten eigneten und hartgefroren waren, hielten bei vier oder fünf Schritt lang. Darüber hatten wir nicht wenig Sor-*

gen, da wir mit soviel Schlitten und Pferden unterwegs waren. Es ist noch nicht lange her, daß viele hundert Moskowiter hier bei einem Eisbruch ertrunken waren. (Q 29) In dem 1830 in München gedruckten Standardwerk *über die Wagen und Fuhrwerke der verschiedenen Völker des Mittelalters und der Kutschen-Bau neuester Zeit* von dem Königlich-Bayerischen Wagenbauinspektor Johann Christian Ginzrot ist ein solcher leichter polnischer Schlitten abgebildet, wie er vom 16. bis ins 20. Jahrhundert hinein nahezu unverändert in Gebrauch war.

Ein Transportmittel, das sich insbesondere für Vornehme vom Adel und hohe kirchliche Würdenträger vom Altertum über das Mittelalter bis in die Frühe Neuzeit gerettet hatte, war die Sänfte. Meist handelte es sich um eine leicht gebaute Kabine, die bestenfalls mit Vorhängen verschlossen werden konnte und von zwei oder vier Menschen bzw. zwei Pferden getragen wurde. Besonders in größeren Städten waren die Sänften das beliebteste Beförderungsmittel des Adels. Die neapolitanische Sänfte aus dem Jahre 1594 wird von zwei livrierten Dienern getragen. Die verschlossenen Vorhänge der Sänfte schirmen eine Edeldame vor begehrlichen Blicken ab.

Noch im 18. Jahrhundert bemühte man sich in den Städten, Sänften als Nahverkehrsmittel einzuführen; nun allerdings auch für zahlungskräftige Bürgerliche. So wurde zum Beipiel im Jahre 1712 dem Regensburger Bürger und Sattler Johann

Georg Issemer erlaubt, *daß er auf Art und Weise, wie es in vielen anderen Orten und Städten gebräuchlich, zu jedermanns besonderer Kommodität in dieser Stadt den gewöhnlichen Tragsänftendienst einrichten und betreiben darf. Diese Tragsänften nebst den dazugehörigen Sänftenträgern sollten in der Wallerstraße anzutreffen und daselbst im Sommer von morgens vier bis nachts um zehn Uhr und zu Winters Zeit von morgens sechs bis nachts um zehn Uhr zum Dienst parat sein.* (Q 41) Issemer konnte mit einer zahlungskräftigen Klientel rechnen, hatte doch in Regensburg Mitte der 1660er Jahre der Reichstag seinen festen Sitz genommen, so daß sich unzählige Diplomaten, Verwaltungsbeamte, Juristen und Politiker hier ein Stelldichein gaben. Nachdem 1733 in der kleinen Ackerbürgerstadt Göttingen die Universität gegründet worden war, wurde zur Kultivierung einer verfeinerten Lebensart ebenfalls ein Sänftendienst eingerichtet. Zum Kundenstamm zählten vor allem die Professoren der neuen Universität, aber auch das gutsituierte Bürgertum und einige adlige Studenten.

Daß diese Einrichtung insbesondere für die einfachen Einwohner eine völlig neue Erscheinung war und zu vielerlei Erstaunen, aber auch Hohn und Spott herausforderte, zeigt ein Vorfall aus dem Jahre 1735. So hatte sich am 20. Juni der Sekretär für Universitätsangelegenheiten bei der kurhannoverschen Landesregierung beschwert, daß man sich lustig gemacht habe und die Sänfte des Hofrates Gebauer von einem Querpfeifer besetzen ließ und diese *unter Rührung seiner Querpfeife zum Spektakel und Aufsehen in der ganzen Stadt durch die Gassen hat tragen lassen.*

Handelte es sich bei den Sänften grundsätzlich um ein Nahverkehrsmittel, so griffen doch Vornehme, Prälaten oder Gebrechliche auch bei Überlandreisen gerne auf sie zurück, wenn die Fahrt in der Kutsche zum Beispiel unmöglich war. Als der französische Philosoph und Schriftsteller Michel de Montaigne im Jahre 1581 von Italien kommend den Mont Cenis überquerte, machte er in La Novalese Station. *Hier mietete ich acht Träger, die mich im Tragstuhl bis zur Höhe des Mont Cenis und dann wieder hinunter trugen. Ich überstieg den Mont Cenis halb im Sattel, halb im Stuhl, den vier Männer abwechselnd auf ihren Schultern trugen. Der Aufstieg dauert zwei Stunden, ist steinig und für Pferde, die ihn nicht gewohnt sind, ungeeignet. Der Abstieg dauert eine Stunde und ist gerade und steil.* (Q 54) Ein anschauliches Bild vermittelt die Illustration zu der unfreiwilligen Alpenüberquerung von Papst Pius VI. im Jahre 1799, der auf Befehl Napoleons über den Mont Cenis nach Frankreich geschafft wurde. Offensichtlich hatte sich diese Beförderungsart in den vergangenen beiden Jahrhunderten nicht geändert.

Dieses bunte Kaleidoskop an Landfahrzeugen, von ›Schusters Rappen‹ und Reittieren, über Karren, Lastwagen und Karossen, bis hin zu den zuletzt genannten Sänften blieb immer abhängig von dem Straßenzustand und natürlich dem Geldbeutel des Reisenden. Es war daher die Regel, daß Passagiere mehrmals das Verkehrsmittel wechselten, um die jeweils be-

quemste und schnellste Fortbewegung zu finden; ebenso lud man oftmals Güter mit dem Ziel um, den billigsten Transport zu gewährleisten.

Wie im Kapitel zuvor erwähnt, wurde der Wasserweg während der Frühen Neuzeit wo immer möglich bevorzugt. Für Reisende boten die Flüsse, Kanäle, Binnenseen und Küstengewässer die am wenigsten strapaziöse und meist auch schnellste Beförderungsmöglichkeit, im Waren- und Güterverkehr erlaubten Wasserwege den konkurrenzlos billigsten Transport. Entsprechend rege entwickelte sich an allen Flußmündungen, an Kreuzungen zwischen Land- und Wasserstraßen und in den an Flüssen gelegenen Städten ein lebhafter Umschlag von Passagier- und Warenströmen. So dokumentiert ein Stich aus der Mitte des 18. Jahrhunderts die Versorgung von Paris mit den für die wachsende Metropole lebensnotwendigen Rohstoffen, die aus dem ländlichen Frankreich über das Gewässernetz von Loire und Seine auf Lastkähnen herangeschafft und von Karren und Fuhrwerken in Paris verteilt wurden: Holz als wichtiges Brenn- und Baumaterial, Getreide zur Ernährung der stetig zunehmenden Bevölkerung und nicht zuletzt große Mengen von Heu als Futter für die Abertausenden von Zug- und Reittieren in der Hauptstadt.

Auch bei den Wasserfahrzeugen war zumindest auf den ersten Blick nur eine sehr langsame und bescheidene technologische Entwicklung festzustellen. Zwischen der Hansekogge des Spätmittelalters und dem Dampfschiff des 19. Jahrhunderts scheint der Schiffsbau während der Frühen Neuzeit keine großen Wandlungen erlebt zu haben, da sich die zentralen Konstruktionsmerkmale und vor allem das Baumaterial kaum veränderten. Bis weit in das 19. Jahrhundert hinein blieb Holz der weitaus wichtigste Rohstoff für den Schiffsbau, ergänzt von Teer, Hanf und Leinen für die Takelung der Schiffe und die Abdichtung des Rumpfes. In der Organisation des Schiffsbaus kündigte sich jedoch wie etwa beim Kutschenbau die neue industrielle Zeit bereits vor der Erfindung der Dampfmaschine an, mußte doch der Bedarf an immer mehr und immer größeren Frachtschiffen von den weitläufigen Schiffswerften und Dockanlagen besonders in den nordwesteuropäischen Hafenstädten gedeckt werden. Neben dem Handel war deshalb auch ganz wesentlich der Schiffsbau wichtigster Wachstumsimpuls für die bedeutenden westeuropäischen Hafenstädte, etwa für Rotterdam und Amsterdam ab dem späten 16. Jahrhundert und für Liverpool, Bristol und Southampton in England ein Jahrhundert später, aber auch für Hamburg. Vor dem Aufstieg der transatlantischen Welt des industriellen Zeitalters ist gerade die italienische Schiffsbauindustrie etwa in Venedig und Genua oder die der Iberischen Halbinsel in Vergessenheit geraten, die in der Frühen Neuzeit indes noch von ganz wesentlicher Bedeutung waren.

Große Bedeutung als Schiffsbaunationen erlangten im 17. Jahrhundert naturgemäß England und Holland, waren doch beide Länder vorwiegend auf die Schiffahrt angewiesen. Im Falle der Britischen Inseln mußte der Personen- und Wa-

rentransport von alters her über den Wasserweg abgewickelt werden. Die Küstenregionen der niederländischen Provinzen hatten sich seit dem Spätmittelalter auf den Fischfang und den Küstenhandel spezialisiert. Als nun ab dem 16. Jahrhundert die gewerblich-kommerzielle Expansion in diesen Ländern auf Rohstoffeinfuhren und Fertigproduktausfuhren angewiesen war, entwickelte sich auf der Basis der vorhandenen traditionellen Kenntnisse und nautischen Fähigkeiten hier rasch das Gravitationszentrum des europäischen Schiffsbaues und Seehandels. Vorsichtigen Schätzungen zufolge setzte sich die holländische Flotte in der ersten Hälfte des 17. Jahrhunderts aus weit über 10 000 Schiffen zusammen. Allein drei- bis viertausend holländische Schiffe pro Jahr passierten in dieser Zeit den Sund – die Meerenge zwischen dem schwedischen Festland und der dänischen Insel Seeland. Damit machte der holländische Anteil mehr als die Hälfte des gesamten Sundverkehrs aus.

Die Expansion im Schiffsbau basierte wie im Fahrzeugbau noch wesentlich auf handwerklicher Empirie. Die Grenzen des traditionellen Handwerks zeigten sich allerdings beim Bau der riesigen Kriegsschiffe im 17. Jahrhundert. So wußte man bis zum Stapellauf nie sicher, ob diese schwimmenden Festungen überhaupt seetüchtig waren; vor allem konnte man ihr ›Fahrverhalten‹ nicht im voraus berechnen. Das wohl bekannteste, fast schon tragikomische Beispiel eines fehlgeschlagenen Stapellaufes stellt die 1628 als künftiges schwedisches Flaggschiff konzipierte ›Wasa‹ dar. Unter den entsetzten Augen der Staatsführung und zahlreicher Schaulustiger neigte sich Schwedens ganzer Stolz bereits in der Hafeneinfahrt zur Seite, wodurch das Wasser in die zum Salut geöffneten Geschützluken des unteren Decks eindringen konnte, und sank binnen weniger Minuten. Trotz dieser Rückschläge stützten sich die Schiffsbaumeister noch lange auf mündliche Überlieferungen und hatten die Konstruktionspläne mehr oder weniger nur im Kopf. Die wenigen schriftlichen Aufzeichnungen und Berechnungen wurden streng geheim gehalten und von Generation zu Generation weitergegeben. Erst mit dem Jahre 1671 stand mit dem *Aeloude en hedendaegsche scheepsbouw en bestir* aus der Feder des bezeichnenderweise Amsterdamer Bürgermeisters Nicolas Witsen ein gedrucktes Handbuch zum Studium des Schiffsbaus zur Verfügung.

Die Vorreiterrolle des niederländischen Schiffsbaus im 17. Jahrhundert lockte zahlreiche Betriebsspione und Handwerker aus ganz Europa an. Der wohl berühmteste ›Spion‹ war der russische Zar Peter I., der sich im Jahre 1698 inkognito als Zimmermann auf englischen und vor allem holländischen Werften mit dem neuesten Stand vertraut machte und Schiffszimmerleute für den russischen Flottenbau anwerben ließ. Das für den europäischen Hochadel ungewöhnliche Inkognito des Handwerkers verarbeitete Albert Lortzing zu seiner berühmten Oper ›Zar und Zimmermann‹. Mag dieses Beispiel durchaus exzeptionell gewesen sein, so illustriert es einen typischen Technologietransfer, der in ganz wesentlicher Weise von der Migration von Handwerkern abhängig war.

Eine besondere Spezialität der Holländer waren die relativ flachbodigen, auch und gerade für die Fluß- und Küstenschifffahrt geeigneten Schiffe. Ähnlich wie beim Kutschenbau entwickelte sich hier eine breite Palette von annähernd einhundert verschiedenen Typen. Der mit Abstand erfolgreichste holländische Schiffstyp war die Fleute, ein relativ kleines, dreimastiges Schiff mit einer Gesamtlänge von höchstens vierzig Metern und einem geringen Tiefgang. Eine spezielle Takelage und leicht handhabbare Besegelung erlaubten ihr mit einer kleinen Mannschaft von rund zehn Mann eine hohe Geschwindigkeit. Die Zuladung betrug zwar nur einhundert Tonnen, stand aber in einem kostengünstigen Verhältnis zum Personalaufwand auf anderen Schiffstypen, zu schweigen von dem um ein Vielfaches teureren Landtransport.

Kaum war die erste Fleute 1595 von Stapel gelaufen, wurde sie binnen weniger Jahrzehnte zum dominanten holländischen Schiffstyp im Nord- und Ostseeverkehr. Durch ihre Schnelligkeit konnte jedes dieser Schiffe jetzt auch bis zu jährlich vier statt der vorher nur zwei möglichen Ostseefahrten unternehmen. Andere Dimensionen weisen natürlich die Überseefrachter und Kriegsschiffe auf, die bis zu tausend Mann Besatzung hatten und die mit weit über hundert Kanonen auf mehreren Decks ausgerüstet waren. Neben dem Überseehandel und der Küstenschiffahrt sind die Binnenwasserstraßen für den Personen- und Güterverkehr in der Frühen Neuzeit von zentraler Bedeutung. Wo immer es möglich war, wurden zum Transport von Menschen und Gütern Wasserfahrzeuge benutzt. Gerade in dem von künstlichen und natürlichen Wasserwegen bereits während der Frühen Neuzeit dicht erschlossenen Nordwesten Kontinentaleuropas gehörte die Boots- und Schiffsreise gewissermaßen zum Alltag, rief aber bei unserem alpenländischen Gewährsmann Platter großes Lob und Bewunderung hervor. Nachdem er im August 1599 von Brüssel nach Antwerpen aufgebrochen war, konnte er sogar mehrere verschiedene Transportmöglichkeiten auf den flandrischen Wasserstraßen nutzen. *Nach der Morgensuppe, dem Frühstück, haben wir alle miteinander das Schiff bestiegen, um auf dem Kanal und der Schelde nach Antwerpen zu fahren. Zunächst kamen wir bei Villfort an, dann fuhren wir zum Dorf Willebroucq, wo wir in ein größeres Schiff umstiegen und mit diesem auf der Schelde mit der Ebbe Richtung Antwerpen segelten.* Diese bequeme und vor allem sichere Art des Reisens veranlaßte Platter zu einem ungewöhnlich langen Exkurs in seinem Reisetagebuch. *Dies ist ein überaus großer Vorteil, daß man jeden Tag sicher auf dem Schiff von Brüssel nach Antwerpen und von Antwerpen nach Brüssel Tag und Nacht allerlei Waren, Getreide und Menschen in einem Tag sehr bequem transportieren kann. Man erreicht sogar das Meer und andere Städte, so daß die Einwohner Brüssels und des umliegenden Landes großen Nutzen aus dieser Anbindung ziehen.* Die Abfahrtszeiten richteten sich dabei nach den Gezeiten, also nach Ebbe und Flut. *Die Schiffe auf diesen Kanälen und Flüssen sind sehr groß, auf eine besondere Art gebaut und haben zwei Decks. Auf dem unteren Deck sind viele komfortable Sitze wie in einer Kirche. Sie besitzen eine ganze Reihe von Luken, die man bei schönem Wetter öffnet, so daß man den Ausblick auf das Land genießen kann. Die Schiffsleute sind auf dem oberen Deck und haben ein geschlossenes Zimmer, in dem sich die Küche befindet und auch Speis und Trank aufbewahrt werden. Es können sich bis zu 400 Personen auf einem solchen Schiff einfinden, so daß man mit Gesprächen, Singen und anderen Kurzweilen gute Unterhaltung findet. Das Schiff wird von einigen Pferden, die neben dem Deich gehen, gezogen. Auf einem Pferd sitzt ein Knabe, der zusammen mit den Schiffsleuten darauf zu achten hat, daß das Schiff nicht mit dem Deich kollidiert.* (Q 66)

Vergleichbar mit den Postkutschen hatte sich auf den meisten europäischen Wasserstraßen ein System von regelmäßig verkehrenden Schiffen entwickelt. Konnte man seit dem späten 16. Jahrhundert das bereits täglich zwischen Antwerpen und Brüssel verkehrende Schiff benutzen, so pendelte zwischen 1600 und 1847 ein sogenanntes Marktschiff auf dem Main zwischen Hanau, Frankfurt und Mainz. Ende des 18. Jahrhunderts benutzte auch der dänische Reisende Jens Baggesen dieses Verkehrsmittel und lieferte eine anschauliche Beschreibung. *Ich beschloß, an Bord des Marktschiffs zu gehen, das alle Tage zwischen Mainz und Frankfurt verkehrt. Diese Schmacke ist überaus merkwürdig gebaut und eingerichtet, sie ist außerordentlich lang und schmal und hat einen kleinen Mast und ein Rahsegel am Bug. Sie wird mit einem ungeheuren Holzlöffel gesteuert und von Pferden gezogen, die bald auf dem Land, bald im Wasser gehen. Unter einem Oberdeck, wie in einer Art Deckskajüte, sitzen die Passagiere holterdiepolter zwischen Kohl, Erbsen, Rüben, allen Arten von Obst, Hühnern und anderen ähnlichen Dingen.* (Q 2)

Wie man auf der Abbildung erkennen kann, ging es auf einer sogenannten Trekschuit aus dem frühen 19. Jahrhundert ein wenig ruhiger und beschaulicher zu. Diese Form des Wassertaxis bot in den Niederlanden bis zum Bau der Eisenbahnen die wohl angenehmste Art des Reisens.

Aber nicht nur auf den größeren Flüssen und den Kanälen herrschte ein reges Treiben; vielmehr galt dies ebenso für kleinere Nebenflüsse und die seichten Oberläufe der Ströme.

Besonders in den österreichischen Alpen, die abseits der Paßwege erst während des 19. Jahrhunderts durch die sogenannten Kommerzialstraßen erschlossen worden sind, nutzte man wo immer möglich die Wasserwege. Kleine, schnellfließende und flache Gebirgsbäche wurden von Kanus mit wenig Tiefgang befahren und dienten so dem Gütertransport. Der österreichische Schriftsteller J. W. von Valvasor hat in seiner Beschreibung des habsburgischen Herzogtums Krain, des heutigen Slowenien, aus dem Jahre 1689 solche Lastkanus und deren Entladung auf der Laibach festgehalten.

Vermutlich ein wenig bequemer, aber dennoch nicht ohne Gefährdungen und Ängste benutzte Stilling einen Rheinnachen. *Die beiden Reisenden traten also in einen kleinen dreibordigen Nachen. Stilling gefiel das schon gleich anfangs nicht, er äußerte seine Besorgnis, die beiden Schiffer aber lachten ihn aus. Nun fuhren sie fort. Das Wasser ging bis auf ein paar Finger breit an Bord, und wenn Stilling, der etwas lang war, nur ein wenig wankte, so glaubte er umzuschlagen, und alsdann ging das Wasser dann gänzlich an Bord. Dieses Fuhrwerk war ihm fürchterlich, und er wünschte herzlich, auf dem Trockenen zu sein.* (Q 32)

Ein archaisches, aber effektives und noch bis in das 20. Jahrhundert benutztes Wasserverkehrsmittel waren die Flöße. Sie stellen insofern einen besonderen Typ dar, als sie zwar zum Güter- und Personentransport benutzt wurden, in erster Linie aber selbst als Rohstoff am Zielort dienten. Von fast allen Gebirgs- und Mittelgebirgsregionen Europas wurden Baumstämme als Flöße flußabwärts verfrachtet und in den größeren Städten entlang der Flüsse als Baumaterial verkauft. Im Zusammenhang mit dem wirtschaftlichen Aufstieg der Niederlande als Schiffahrtsnation erlebte besonders die Flößerei auf dem Rhein und Main während der Frühen Neuzeit einen gewaltigen Aufschwung. Die Werften der Niederländer wurden unter anderem mit Schiffsbauholz aus dem Spessart (Eichen) und dem Schwarzwald (Fichten und Tannen) versorgt. Bereits für den Bau eines mittelgroßen Schiffes benötigte man rund 700 mächtige Eichenstämme. Entsprechend weitläufige Flöße trieben main- und rheinabwärts zu den Sägemühlen in Holland und Seeland. In diesem Holländerholzhandel trafen kommerzielle Rohstoffinteressen und kapitalisierte Waldwirtschaft mit volkstümlichem Aberglauben und bald auch romantischer Verklärung des Waldes zusammen, der von diversen guten und bösen Wichteln, Riesen und Feen bewohnt schien. Seinen Niederschlag fand dies in dem berühmten Märchen ›Das kalte Herz‹ von Wilhelm Hauff, das in dem Milieu der Schwarzwälder Flößer angesiedelt ist. (Siehe Abb. S. 145)

Große Rheinflöße von bis zu 350 Metern Länge waren keine Seltenheit, und man sprach von ›schwimmenden Dörfern‹. Die Konstruktion eines solchen Monstrums beschreibt Jakob Fuchs, der Sohn eines Floßhändlers aus Saargemünd. *Der Bau eines damaligen Floßes war sehr kunstreicher Art. In der Ge-*

stalt eines Vierecks ward zuerst der sogenannte Boden des Floßes angefertigt. Hierzu wurden die größten Tannenbäume gebraucht, die mit Holzseilen (also junge, im Backofen gebrannte und durch Maschinen gegeneinander gedrehte Eichengerten, die im Wasser die Stärke von Eisen übertrafen) und mit Eisenwerk aneinandergekettet eine solche Stärke darboten, daß man den Fall nicht kannte, wo selbst bei dem größten Unglücke dieser Boden auseinandergesprengt worden wäre. Darum ward dann auch auf diesem beinahe das Zentrum bildenden Viereck die sogenannte Herrenhütte errichtet, ein großer bretterner Saal, seitwärts mit Nebenzimmern für die Floßgesellschafter und Direktoren versehen. Der Eingang zu diesem Saale führte durch einen Gang, der von den zu beiden Seiten angebrachten Magazinen gebildet wurde, in denen man Utensilien und Lebensmittel aufbewahrte. Es wurden endlich der Herrenhütte gegenüber auf eben diesem viereckigen Boden die beiden Hauptküchen, eine für die Herrschaft, die andere für die Meister- und Ankerknechte, wie auch für die Ruderer errichtet. An diesem beschriebenen Viereck wurden nun die Vorder- und Hinterteile des Floßes mit großen Tauen angebracht und ebenso Seitenstücker. Auf diesen letzteren und in dem vorderen Teile wurden gewöhnlich die in Fracht genommenen Eichen- und Tannenstämme geladen. (L 72)

Zum Abschluß soll auch auf die Fähren als besondere Mischform von Verkehrsweg und Verkehrsmittel eingegangen werden. Da die Landstraßen immer wieder von Flüssen unterbrochen wurden, es aber nur vergleichsweise wenige Brücken gab und Tiefe oder Strömung eines Flußes nur selten die sichere Überquerung an einer Furt zuließen, kam den Fähren eine wichtige Bedeutung zu. Zedler beschreibt eine Fähre mit lapidaren Worten als *ein Schiff, welches von einem Fährmeister nebst dazugehörigen Fährknechten betrieben wird und den Reisenden, sie mögen zu Fuß sein oder reiten oder auf dem Wagen fahren, zur Passierung der Flüsse anstelle einer*

Brücke dienen muß. (Q 96) In der Regel waren diese Fähren flache, mit niedrigen Bordwänden versehene Kähne, die höchstens eine Kutsche mit Pferden und einige Personen aufnehmen konnten. In einigen Fällen diente ein über den Fluß gespanntes Seil zur Sicherung gegen ein Abdriften bei zu starker Strömung. In einem niederländischen Stich aus der Mitte des 17. Jahrhunderts wird der Fährverkehr auf der Maas dargestellt. Eine Fähre überquert gerade mit einer Kutsche, den abgespannten Zugpferden und den Insassen den Strom; am Ufer erkennt man aufgetakelte Flußkähne. Die geringe Strömungsgeschwindigkeit ließ hier niedrige Bordwände zu.

Gerade auf wichtigen Straßen kam es an den Fähren zu einem großen Andrang. Im Reich bezogen die Fürsten aus ihrem Monopol des Unterhalts und Betriebs *dieser vornehmen Pässe* erhebliche Einnahmen. Da es sich nicht selten um Grenzflüsse handelte, mußten die Fährleute auch als Grenzpolizisten und Zollbeamte fungieren. Die Passagiere hatten deshalb nicht nur das Fährgeld bzw. den Geleitzoll zu ent-

richten, sondern auch eine Reihe von Zöllen und Gebühren zu erlegen. Oft kam das Fuhrverbesserungsgeld, eine Art Investitionszulage, hinzu. Mit umfangreichen und detaillierten Fährverordnungen versuchten die Landesherren, den Fährverkehr in ihrem Sinne zu reglementieren. So erstellte der preußische König Friedrich Wilhelm I. im Oktober 1713 eine mehrseitige Verordnung zum Fährbetrieb in Freienwalde. [Bad] Freienwalde, damals noch an dem meistbenutzten Flußarm der Oder gelegen, war auch der Grenzort zwischen der Mittelmark und der Neumark. Um den Publikumsandrang zu bewältigen, hatte man seit längerem zwei Fähren in Betrieb, die *drei mal des Tages zu gewissen Stunden, als des morgens um sechs Uhr, des mittags um ein Uhr und des abends um sechs Uhr eine Überfahrt tun, damit die Fußgänger und Passagiere mit ihren etwa bei sich habenden Sachen zur angegebenen Zeit sich einfinden können.* So mußte denn auch als erstes nochmals gemahnt werden, daß *die reisenden Leute wie sie ankommen unaufgehalten übergeführt werden und keiner dem anderen um Geschenke willen von dem Fährverwalter vorgezogen wird.* Zudem sollte sich *ein jeder in den Fähren friedlich verhalten, kein Gezänk, Schlagen, Schießen, Ent-*

blößen der Gewehre beginnen, noch bedrohliche Worte von sich geben noch andere Gewaltsamkeiten gebrauchen. Die Fährleute hatten darauf zu achten, daß *keine Fähre mit übermäßigen Pferden und Gütern beladen noch in großen Ungewittern oder gefährlichen Winden losfährt. So auch über kurz oder lang die geringsten Mängel an den Fähren verspüret würden, daß sie etwa leck oder ansonsten baufällig, muß der Verwalter oder Fährmann sofort die benötigten Anstalten machen, daß ohne Säumen darin gebessert und selbige wieder in guten und tüchtigen Stande gebracht werden, damit niemand mit dem, was er bei sich hat, dadurch verunglücken und in Schaden gebracht werden möge.* Bei Dauerfrost im Winter waren die Fährleute angehalten, *an den Orten wo das Eis am dicksten ist, mit stetigem Wassergießen eine Bahn zu machen und dabei täglich aufzuwarten und die reisenden Leute, die übergebracht werden wollen, die Bahn zu zeigen und sie dort hinüberzuführen.* In diesem Falle brauchte nur das halbe Fährgeld entrichtet werden! (Q 59)

Unterkunft und Verpflegung

Ist man im Zeitalter schneller Autos, Hochgeschwindigkeitsbahnen und großer Jets kaum noch auf eine Unterbrechung der Reise angewiesen, so trifft dies für die Frühe Neuzeit nicht zu. Oft tagelange, ja mitunter wochen- und monatelange Reisen, aber auch die ständigen Gefährdungen durch Wetterwechsel und ähnliches zwangen den Reisenden immer wieder zur Unterbrechung seiner Fahrt. Allein die Dunkelheit stoppte bei unbeleuchteten Straßen und selten beleuchteten Verkehrsmitteln das weitere Vorwärtskommen. Schließlich benötigten die menschlichen und tierischen Muskeln nach einer begrenzten Zeit auch der Ruhepausen und der Erholungsphasen und konnten nicht wie Flugzeuge oder Autos rasch wieder aufgetankt werden. Da keine Telekommunikation schneller als ein Pferd war, also wie der Reisende selbst, konnte man natürlich auch kaum Reservierungen vornehmen und mußte sich täglich aufs neue auf Quartiersuche begeben. Dies gestaltete sich nicht immer einfach, und es war nicht nur die finanzielle Not, die öfter zur Übernachtung unter freiem Himmel oder in einem Heuschober führte. Entsprechendes schrieb der Kaufmann, Sklavenhändler und spätere Kolberger Freiheitsheld Joachim Nettelbeck über seine verzweifelte Quartiersuche in den Niederlanden gegen Ende des 18. Jahrhunderts. *Die nächste Tagereise brachte uns spät in der Dunkelheit nach Dockum: aber es wollte uns nicht gelingen, hier noch eine Herberge zu finden. Überall, wo wir anklopften, beleuchtete man uns sorgfältig von allen Seiten und*

zog dann die Türe uns vor der Nase in's Schloß mit einem frostigen: »Geht weiter mit Gott!« – Es war eine kalte stürmische Nacht: wir irrten umher und jammerten, bis wir endlich bei einem Hinterhause an einen Stall gerieten, wo ein Knecht noch den Dünger auskehrte. Vergebens klagten wir auch diesem unser Leid, und baten ihn, uns die Nacht in seinen warmen Stall aufzunehmen: er fürchtete, sich dadurch Scheltworte bei seinem Herrn zu verdienen, und uns blieb nichts übrig, als uns hinter einer Scheune am Tor zusammen zu kauern und uns recht herzlich satt zu weinen. Hatten wir eine Weile gesessen, so sprangen wir wieder auf und rannten auf dem Platz hin und her, um nicht vor Frost zu erstarren. (Q 60)
Wurde Nettelbeck von der einbrechenden Dunkelheit überrascht, so war es ein Sturzregen, der 200 Jahre zuvor Thomas Platter zu einer ähnlich verzweifelten Quartiersuche trieb. *Als wir vier mitten auf dem Feld waren, kam plötzlich ein solches Unwetter über uns, daß wir nicht wußten, wie uns geschah. Wind und Regen durchnäßten uns dergestalt, daß wir keinen trockenen Faden mehr am Leibe hatten. Deswegen wollten wir im nächsten Dorf, das wir erreichten, einkehren, um uns zu trocknen und aufzuwärmen. Aber man wies uns ab und forderte uns auf, nach Marseille zu gehen, da, wie sie sagten, keine Herberge in ihrem Dorf wäre und uns auch niemand in seinem Haus aufnehmen wollte, obwohl wir ihnen sogar Geld anboten. So unbarmherziges Volk wohnt am Meer, daß wir noch eine Stunde in nassen Kleidern gehen mußten, ehe wir abends Marseille erreichten, wo wir schließlich übernachteten.* (Q 66)

Angesichts dieser Probleme wundert es nicht, daß der Gastfreundschaft zumindest unter Angehörigen einer bestimmten sozialen Schicht oder Berufsgruppe und natürlich unter Verwandten eine besondere Bedeutung zukam und bewußt gepflegt wurde. Nicht zufällig fand daher das Stichwort ›Gastfreiheit‹ auch Aufnahme in Zedlers Universallexikon, der sie folgendermaßen beschrieb: *Gastfreiheit ist eine Tugend, bei der man die fremden Gäste willig bewirtet und aufnimmt. Die Alten waren dieser Tugend besonders ergeben, denn weil sie keine öffentlichen Gasthöfe hatten, so waren sie genötigt, einen Vergleich unter sich aufzusetzen, kraft welchem sie einander aufnahmen und bewirteten. Diese Vergleiche hielten sie sehr heilig.* Unter Gastfreisein versteht man entweder eine *willige Einladung und Aufnahme, eine freundliche und gütige Verpflegung oder eine höfliche und liebreiche Verabschiedung, nämlich daß man die beherbergten Gäste bei ihrem Abschied nicht nur mit einem guten Wunsch und Segen, sondern auch nach Gelegenheit mit einem Viatico und was zur Fortsetzung ihrer Reise dienlich ist, in Frieden ziehen läßt.* (Q 96) Trotz der negativen Erfahrungen von Nettelbeck und Platter blieben diese Zeilen aus dem Zedlerschen Lexikon nicht nur reine Theorie, sondern Gastfreundschaft wurde eben auch durchaus praktiziert. So machte der vor Marseille noch so enttäuschte Platter in Zentralfrankreich eine äußerst positive Erfahrung. Obwohl die Pest in einem nahe gelegenen Dorf wütete, fand Platter gastfreie Menschen. *Auf dem Weg zum Dorf begegnete mir ein Mann aus dem Schloß, der mir zurief, ich solle eilends in das Schloß kommen. Vor dem Schloß ließ die Herrin, welche Witwe und mit dem Junker von Moriniere verwandt war, mich zu sich herauf kommen.* (Q 66)

Im Gedanken der Gastfreundschaft und der christlichen Nächstenliebe wurzelte auch die Idee der zahlreichen Hospize. Diesen Einrichtungen begegnet man seit dem hohen Mittelalter zunächst entlang der großen europäischen Pilgerwege. Hier fanden Pilger immer ein Nachtquartier und einfache Verpflegung. An den Wallfahrtsorten selbst boten die ansässigen Klöster den frommen Reisenden selbstverständlich auch Unterbringungs- und Verpflegungsmöglichkeiten an. Eine Beschreibung des westlich von Barcelona gelegenen Klosters De Nuestra Señora liefert Thomas Platter, der das Kloster im Februar 1599 besichtigte und dort bewirtet wurde. *Dieses Kloster liegt fast mitten auf dem Berg Montserrat, damit unser*

Herrgott ihm den Segen erteilen kann. Als wir in das Kloster hineinkamen, mußten wir unsere Degen in einem großen Saal ablegen, an dem mit großen Buchstaben geschrieben stand: Aqui se dexan las armas, das ist: Hier läßt man die Waffen. Jeder von uns bekam ein besonderes hölzernes Zeichen, dessen Gegenstück man an unsere Wehr legte, damit man wußte, welche Gegenstände uns gehörten, wenn wir wieder abreisen würden. Man gab uns Wein und Brot umsonst, während wir für Fisch und andere Nahrungsmittel ein geringes Entgelt entrichteten. (Q 66)

Einige Mönchsorden hatten sich außerdem auf die Anlage und den Betrieb von Hospizen auf den Paßhöhen der Alpen und anderer europäischer Gebirge sowie in abgelegenen Waldregionen spezialisiert. Dort konnten die Mönche einerseits dem Gebot der Nächstenliebe Folge leisten, andererseits entsprach die Lage dieser Herbergen dem Ideal der Weltabgeschiedenheit. So weiß Platter von der Abtei Afflighem, die in dem ehemaligen Wald zwischen Brüssel und Aalst lag, zu berichten, *daß man darinnen allen Vorüberreisenden, die es begehren, Brot und Bier zur Stillung ihres Hungers und Dursts umsonst gibt, soviel einer essen und trinken mag.* (Q 66)

Da die Alpenpässe, anders als heute, winters wie sommers begangen wurden, kam den Hospizen buchstäblich eine lebenserhaltende Funktion zu. Besonders die hochgelegenen Hospize auf den Alpenpässen sahen sich im Laufe der Frühen Neuzeit mit dem zunehmenden Verkehrsaufkommen konfrontiert, da sich hier der gesamte transalpine Verkehr auf ein rundes Dutzend dieser Nadelöhre konzentrieren mußte. Eine Folge war die rasche Kommerzialisierung dieser Betriebe, einhergehend mit einer Aufweichung ihres ehemals typischen, ständeübergreifenden Charakters. Als Johann Georg Sulzer im Jahre 1778 auf seiner Reise von Italien nach Luzern über den Gotthard kam, traf er auf der Paßhöhe zwei von Kapuzinern bewohnte Häuser an. *In dem einen Haus wohnen Kapuziner, welche die Durchreisenden von einigem Ansehen beher-*

bergen. Das andere ist ein Gasthof für Reisende von geringerem Stand, besonders für Säumer, oder solche, die auf Pferden, die hier Saumrosse genannt werden, Waren fortschaffen. (Q 87) Auch Platter und seine Begleiter nutzten wiederholt diese Beherbergungsmöglichkeiten. So fanden sie bei ihrer gemeinsamen Überquerung der Pyrenäen auf einem Berggipfel die Einsiedelei von St. Johannes, die allerdings zu diesem Zeitpunkt noch vom gesteigerten Verkehrsaufkommen verschont geblieben war. *Demnach sind wir noch in fünf Einsiedlerhütten gegangen und die Mönche haben uns vielerlei Käse und Brot zu essen und guten Wein zu trinken gegeben. Andere haben uns mit kleinen zahmen Vögeln und Kunststücken unterhalten.* (Q 66)

Die geburtsständisch gegliederte Gesellschaft fand auf die zunehmende Mobilität und das wachsende Verkehrsaufkommen zunächst eine ganz spezifische Antwort. Im Laufe des 16. und frühen 17. Jahrhunderts bildete sich teilweise aus mittelalterlichen Vorgängereinrichtungen eine ganze Palette an stände- und berufsspezifischen Unterkunftsmöglichkeiten heraus.

Bereits im Spätmittelalter hatten die Zünfte in den größeren Städten damit begonnen, spezielle Unterkünfte für die wandernden Gesellen des eigenen Handwerks einzurichten. Wenn es die finanziellen Voraussetzungen bzw. die Größe der Zunft erlaubten, betrieb man eine eigene Herberge, was allerdings verhältnismäßig selten vorkam. Häufiger hielt die Zunft eine bestimmte Anzahl von Räumen im Zunfthaus bereit, das aber sonst hauptsächlich der Lagerung von Rohstoffen und Fertigprodukten, aber auch als Versammlungsort diente sowie als Aufbewahrungsort der Zunftlade. Gelegentlich reservierte man auch Zimmer in einem Wirtshaus, in denen man die Wandergesellen einquartierte. Selbstverständlich standen den Gesellen diese vergleichsweise komfortablen und für die gastgebende Zunft kostspieligen Unterkünfte nur kurzfristig für die Zeit der Arbeitssuche in der neuen Stadt zur Verfügung.

Sobald der Geselle eine Anstellung gefunden hatte, zog er in das Haus seines neuen Meisters und Arbeitgebers und zählte fortan zu dessen Haushalt, eher er nach Ablauf der vereinbarten Zeit weiterzog. Um Mißbrauch und damit die Erschleichung von diesen Leistungen zu verhindern, gab es nicht nur bestimmte Geheimrituale, zugleich stellten die Gildemeister ihren Gesellen vor Antritt der Wanderschaft ein Attest aus. So wurde zum Beispiel dem 24jährigen Kanonen- und Glockengießergesellen Christian Gottlieb Fischer 1778 in Gera bescheinigt, *daß selbiger im Stück- und Glockengießerhandwerk zweieinhalb Jahre in Arbeit gestanden und sich solche Zeit über treu, fleißig, stille, friedsam und ehrlich wie einem jeden Handwerksburschen gebühret verhalten hat. Dieses attestieren wir und ersuchen sämtliche Meister des Stück- und Glockengießerhandwerks, diesen Gesellen nach Handwerksgebrauch in allen Orten zu fördern.* (L 94)

Den Handwerkszünften vergleichbar organisierten sich auch die Kaufleute, die in den einzelnen Städten Kaufmannsgilden bildeten. Im Hansebund schlossen sich die Händler allerdings auch überregional zusammen und richteten in den nordeuropäischen Städten von Nowgorod im Osten über Bergen im Norden und London im Westen eigene Gasthäuser ein, in denen sie auf ihren Geschäftsreisen Gegenrecht genießen konnten. Zwar hatte der Niedergang der Hanse längst begonnen, doch war unser Schweizer Reisender Platter noch voller Bewunderung für das Hansehaus in Antwerpen, das er im August 1599 besichtigte. *Dieses Haus haben die Kaufleute auf eigene Kosten erbaut, damit sie darin unter sich wohnen können und ihre Waren darin lagern können. Man hat ihnen hierzu viel Freiheiten und Privilegien verliehen, so daß sie in ihrem Haus selbst- und eigenständig handeln und die Immobilie ohne Mitsprache der städtischen Obrigkeit verwalten können. Die Kaufleute haben jährlich Gelder gestiftet, um nötige Reparaturen durchzuführen. Als ich dort war, hielt sich gerade nur ein auswärtiger Kaufmann darin auf, der uns freundlicherweise alle Zimmer zeigte. Alle Räume waren sehr schön und groß, sogar mit Kaminen und Tapeten versehen; jedem Kaufmann standen zwei oder drei Gemächer zu sowie eine Schreibstube für den Kontoristen und unter dem Dach Zimmer für seine Diener.* Auf seinem Gang durch diese flandrische Handelsmetropole beschrieb Platter weitere Kaufmannsniederlassungen. *Ich habe auch der englischen Kaufleute Haus, den Hof van Liere gesehen. Drinnen wohnte gerade ein Italiener, bei welchem der Herzog von Mantua eingekehrt war. Desgleichen hatten auch noch andere Nationen etliche große Häuser in dieser Stadt, wo die Kaufleute einzukehren pflegten.* (Q 66)

Weitaus weniger luxuriös ausgestattet, aber äußerst zweckmäßig waren auch die Herbergen der Frachtfuhrleute, die nach Antwerpen kamen und von hier den Absatz der Handelswaren in das binnenländische Europa übernahmen. Auch sie waren nach ihren Herkunftsorten in ›Nationen‹ organisiert. Mit die größte und bedeutendste Einrichtung war das 1562 bis 1564 errichtete sogenannte *Hessenhuis,* in dem Pferde, Wagen und Fuhrleute aus Hessen Unterkunft fanden.

Besondere Unterkunftsmöglichkeiten boten sich den mit entsprechenden Geleitbriefen und Empfehlungsschreiben ausgestatteten Gesandten und Diplomaten. Sie genossen sozusagen das Gastrecht, das ihren Souveränen zustand, und konnten dies unterwegs jederzeit bei Beamten und Adligen im eigenen Land wie im Ausland einfordern. Der österreichische Gesandte Sigmund von Herberstein berichtet denn auch wie selbstverständlich, daß er in Petersdorf auf Fehmarn bei dem dortigen Pfarrer einkehrte und zu Mittag aß, nachdem er wegen des widrigen Windes hier hatte landen müssen. Einen bleibenden Eindruck vermittelt der Bericht eines anonym gebliebenen französischen Begleiters des ostfriesischen Gesandten Dodo von Inn- und Knyphausen an den Hof des Großen Kurfürsten in Berlin im Jahre 1683. *Gegen zehn Uhr morgens erreichten wir also Angermünde, wo wir nicht lange zu su-*

chen brauchten, um die Dame zu finden, die wir besuchen wollten. Wir blieben nicht lange, denn um fünf Uhr nachmittags brachen wir wieder auf, um weiter nach Berlin zu reisen. Dort hatten wir besonders Herrn von Meinders gegenüber Verpflichtungen und akzeptierten seine Gastfreundschaft. Unter anderem befanden sich dort Monsieur Fuchs, Monsieur van Diest, Monsieur Baron von Blumenthal, Madame von Grumbkow und ihre Schwestern, die Neffen von Herrn von Meinders und einige Landräte. Am Abend fand sich die Gesellschaft zum Essen bei Monsieur Fuchs, dem brandenburgischen Minister, wieder ein. Während unseres Aufenthaltes in Berlin wohnten wir bei Monsieur Graupius, dem Küchenchef des Kurfürsten, wo auch Herr van Diest und der lüneburgische Gesandte Monsieur Oberg Quartier bezogen hatten. Nachdem unsere Angelegenheiten erledigt waren, mußten wir uns nur noch vom Kurprinzen verabschieden. Am 22. April machte mein Herr (der Gesandtschaftsleiter) *dem Prinzen seine Aufwartung und speiste mit ihm. Gegen Ende April verließen wir diese Stadt zu dem großen Bedauern unserer Freunde.* Nicht nur am Zielort Berlin genoß die ostfriesische Gesandtschaft freie und standesgemäße Beköstigung und Unterbringung. Auch unterwegs fand sie Aufnahme bei Berufs- und Standesgenossen, so etwa während ihrer Hinfahrt auf einem Schloß in der Nähe von Greven in Westfalen, wo der Gastgeber den hohen Besuch als willkommene Abwechslung des ruhigen Landlebens begrüßte und zu einem leberschädigenden Zeitvertreib verführte. *Bewohnt wird dieses Schloß von Herrn Korff-Schmising, dem Oberschatzmeister der bischöflichen Kirche von Münster und fürstlichen Rat seiner Hoheit des Fürsten. Wir kamen gerade recht in dem Moment an, als er selbst mit einer Vielzahl seiner Freunde eintraf, unter anderem seinem Bruder und mehreren Herren zu Pferde. Obwohl wir in keiner Weise beabsichtigt hatten, über diesen Abend hinaus zu bleiben, mußten wir doch dem drängenden Bitten unseres freundlichen Gastgebers nachgeben, und um uns dazu zu bringen, machte er sich sogar die Mühe anzuordnen, daß Pferde für uns am Reiseweg bereitständen. Hier nun begannen wir, den Kreis derer zu betreten, die Bacchus huldigen. Um die Wahrheit zu sagen: es ist Sitte in diesem Land wie sonst überall in Deutschland, und niemand gilt als ganzer Kerl, der sich da nicht hervortut. Aber es ist sehr schwierig, sich zu widersetzen, wenn die Gelegenheit zum Trinken besteht, und immer gefällt diese Art des Zeitvertreibs auch nicht.* (Q 64)

Bereits seit dem hohen Mittelalter hatte sich über ganz Europa ein Netzwerk von Klöstern der verschiedenen Mönchs- und Nonnenorden ausgebreitet. Gewiß gab es kleinere Orden, die nur in einem bestimmten Land oder einer Region ihren Schwerpunkt hatten, etwa die Theatiner, Ursulinen oder die Salesianer. Aber besonders die großen Orden der Benediktiner, Zisterzienser, Franziskaner, Dominikaner und Augustiner waren zumindest vor der Reformation in allen Ländern zu finden und in der Frühen Neuzeit zumindest noch im katholischen Europa vertreten. Es war eine Selbstverständlichkeit, daß Mönche und Nonnen in den Klöstern ihres jeweiligen Ordens Aufnahme fanden, wenn sie Dienstreisen oder Pilgerfahrten unternahmen. Das bekannteste Beispiel dieser Art der Unterbringung von Klerikern liefert wohl der Erfurter Augustinermönch Martin Luther, der während seines folgenreichen Romaufenthaltes in den Jahren 1510–1511 wahrscheinlich im Kloster von San Agostino, dem Sitz seines Ordensgenerals, Unterkunft genommen hatte.

Die relativ spät erst im 17. Jahrhundert entstehende Berufsgruppe des ›stehenden‹ Soldaten, die als gesonderter Untertanenverband direkt dem Landesherrn unterstand, erforderte besondere Formen der Unterbringung. Zwar gab es vereinzelt durchaus Kasernen, jedoch lebten die allermeisten Soldaten mit ihren Familien in Bürgerhäusern oder auf Bauernhöfen. Im Manöver, bei Truppenverlegungen und besonders im Kriegsfall griffen Generalität und Kriegskanzlei auf provisorische Unterkünfte wie Zeltlager und ähnliches zurück. Wegen der mangelnden Ablenkung und Zerstreuung, vor allem aber wegen der Unbequemlichkeit und dem dürftigen Schutz vor Witterungseinflüssen waren jene bei den Soldaten nicht besonders beliebt; die Zeltlagerromantik war eben noch nicht erfunden. Der Magister, Abenteurer und zeitweise Soldat Friedrich Christian Laukhard lernte ein solches Lager an der Mosel in der Nähe von Trier im Jahre 1792 kennen. *Eine Stunde von Trier wurde unser Lager aufgeschlagen, nahe an der Mosel, da, wo die Saar in diesen Fluß mündet. In ganz Deutschland gibt es wohl keine schönere Gegend als da, wo hier unser Lager stand, aber leider machte die entsetzliche Hitze, daß wir den Anblick der schönen Natur beinahe gar nicht genießen konnten. Ich erinnere mich nicht, von der Sonne jemals mehr gebrannt worden zu sein als damals, und wenn wir noch gutes Wasser gehabt hätten, so hätten wir die Leiden der Hitze mindern können, aber da wurde alles Wasser zum Kochen und Trinken aus der Mosel geholt, und dieses war bis zum Ekel schlammig und unrein. Das Wasser dieses Flusses ist an sich schon ein schlechtes, garstiges und wurde durch das stete Pferdeschwemmen, das Baden und Waschen darin noch mehr verdorben. Man denke sich ein Wasser, worauf der Pferdemist überall herumschwimmt, worin die Soldaten haufenweise sich baden und wo deren Weiber und Menscher* (Freundinnen) *die schmutzigen Hemden auswaschen. Solches Wasser kann niemand ohne großen Ekel trinken, und eben in dieser Sauferei, vermehrt durch jene entsetzliche Hitze, liegt wohl die erste Ursache von der fürchterlichen Ruhr, welche so viele Menschen in der Armee hinweggerafft hat.* (Q 43) Über diese Mängel kann das akkurate Erscheinungsbild eines solchen Lagers, wie es der sächsische Militärschriftsteller Flemming vermittelt, nicht hinwegtäuschen.

Zeltlager und andere provisorische Unterkünfte konnten im Winter allerdings nicht genutzt werden, wollten die Vorgesetzten nicht hohe Ausfälle durch Erkältungs- und Durchfall-

erkrankungen riskieren. Deshalb griffen die Verantwortlichen während der Märsche in dieser Jahreszeit auf sogenannte *Refraichir- und Winterquartiere* zurück. Dabei brachte man *entweder die ganze Armee oder nur einige Regimenter in gewisse Quartiere zu ihrer Erquickung und besserer Verpflegung unter Obdach, damit die Soldaten auch nach Gelegenheit dabei die Kost haben, nicht aber mehr im Felde kampieren sollen, zumal, wenn an Lebensmitteln und an der Fütterung großer Mangel ist oder sonst die unangenehme Saison und nasse kalte Herbstzeit hereinbricht. Dergleichen Refraichirquartiere dauern nicht den ganzen Winter durch, sondern nur etwa acht oder vierzehn Tage oder auch nach Gelegenheit drei Wochen, nach deren Verlauf die Einquartierten auf der festgelegten Marschroute ihren Weg weiter fortsetzen und in ihre ordnungsgemäßen Winterquartiere einrücken.* (Q 19) Für die Kosten sowohl für die kurzfristigeren Refraichirquartiere als auch für die mehrmonatigen Winterquartiere mußte die Bevölkerung aufkommen, wurden die Soldaten in den Kammern und Stuben der Bürger untergebracht. Nur im günstigen Falle erhielt die betroffene Bevölkerung eine Entschädigung. Den Soldaten stand in dieser Zeit neben einer regelmäßigen Beköstigung auch der Aufenthalt in der geheizten Stube des Wirtes zu, überdies ein Bett, meist aus Stroh, das sich allerdings zwei oder drei Männer teilen mußten.

All diese hier genannten berufs- und geburtsständischen Unterkunftsmöglichkeiten führten in gewisser Weise zu einer Separierung der Reisenden. Damit blieb also auch ›unterwegs‹ die für die Frühe Neuzeit typische Ständeeinteilung zumindest ansatzweise aufrechterhalten. Mit der Zunahme des Reise- und Güterverkehrs geriet dieses alteuropäische System im Laufe der Frühen Neuzeit in Konkurrenz mit dem modernen ›Prinzip des Geldbeutels‹, bei dem die soziale bzw. ständische Qualität des Gastes keine entscheidende Rolle mehr spielte. Zunächst in den größeren Städten und entlang der Hauptstraßen setzte sich ein immer dichter werdendes Netz von Schenken und Gasthäusern gegenüber den traditionellen Beherbergungen durch, die von jedermann frequentiert werden konnten, sofern der Gast über das nötige Kleingeld in seiner Reisekasse verfügte. Neben den alten Gasthöfen in den Städten, den ersten Häusern am Platze sozusagen, entwickelten sich viele Schenken und Beherbergungsbetriebe aus den ehemals auf dem Prinzip der Gastfreundschaft beruhenden Privatunterkünften. Hier liegen zweifellos auch die Wurzeln des heute noch in Europa üblichen Einmietens bei Privatleuten, die zu diesem Zweck ein oder mehrere Zimmer in ihrem Haus zumindest vorübergehend bereithalten und das Frühstück in der eigenen Küche anbieten. Die Grenzen zwischen Gastfreiheit und Pensionsbetrieb waren fließend, hatte sich doch im Laufe der Zeit immer mehr eingebürgert, für bestimmte Leistungen von den Reisenden Geld zu verlangen, das diese ehemals als Unkostenbeitrag in unbestimmter Höhe ohnehin bereit und von der Höflichkeit angehalten waren zu zahlen. Doch war das Verhältnis zwischen Gast und Wirt durchaus noch nicht in erster Linie vom Geld dominiert. Im Vordergrund stand noch die bereitwillige Aufnahme des Fremden in den Haushalt des Gastgebers. Zudem gab es selbstverständlich keine festgelegten Preise, ja, wenn sich Gast und Gastgeber im Laufe des Aufenthaltes gut verstanden, sich am Ende gar biographische Berührungspunkte ergaben, wurde oft auf ein Entgelt verzichtet.

Gerade an häufig frequentierten Orten, an denen regelmäßig Unterkunftsleistungen nachgefragt wurden, wurde die zunehmende Professionalisierung und Kommerzialisierung des Beherbergungswesens und die Herausbildung neuer Erwerbsmöglichkeiten begünstigt. So war es bereits während des 16. Jahrhunderts durchaus üblich, daß die Pfarrhäuser, seit alters Orte der Gastfreiheit, teilweise kommerziellen Schank- und Beherbergungsbetrieben glichen, wie es für Bayern beschrieben wird. *Etliche Pfarrer pflegen in ihren Pfarrhöfen auszuschenken und Mahlzeiten anzubieten sowie den Wein auch außer Haus zu verkaufen. Einige haben sogar Gasterei und Beherbung gehalten.* (Q 41) Als sich im 18. Jahrhundert der Paßverkehr über den Simplon und Furka belebte, entwickelte sich etwa im Wallis neben den alten privilegierten Gasthöfen ein blühendes neues Pensionswesen. So erwähnen einschlägige Reisehandbücher und Reisebeschreibungen außer den gängigen Namen der städtischen Gasthöfe – etwa Zum Weissen Kreuz in Leukerbad, Zum Löwen in Sion oder Der Adler in Martigny – immer öfter die Namen privater Vermieter in den Dörfern entlang der Hauptstraßen – etwa bei *einem Alt-Meier in Oberwald, Chez le Capitaine Teyler in Simplon-Dorf* oder *Chez un boucher Allemand in Sierre.* (Q 15, Q 95)

Dem gesteigerten Bemühen der territorialstaatlichen Regierungen um Kontrolle des Personen- und Güterverkehrs einerseits als auch um möglichst hohe fiskalische Abschöpfung der wirtschaftlichen Aktivitäten in ihrem Machtbereich andererseits mußten diese Winkelschenken und ›schwarzen‹

Wirtshäuser ein Dorn im Auge sein. Wohl verdienten sie gelegentlich ihren zweifelhaften Ruf zu Recht, doch noch öfter wurden sie von den obrigkeitlichen Stellen aus fiskalischen Interessen heraus gezielt verleumdet. Einen ersten Schritt in diese Richtung unternahm die bayerische Regierung mit ihrer Landesordung bereits 1553: *Es soll alles Wein- und Bierschenken auf dem Lande außer den Straußwirtschaften mit besonderem Nachdruck gänzlich abgeschafft werden und durch den Amtmann weder zugelassen, gestattet noch geduldet werden. Handelt ein Amtmann gegen diese Verordnung, oder richtet doch jemand eine Schenke ein, droht unnachgiebige Bestrafung. Es soll auch ab sofort kein heimlicher Gastgeber mehr auf dem Land erlaubt sein, da diese bisher den Städten und Marktflecken, aber auch den ordnungsgemäßen Straußwirtschaften, die die Fuhrleute beherbergen, viel Nachteil und Schaden zugefügt haben.* (Q 41) In der württembergischen Landesordnung von 1621 wurde insbesondere den lokalen Beamten und staatlichen Amtsträgern, wie den Amtleuten, den Forstmeistern, den Schultheißen und Forstknechten verboten, eine Schenke im Nebenerwerb zu betreiben. Um die privilegierten und ordnungsgemäß besteuerten Gasthäuser vor der vermeintlich unlauteren Konkurrenz der ›Pfuscher‹ zu schützen, ordnete der Herzog von Holstein 1623 an: *Nachdem über die gewöhnlichen, alten, öffentlichen Krüge und Bierschenken hinaus immer wieder neu Winkelkrüge angelegt worden sind, werden diese verboten. Denn diese Winkelkrüge haben fremdes Bier gekauft sowie ein geringes unechtes Kannenmaß benutzt und es sehr teuer ausgeschenkt. Außerdem haben die Winkelwirte durch williges und langes Anschreiben ihrer Kunden, wobei sie aber die Kreide nicht gespart haben, zum Gesöffe Anlaß und Gelegenheit gegeben.* (Q 41) Ähnliche Verbote sind aus praktisch allen Ländern bekannt. So wurden in der Polizeiordnung des Herzogtums Jülich-Berg von 1558 *alle Heckwirtshäuser und -herbergen, die an den Straßen oder die an und in den Büschen sitzen, verboten.* (Q 41)

Stand bei diesen Ordnungen offensichtlich das Interesse an der Abführung der entsprechenden Steuern und der Schutz der städtischen Gasthäuser im Vordergrund, so konnte auch das ordnungspolitische Streben nach der Kontrolle der fremden Reisenden und vor allem nach der Ausgrenzung der mißliebigen vagierenden Unterschichten und Zigeuner zu ähnlichen Maßnahmen führen. Ähnlich wie der Fährmann sollte auch der Wirt für die Obrigkeit bestimmte polizeiliche Aufgaben übernehmen: *Die Wirte sollen keine Bosheit, unehrliche Gesellschaften, Gezank, Gotteslästerung dulden und, falls sich verdächtige Personen bei ihnen aufhalten oder ihre Gäste heimliche Praktiken oder Anschläge machen würden, diese unverzüglich melden.* (Q 41) Üblich wurden auch die heute noch gebräuchlichen Meldezettel, die die Wirte jeden Abend der Polizeistreife oder auf der Kommandantur vorzulegen hatten. Der obrigkeitliche Drang nach Sicherheit und Ordnung war so ausgeprägt, daß selbst die traditionelle und sonst hochgeschätzte Gastfreundschaft zum Gegenstand staatlicher Normierungsbemühungen wurde: *Alle Hausleute dürfen zukünftig bei Androhung hoher Geldstrafe keine gesunden Bettler, Landsknechte, Müßiggänger, verdächtige und unbekannte Kesselflicker, Glas- und Potträger, Krämer und Schornsteinfeger, Gaukler, Lotterbuben, Possenreißer und andere dergleichen Abenteurer, es sei unter welchem Schein es wolle, Essen oder Trinken geben noch in ihren Häusern aufhalten lassen oder beherbergen.* (Q 41) Es war nicht zuletzt eine Folge dieser Verordnungen, daß sich das Kulturgut der Gastfreundschaft sukzessive verengte und sich immer weniger auf Fremde erstreckte und bald nur noch Bekannte und Verwandte umfaßte. Auch die Gastwirtsordnung der Stadt Schwerin aus dem Jahre 1757 zielte in diese Richtung: Es wurde verordnet, daß *man nur noch gute Freunde und Anverwandte bei sich logieren und an seinen Tisch nehmen dürfe. Insofern es aber Fremde betreffe und für Geld geschehe, dürfen nur ordentliche Gastwirte Reisende beherbergen.* Indem aber zugleich unter bestimmten Bedingungen, nämlich *Fremde für Geld, auf keine kürzere Zeit als einen Monat und auch was das Speisen betrifft, nie mehr als zwei Personen* aufzunehmen erlaubt waren, leistete diese Ordnung einer weiteren Kommerzialisierung der privaten Unterkunftsmöglichkeiten Vorschub und leitete damit eine Entwicklung in Richtung des heute zumindest in Europa noch üblichen Pensionswesens ein. (Q 41) Diese zunächst merkwürdig anmutenden Bestimmungen sind vor dem Hintergrund der rechtswirksamen Institution des sogenannten ganzen Hauses zu sehen. Nach einer bestimmten Zeit, meist drei Tage, zählte nämlich der Fremde gewissermaßen zum Haushalt des Gastgebers, und dieser war für dessen Rechtschaffenheit und Verhalten haftbar.

Als im Zuge des Wiederaufbaus nach dem Dreißigjährigen Krieg die verfassungs- und staatsrechtlich gefestigten Fürstenstaaten im Reich zögernd darangingen, ihre Herrschaftsbereiche infrastrukturell zu erschließen, wurde das Beherbergungsgewerbe durch einen neuen Typus ergänzt. Besonders entlang der neu eingerichteten Postrouten erbaute man jetzt zweckmäßige, große und bequeme Posthaltereien, Relaisstationen und Gasthäuser, die in staatlicher Regie oder von Pächtern betrieben wurden. Wie in vielen anderen Territorien auch, wurde Ende des 17. Jahrhunderts in Brandenburg ein *Edikt von mehreren anzulegenden Wirtshäusern und Krügen* erlassen. Es sah vor, daß auf *den fünf Hauptstraßen, welche von Berlin nach* (Ost-)*Preußen, Kleve, Leipzig, Hamburg und Breslau führen, zu der Reisenden und Fremden besseren Bequemlichkeit alle zwei bis drei Meilen* (also einer Tagesetappe von 15–20 Kilometern) *Wirtshäuser und Krüge eingerichtet werden, da bislang der Reisende auf dem Lande und in vielen Städten Kurbrandenburgs gar schlechte Anstalt und Kommodität findet, so daß fast an den meisten Orten niemand weder bequem logieren noch in ausreichendem Maße Essen und Futter bekommen kann.* (Q 59) Im Laufe des 18. Jahrhunderts wurden die Verordnungen umfangreicher und die Beschaffenheit, Möblierung und Größe der Zimmer, das Angebot von Speisen und Getränken, die Sauberkeit von Haus und Küche, das Vorhandensein bestimmter Ausstattungen und spezifischer Dienstleistungen, selbst der Umgangston und das Verhalten des Personals und nicht zuletzt selbstverständlich auch die Preise detailliert geregelt. In unzähligen Vorschriften aus aller Herren Länder begegnet man immer wieder mehr oder weniger gleichlautenden Auflagen: *Die Wirtshäuser sollen mindestens zwei saubere und geräumige Stuben für die Gäste haben, eine für vornehme und eine für gemeine Leute. Insbesondere die Stube für die vornehmen Gäste muß mit einem guten jederzeit gutausgeschmierten tüchtigen Ofen oder Kamin, der nicht rauchen darf, sowie mit einem Tisch und einer Decke darauf, Stühle und Schemel, zwei bis drei kleinen Reisebettstellen, auf jeder eine Matratze mit einem Laken, neben Zudecke und großen Kissen versehen sein. Außerhalb des Hauses muß ein tüchtiger Stall für wenigstens 12 bis 18 Pferde angelegt sein, der einzig den Tieren der Reisenden vorbehalten sein soll. Der Wirt hat auch darauf zu achten, daß er jederzeit einen Vorrat an Futter und Stroh, auch für das Lager der gemeinen Leute auf Vorrat habe. Was die Speisung betrifft, so soll der Wirt je nach Beschaffenheit des Ortes und der Jahreszeit das Essen zubereiten. Wo sich Wasser befindet, soll er gute Gerichte mit frischen Fischen und Krebsen anbieten, sowie auch geräuchertes Fleisch, gute frische Butter, Käse, Heringe, Hühner, Tauben, frische Eier und dergleichen. Vor allen Dingen aber muß das Essen sauber und reinlich gekocht und zubereitet, die Schüsseln, Teller, Gläser, Krüge und sonderlich das weiße Tischzeug reingehalten und gewaschen werden. Sollte die Wirtin nicht selber kochen können, ist eine tüchtige Magd, die damit umzugehen weiß, einzustellen. Die Getränke sind frisch, sauber und rein zu halten, damit den Gästen stets ein guter Trunk könne vorgesetzt werden, weshalb an jedem Orte ein tüchtiger Keller mit Wein und Bier, entweder gewölbt oder ausgebohlt vorhanden sein muß.*

Überdies haben die Wirtsleute alle Gäste mit Freundlichkeit und Respekt zu behandeln. (Q 59) Insbesondere in den größeren Städten, hier etwa in Schwerin, in deren Gaststätten häufiger gehobenes Publikum aus dem Adel oder Kaufmannsbürgertum verkehrte, waren *Wirte schuldig, zu Zeitvertreib und unentgeltlichem Gebrauch der Fremden die hiesigen Intelligenzblätter, allerhand Zeitungen und Nachrichten in das Speisezimmer legen zu lassen, Fremden vom Stande werden die Zeitungen auf das Zimmer geschickt mit der Bitte, sie sobald als möglich zurückgeben zu lassen. Um jene vornehmen Gäste vor unangenehmer Belästigung zu schützen, dürfen die Wirte vor und in ihrem Hause keine Bettler dulden, sondern müssen diese vielmehr durch die Bettelvögte wegpeitschen lassen.* In Schwerin wurde auch jeder Gastwirt angewiesen, sämtliche Gastzimmer zu numerieren und mit Ölfarbe auf die Tür des Zimmers malen zu lassen, *die Miete dieses Zimmers auf 24 Stunden mit Rücksicht auf die auf dem Zimmer befindlichen Möbel sowie die Preise und Zimmeranzahl auf einer Pappe zu notieren und diese deutlich sichtbar am Hauseingang zu befestigen.* (Q 41)

Entsprachen die Wirte und ihre Gasthöfe all diesen Vorschriften und Auflagen, kamen sie in den Genuß bestimmter Privilegien, etwa der Befreiung von der lästigen Einquartierung der Militärs. Zudem wurde ihnen der Betrieb grundsätzlich gestattet. Darüber hinaus förderte die Obrigkeit aber auch deren wirtschaftlichen Erfolg, indem man ihnen gezielt Kunden zuführte. So verfügte die preußische Regierung in ihrem Edikt aus dem Jahre 1724, daß die Torwachen und sonstigen Bürger *alle Reisenden und Passagiere, egal wes Standes, nach den Wirtshäusern zu verweisen haben.* Bereits sieben Jahre zuvor hatte man in den preußischen Städten eine Art Zimmernachweis eingeführt: *Es soll der Magistrat auf Kosten der Stadt die Namen der Gastwirte in ihrem Ort auf einigen weißen Tafeln mit schwarzen Buchstaben schreiben und am Fenster des Posthauses und an jedem Stadttor solche Tafeln*

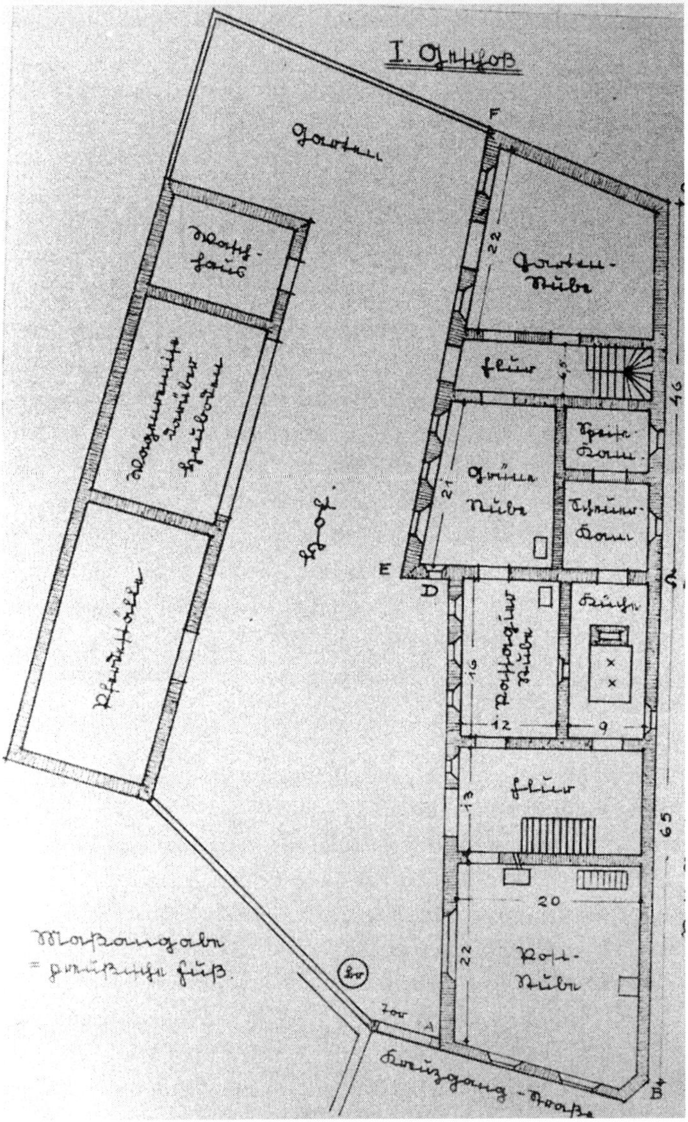
F
22
46
E
21
D
16
12
9
13
65
20
22
A
B

täglich aushängen lassen und alle Postbeamte und Torschreiber anweisen, jedem Reisenden Auskunft zu geben, wo sie logieren oder unterkommen können. Damit die Fremden solche Häuser desto besser finden können, sollen an den Wirtshäusern besondere Schilder geführt werden, wodurch man sie von anderen Häusern unterscheiden könne. (Q 59)

Diesen Anforderungen entsprachen in der Regel nur die neuerbauten oder zumindest aufwendig umgebauten Herbergen. Ein repräsentatives Beipiel ist das 1690 modernisierte Posthalterhaus in Magdeburg. Die kurbrandenburgische Post hatte bereits 1669 ein älteres Gebäude in der dortigen verkehrsgünstig gelegenen Kreuzgangstraße erworben, das ein ansässiger Adliger hier 1653 erbaut hatte. Dieses Gebäude hatte zunächst lediglich drei Stuben und einen Stall für sechs Pferde. Durch den Umbau konnte man die Anzahl der Stuben beträchtlich erhöhen, bemerkenswert ist die Trennung in eine *Poststube* und eine *Passagierstube*. Ebenso wurde die Kapazität der Stallungen erhöht und eine Wagenremise mit dazugehörigem Heuboden errichtet. Ein Grundriß aus dem im Jahre 1809 angefertigten Tableau von den königlichen Gebäuden in Magdeburg dokumentiert diese Umbauten. (Siehe Abb. S. 167)

Obwohl sich mit solchen Beispielen die Umsetzung der theoretischen, normativen Vorschriften nachweisen lassen und immerhin die Zahl der deutschen Wirtshäuser von wenigen tausend bis um 1800 auf rund 80 000 gesteigert werden konnte, kann nicht von einem grundsätzlichen Wandel zum Besseren ausgegangen werden. Gerade die Masse dieser Verordnungen, die in treuer Regelmäßigkeit alle paar Jahre wiederholt werden mußten, belegt, daß hier eben während der gesamten Frühen Neuzeit ein entsprechender Handlungs- bzw. Regelungsbedarf bestehenblieb. Entsprechend unisono fallen dann auch die Klagen in den allermeisten Reiseberichten aus. Wenig überraschend wirkt die Klage Platters aus der Zeit um 1600, der von einer Herberge im Rhonetal berichtet,

daß es eine sehr elende Nachtherberge war, die keine Kammern hatte. Die Frauen mußten sich im Heu zur Ruhe legen, die Männer im Haus auf Bänken die Nacht verbringen. Wir sind also morgens schnell abgereist und erreichten abends das nächste Wirtshaus. Dort haben wir zu Abend gegessen und mußten hier aber auf Stroh schlafen, welches man uns als frisch gestreut anpries. Es wimmelte jedoch voller Tiere, die wir bei Tageslicht sahen und uns zum schnellen Aufbruch veranlaßten. (Q 66)

Daß solche Zustände durchaus auch noch rund 200 Jahre später möglich waren, zeigt einerseits die Abbildung einer Kammer im Gasthof von Ponte de Lima in Portugal: Der auf zusammengerückten Stühlen wenig bequem gebettete Gast wird offensichtlich durch das Treiben größerer Nagetiere, eben einer Schar von Hausratten, vom Schlaf abgehalten. Andererseits beklagte sich Herzog Karl Eugen von Württemberg 1786 über ein Wirtshaus im badischen Rastatt, daß man vor der Nachtruhe erst die Ratten aus dem Zimmer vertreiben mußte.

Eine wenig angenehme Nacht verbrachte offensichtlich auch der Engländer Thomas Lediard auf seiner Reise durch Deutschland in der ersten Hälfte des 18. Jahrhunderts in einem westfälischen Landgasthaus: *So mußten wir uns niederlegen, auf der einen Seite wiederkaueten die Kühe und auf der anderen grunzten die Schweine. Eine Bucht voll schreiender Kinder, mit drei oder vier Weibsleuten lag zur rechten und ihre Männer im Kornbranntwein glücklich betrunken, einer schnarchend, der andere lärmend, der dritte kotzend zur linken. Ein Gestank, der von den Ausdünstungen so vielerlei Tiere und aus anderen Nebenursachen entstand, machte, daß wir nicht wußten, ob wir einen Blumenstrauß oder einen Nachtstuhl rochen.* (Q 44)

Weitaus weniger unter Geruchsbelästigung litt Jung-Stilling, der ebenfalls auf Stroh übernachtete und eine Nachtgesellschaft beobachtete: *Stilling ging in die Stube, welche mit Stroh ausgestreut war. Dort in der Ecke lag ein vortrefflicher, ansehnlicher Mann. Eine Strecke von demselben ein Soldat. Wieder einen Schritt weiter ein junger Mensch, der einem versoffenen Kauz von Studenten so ähnlich sah wie ein Ei dem andern. Der erste hatte eine baumwollene Mütze über die Ohren gezogen und einen Mantelrock auf der Schulter hängen, sein russischer Frack war um die Füße gewickelt. Der andere hatte sein Schnupftuch um den Kopf gebunden und den Soldatenrock über sich her und schnarchte. Der dritte lag da mit bloßem Haupt im Stroh, und ein englischer Frack lag quer über ihn her; er richtete sich auf, sah in die Welt, wie einer, der den vorigen Abend zuviel ins Branntweinglas geguckt hatte. Hinten im Eck lag etwas, man wußte nicht was es war, bis es sich regte und zwischen Tüchern und Kissen hervorguckte; nun entdeckte Stilling, daß es eine Gattung von Weibsmenschen war.* (Q 32)

Wenn auch das Strohlager für Leute mit schmaler Reisekasse die übliche Unterbringung war, so bedeutete dies nicht, daß die Übernachtung in einem Bett unbedingt bequemer sein mußte. *Des Abends, als man schlafen gehen wollte, fanden sich nur drei Betten für fünf Personen. Sie losten, welche zwei und zwei beisammen schlafen sollten, und da fielen die zwei*

Burschen zusammen, der Leutnant auf eins allein, und der fremde Herr mit Stilling bekamen das beste. (Q 32)

Es verwundert kaum, daß bei solchen Unterbringungen und hygienischen Zuständen auch die Verpflegung Ziel scharfer Kritik wurde. Besonders drastisch beschreibt der Schweizer Reisende Jakob Samuel Wyttenbach die gastronomischen Zumutungen im Oberwallis im Jahre 1771. *Man trug verschiedene Gerichte auf, die alle einen so unerträglichen und widrigen Geruch hatten, daß es unmöglich gewesen wäre, das geringste davon zu genießen. Endlich kam der Braten: Ich verschnitt ihn in der süßen Hoffnung, meinem hungrigen Magen etwas verschaffen zu können; aber – was war es? – ein stinkendes Murmeltier mit weißen Maden und Knoblauch durch und durch gespickt. Gleichwohl meinte der Wirt, er habe diesen kostbaren Bissen schon seit drei Wochen aufgespart, um ihn bei guter Gelegenheit recht an den Mann bringen zu können. Der Salat war gewiß mit ranzigem Leinöl angemacht, einmal abscheulich, und nach Kloaken riechend. Fragen sie ja nicht mehr, wo Hannibal seinen Essig, die Felsen der Alpen zu sprengen, hergenommen, sondern sagen sie nur allen Kommentatoren, die sich mit dieser Untersuchung den Kopf zerbrechen, er habe dazu Wein von Obergesteln herbeischaffen lassen. Wir fragten zu allem Glücke nach Eiern, die man uns nach einer Stunde, aber hart wie einen Stein gesotten, auftrug, und diese krönten unsere Mahlzeit.* (Q 75)

Ähnlich blumig läßt sich Seume über einen böhmischen Gasthof aus: *Der Wirt Zur Goldenen Rose in Budin hatte ein gutes Haus von außen und ein schlechtes von innen. Eine Suppe von Kaldaunen, altes dürres Rindfleisch und ein sehr zäher, lederner Braten von einer Gans, die noch eine Retterin des Kapitols gewesen sein mochte; noch schlechter waren die Betten, aber am schlechtesten war der Preis.* Kam zu diesen Tafelfreuden auch noch unverschämtes und ungehobeltes Personal, war das Unglück des Reisenden vollends gesichert.

Seume machte hier in der Krain auf seinem Weg nach Sizilien einschlägige Erfahrungen. *Der Wirt, zu dem man mich hier wies, war ein Muster von Grobheit und hat die Ehre, der einzige seiner Art auf meiner Reise zu sein, denn alle übrigen waren leidlich artig. Ich trat ein und legte meinen Tornister ab. »Was will der Herr?« fragte mich ein ziemlich dicker, handfester Kerl, der bei dem Präsidenten der italienischen Kanzlei in Wien Kammerdiener gewesen zu sein schien, so ganz sprach er seine Sprache und seinen Dialekt. »Was will der Herr?« Ich trat ihm etwas näher und sagte: Essen, Trinken und Schlafen. »Das erste kann er, daß zweite nicht.« Warum nicht? Ist hier nicht ein Wirtshaus? »Nicht für Ihn.« Für wen denn sonst? »Für andere ehrliche Leute.« Ich bin hoffentlich doch auch ein ehrlicher Mann. »Geht mich nichts an.« Aber es ist Abend, ich kann nicht weiter und werde also wohl hier bleiben müssen, sagte ich etwas bestimmt. Hier geriet der dicke Mann in Zorn, bald seine beiden Fäuste mit einer solchen Heftigkeit ballend, als ob er mit jeder auf einmal ein halbes Dutzend solcher Knotenstöcke zerbrechen wollte, wie ich trug. »Mach der Herr nur kein Federlesens, und pack er sich; oder ich rufe meine Knechte; da soll die Geschichte bald zu Ende sein.« Er deutete grimmig auf die Tür.* (Q 77) Diese unerfreuliche Begegnung wäre anders ausgegangen, hätten Seume und der unwillige Gastwirt von den Erfahrungen des Freiherrn von Knigge gewußt und dessen Ratschläge beherzigt. *Das sicherste Mittel für einen Gastwirt, viel Zuspruch zu bekommen und also Geld zu gewinnen, ist: höflich, billig, nebst seinen Leuten schnell zur Aufwartung und nicht neugierig zu sein. Da dies aber nicht immer der Fall ist, so fährt der Fremde, der nicht Lust hat, doppelt zu bezahlen, am besten, wenn er sich mit Geduld waffnet und so wenig als möglich zankt.* (Q 39) Diese resignative Einsicht Knigges resultierte aus einschlägigen negativen Erfahrungen auf seinen zahlreichen Touren durch Mitteleuropa in den 1770er und 1780er Jahren, auf denen er immer wieder mit einem unverschämten

Preis-Leistungs-Verhältnis konfrontiert worden war. *In den mehrsten schlechten Wirtshäusern rauchen die Öfen und werden nicht geschmiert, damit der Gast bestellt, daß man das Holz wieder herausziehen solle und dennoch bezahlen muß; die Betten sind zu kurz, die Kissen mit blauen Überzügen versehen, damit man den Schmutz nicht wahrnimmt. Gegen die erste Ungemächlichkeit ist kein Mittel zu finden, als gar nicht einheizen zu lassen. Die anderen kann man beheben, wenn man auf der Erde auf Stroh seine eigenen mitgenommenen Betten und Bettücher legen läßt.* (Q 39)

Angesichts dieses allzu finsteren Bildes der frühneuzeitlichen Gastronomie gilt es allerdings festzuhalten, daß die wenig einladenden und wenig appetitlichen Beschreibungen über Getier und mangelnde Hygiene in den Gasthäusern letztlich auch als Topoi aus der Feder einer bestimmten bildungsbürgerlichen Klientel bewertet werden müssen. So galt das von Wyttenbach als Zumutung empfundene gut abgehangene Murmeltier den Kennern durchaus als Delikatesse. Man sollte sich gleichermaßen in Erinnerung rufen, daß vor den hygienischen Errungenschaften des 19. und 20. Jahrhunderts praktisch alle menschlichen Behausungen, von der Bauernkate bis zum Fürstenpalais, vor Ungeziefer wimmelten und dies durchaus kein Spezifikum für die Herbergsbetriebe war. Schließlich findet sich bei aller Kritik immer wieder Lob für die Unterkünfte und Verpflegung, die eben auch die lokalen Gegebenheiten bei ihrem Urteil angemessen berücksichtigen. Noch vor der Verordnungsflut des 17. und 18. Jahrhunderts traf der weitgereiste Platter immer wieder auf Herbergen, die sein Lob fanden. *Sofort nach unserer Ankunft hatte man unsere Maultiere in die Ställe geführt, wo sie hinlänglich gefüttert wurden. Derweil hatte man uns ein stattliches Abendessen zubereitet. Nach dem Essen konnten wir uns um die große Feuerstelle in der Küche lagern. Dort konnten wir unsere Kleider trocknen und uns wärmen. Schließlich durften wir uns in warme Betten legen. Am folgenden Morgen gab uns der Wirt noch vor Tages-*

anbruch eine Suppe zu essen und eine Flasche Wein mit auf die Reise. Ebenfalls Lob fand ein Gasthof in Leipzig um 1750, wo *der Gast an weißgescheuerten Tischen und sauber geschrubbten Bänken Platz nehmen konnte und die sauber gewaschene und gekämmte Bedienung das Willkommen des Wirtes mit einem edelen Trank Merseburger Bieres appetitlich angefüllten Krug, welcher so fein poliert ist, daß sich mancher und zumal das liebe Frauenzimmer darin seinen Kopf zurechtmachen kann, kredenzte.* (Q 39)

Das Willkommen war ein üblicher uralter Begrüßungsritus, bei welchem dem Gast ein Freigetränk gereicht wurde, wie Erhard Schoen in seinem Holzschnitt von 1530 festgehalten hat. Das Getränk wird in einem Pokal in Form einer goldenen Gans gereicht; damit wird möglicherweise auf den Wirtshausnamen Bezug genommen. Das Gasthaus selbst ist durch das an einem kleinen Mast befestigte grüne Laub, Efeu oder Mistelzweige, als solches gekennzeichnet.

Aus dem gleichen Walliser Obergesteln, über dessen Gastronomie Wyttenbach im Jahre 1771 so heftig klagte, berichtet fünf Jahre später der englische Reisende William Coxe: *Der Wirt des kleinen Gasthofes war sehr freundlich und bot uns einen großen Käse, der hierzulande als Brot, Fisch und Fleisch diente. Zudem bot er uns zur Übernachtung, was ich als sehr angenehm empfand, ein ruhiges Zimmer und ein sauberes Bett an.* (Q 7) Daß annehmbare Gastronomie zu vertretbaren Preisen durchaus auch in europäischen Metropolen angetroffen werden konnte, berichtet der aus Höchst am Main stammende Jurastudent Johann Kaspar Riesbeck, als er zu Beginn der 1780er Jahre in Wien einen Gasthof aufsuchte. *Als die Rede vom Essen war, da war weder eine table d'hôte* (Speisekarte) *noch etwas ähnliches im Haus. Der Kellner stellte sich steif vor mich hin und nannte mir zwanzig bis dreißig Gerichte in einem Atem so geschwind daher, daß ich nichts unterscheiden konnte. Ich mußte es platterdings seiner Diskretion überlassen, die Speisen für mich zu wählen. Nun ging's an ein Fragen, für wieviel Kreuzer Suppe, für wieviel Gemüse, für wieviel Braten ich haben wollte, als wenn man im ersten Augenblick mit dem Wert der Dinge in einer Stadt bekannt sein könnte. Ich sagte ihm nur, er solle mich nach seinem Gutbefinden füttern, und ich wollte dann alles richtig bezahlen. Zum guten Gebrauch für die Zukunft erkundigte ich mich nach dem Preis jeder Schüssel, wie sie mir aufgetragen wurde, und ich muß gestehen, daß alles sehr billig war.* (Q 68)

Wie auch immer die individuellen Erfahrungen und Eindrücke von den Gasthöfen und Poststationen gewesen sein mögen, der rege Publikumsverkehr und die bunte Gesellschaft im Wirtshausbetrieb machten sie zu modernen Treffpunkten und Nachrichtenbörsen. Auf seiner Reise nach Syrakus beschrieb Seume die Gesellschaft in einem böhmischen Gasthof in der Nähe von Prag folgendermaßen: *In der Budiner Wirtsstube war ein Quodlibet von Menschen, die einander ihr Schicksal erzählten und hier und da zur Verschönerung wahr-*

scheinlich etwas dazu logen. Einige österreichische Soldaten, Stalleute und ehemalige Stückknechte, die alle in der französischen Gefangenschaft gewesen waren, und einige Sachsen machten eine erbauliche Gruppe und unterhielten die Nachbarn lang und breit von ihren ausgestandenen Leiden. (Q 77)
Einerseits galten dann auch die Wirte der etablierten, größeren Gasthäuser spätestens ab dem 18. Jahrhundert nicht nur als wohlhabende Honoratioren, sondern auch als verhältnismäßig aufgeschlossen, weltgewandt und polyglott. Von der Reichsstadt Wetzlar wissen wir, daß sich hier die Gastwirte überproportional in der Kommunalpolitik engagierten und sich in ihren sogenannten Honoratiorengasthöfen Teile der Einwohnerschaft und zugezogenen Beamten mit den Reisenden ein Stelldichein gaben, die darüber hinaus Kristallisationskerne für eine bildungsbürgerliche Kultur abgaben. Andererseits lockte das ständige Kommen und Gehen von Angehörigen der bessergestellten und wohlhabenden Stände aber natürlich auch stets zwielichtige Gestalten an, von den allgegenwärtigen Taschen- und Glücksspielern, über die Dirnen bis hin zu den galanten Abenteurern. Diese laufenden Berührungen zwischen den Gastwirten mit der Halb- und Unterwelt waren ihrem Ruf dann allerdings wieder abträglich. Nicht wenige Herbergen in Stadt und Land mochten denn auch eher Wilhelm Hauffs ›Wirtshaus im Spessart‹ als dem weiter oben beschriebenen Magdeburger Posthof oder den zuletzt genannten reichsstädtischen Honoratiorengasthöfen geglichen haben.

Personal

Im vorangegangenen Kapitel haben wir einen allmählichen Übergang von am berufs- und geburtsständischen Prinzip ausgerichteten Etappen und Unterbringungsmöglichkeiten hin zum modernen, kommerziellen Bewirtungswesen beschrieben. Parallel dazu kann auch auf der Ebene all jener Menschen, die mehr oder weniger direkt ihren Lebensunterhalt mit der Organisation und Durchführung im Transportbereich sowie mit Dienstleistungen im Verkehrswesen bestritten, ein Wandel beobachtet werden. Zunächst führte die Steigerung des Verkehrs- und Transportaufkommens dazu, daß immer mehr Menschen in den einschlägigen Bereichen beschäftigt wurden. Schließlich bildeten sich spezialisierte Berufe heraus und diverse, neue Erwerbsmöglichkeiten. Insgesamt lassen sich nach funktionalen Gesichtspunkten sechs Gruppen unterscheiden; zum einen die zahllosen Schauerleute und Lagerarbeiter, zum anderen das Bedienungspersonal der vielfältigen Verkehrsmittel, zum dritten die Betreiber der Etappen und Unterkünfte, zum vierten die staatlichen Funktionsträger und das Verwaltungspersonal, zum fünften die diversen Orientierungsgehilfen und schließlich sechstens, eher indirekt, all jene Handwerker und Kaufleute, die mit der Herstellung und dem Vertrieb von Verkehrsmitteln, dem Bau und der Instandhaltung der Verkehrswege und mit der Anfertigung und dem Verkauf von Reiseutensilien beschäftigt waren.

An den Knotenpunkten der europäischen Handels- und Verkehrswege verdienten die wachsenden Scharen ungelernter Tagelöhner ihren Lebensunterhalt mit dem Be-, Um- und Entladen der Lastwagen und der Kähne. Einerseits waren diese Ladeaktionen an Schleusen und Stromschnellen nötig, andererseits beim Wechsel vom Land- zum Wassertransport unumgänglich; schließlich wurden diese Arbeiten in bestimmten Städten aber auch durch deren Niederlag- und Stapelrechte erzwungen. Diese Rechte verpflichteten die Kaufleute, ihre Waren in der betreffenden Stadt abzuladen und für einen festgesetzten Zeitraum zum Verkauf anzubieten. Für die Dreiflüssestadt Hann. Münden beispielsweise hatte dieses Stapelrecht existentielle wirtschaftliche Bedeutung, waren dort doch mehrere hundert Einwohner mehr oder weniger direkt mit Organisation und Durchführung der Umladung von Handelsgütern beschäftigt.

In der Binnenschiffahrt wurden Treidler beschäftigt, die die Schiffe entweder mit Hilfe von schweren Zugtieren oder auch, besonders in Osteuropa, mit ihrer eigenen Muskelkraft stromaufwärts schleppten. Der schon erwähnte Riesbeck beobachtete in den 1780er Jahren an der Donau die kraftaufwendige Arbeit dieser Tiere und Menschen. *Es ist unausstehlich, ein Schiff die Donau heraufziehen zu sehen. Das Seil ist an dem Vorderteil des Schiffes befestigt und wird von 15 bis 18 der stärksten Pferde, die auf dem Rand des Ufers gehen, fortgeschleppt. Es rasiert alles kleine Gesträuch, das ihm in den Weg kommt, und wenn das Hindernis etwa zu groß ist, müssen zwei bis drei Kerls dasselbe mit Hebeln aus dem Weg schaffen. Das Schiff wird in seinem Schneckengang alle Augenblicke aufgehalten, und oft müssen in einem Abstand von einigen hundert Schritten die Pferde mehrmals ausgespannt werden. Allein das Reiben des Zugseiles auf der Erde vermehrt die Last wenigstens um so viel, als ein Pferd ziehen mag, und mit einem Segel könnten oft mehrere Pferde erspart werden. Die ungeteerten Schiffe werden in dem süßen Wasser und von der Sonnenhitze gar bald leck. Weil die Fahrt den Strom hinauf noch nicht üblich ist, so fehlt es von Station zu*

Station an Mietpferden, und die Schiffsleute sind gezwungen, alle Pferde für die ganze Reise mitzunehmen, obwohl sie schon an manchen Orten einige Pferde ersparen könnten. (Q 68)

Entsprechend der alteuropäischen Wirtschaftsorganisation schlossen sich fast alle im Transportwesen Beschäftigten zu Zünften und Gilden zusammen – die Fuhrleute und die Transport- und Lagerarbeiter nicht anders als die zuletzt genannten Treidler. Als zu Beginn des 19. Jahrhunderts die Regierungen darangingen, die ökonomischen Privilegien und Sonderrechte nach und nach aufzuheben, so 1824 etwa in dem erwähnten Hannoversch Münden, lösten sich auch jene Zusammenschlüsse auf, und es kam oft zu Beschäftigungskrisen, die zu einem lokalen wirtschaftlichen Niedergang führen konnten. Den endgültigen Todesstoß für die Treidler brachte indes im Laufe des 19. und 20. Jahrhunderts der vermehrte Einsatz von Dampfmaschinen und Dieselmotoren in der Binnenschiffahrt.

Mußte im Mittelalter der Transport von Waren und Gütern noch weitgehend von den Eigentümern selbst begleitet oder organisiert werden, so übernahmen diese Aufgabe allmählich spezialisierte Fuhrleute und Transportunternehmer. Im Zuge der frühneuzeitlichen Verdichtung des europäischen Handelsverkehrs, der Zunahme des Handelsvolumens, der Konjunktur des Fern- und Überseehandels und schließlich der generellen Rationalisierung des Wirtschaftslebens wurde diese Arbeitsteilung immer notwendiger. In Gebieten, in denen der Transport schwierig und aufwendig war, also besondere Kenntnisse und Fähigkeiten erforderte, kam es früh zu einer Professionalisierung. Nicht zuletzt die Behandlung der Zugpferde erforderte bereits ein erhebliches Spezialwissen, das im Laufe der Frühen Neuzeit nicht alleine auf empirischen Erfahrungswerten und mündlicher Überlieferung beruhte, sondern auch theoretisch reflektiert in einschlägigen Lehr- und Handbüchern Eingang fand. Als Beispiel mag das hippologische (Wissenschaft vom Pferd) Standardwerk von dem Franzosen

Jacques de Solleysel aus der Mitte des 17. Jahrhundert dienen, das in zahlreiche europäische Sprachen übersetzt worden ist. Hier erlernt *der perfekte Stallmeister die Schönheit, die Güte und die Fehler der Pferde zu erkennen, und die Manier, die Pferde auf den Fährnissen der Reisen zu erhalten.* (Q 80)

Über diese grundlegenden Kenntnisse hinaus erforderten die widrigen Wege- und Wetterverhältnisse im transalpinen Verkehr besondere Qualifikationen. Hier waren deshalb die Rottfuhrleute und Säumer, also jene ortsansässigen, privilegierten Fuhrunternehmer und Transportarbeiter, von Bedeutung, die mit den lokalen Gegebenheiten vertraut waren. So war beispielsweise Johann Georg Sulzer auf seiner Reise über den Gotthard von den besonderen Techniken der ansässigen Säumer beeindruckt. *Mir begegneten viele Säumer auf dem Weg, und ich lernte, aber zu spät, von ihnen, wie man sich diese Reise über den Schnee erleichtern könne. Jeder Säumer geht mit einem Spaten vor seinem Pferde her, und wo er den Schnee weich oder eingetretene Löcher darin findet, füllt er den Weg mit frischem Schnee aus, den er fest einstampft, und so sinken seine, wiewohl schwer beladenen Pferde selten ein.* (Q 87)

In diesem transalpinen Verkehr kamen zunächst die topographischen Kenntnisse der Bergbevölkerung zum Tragen. Gleichzeitig erschlossen sich hier mit dem damit verbundenen Transportmonopol neue Erwerbsmöglichkeiten außerhalb der ertragsarmen Berglandwirtschaft. Denn bald erwirkten die alpinen Gemeinden von ihren Fürsten Privilegien, daß im Paßverkehr nur ihre Zugtiere und schließlich auch nur ihre Wagen benutzt werden durften. Im Extremfall bedeutete dies aber auch, daß die Güter an jeder Gemeindegemarkungsgrenze von einem auf den anderen Wagen umgeladen werden mußten. Einen Eindruck von diesem System vermittelt die Rottordnung der am Brenner gelegenen Gemeinde Matrei aus dem Jahre 1530. *Es sollen Rat und Gemeinde in Matrei mindestens acht Rottwagen und weitere je nach Erfordernis das ganze Jahr über unterhalten, so daß Kaufmannsgüter und Warenballen einerseits von Venedig, Treviso und anderen Orten nach Innsbruck und andererseits in die Gegenrichtung geführt werden können. Es sollen die Kaufmannsdiener oder Hersteller der zu befördernden Güter dem Registrator in Matrei die Fuhren anzeigen, woraufhin dieser die Rottfuhrleute vormittags informieren soll, die insbesondere im Sommer ihre Pferde und Ochsen auf der Alm halten und weiden, damit die Rottfuhrleute noch am selben Abend erscheinen, die Waren aufladen und am nächsten Morgen abfahren. Und sollen sie unterwegs nichts abwerfen, sondern gute Acht und Aufsehen haben und Fleiß brauchen, so daß die Güter nicht beschädigt, auch nichts davon entfremdet, verloren oder nachteilig werde. Die Kaufleute sollen auch ihre Güter mit Nummer der Ziffer oder Zahl nach ordentlich aufgeben und zu tun verordnen, damit ihnen ihre Güter von den Rottfuhrleuten nicht getrennt geführt oder voneinander gebracht werden.* (Q 87) Einerseits unterlag somit das Rottfuhrwesen der für die Frühe Neuzeit typischen Tendenz zur Monopolisierung und Privilegisierung, womit also der freizügige, ungebundene Frachtverkehr eingeschränkt wurde. Andererseits war das persönliche Unterwegssein des Kaufmanns oder Herstellers immer weniger nötig, konnte die Ware gewissermaßen allein reisen, indem nämlich die Kaufleute von dieser neuen Dienstleistung Gebrauch machten und ihr Handelsgut *expedierten*. Der besonders im 17. und 18. Jahrhundert massiv zunehmende Alpenverkehr offenbarte allerdings bald die begrenzte Kapazität dieses noch umständlichen und schwerfälligen, monopolisierten Transportsystems. Die vielen Klagen der Kaufleute über hohe Kosten und lange Dauer, aber auch über durch häufiges Umladen an den Rottstationen hervorgerufene Beschädigungen, veranlaßten die Regierungen zu vielfältigen Reformversuchen. So sah die Verordnung von Kaiser Leopold I. aus dem Jahre 1675 vor, *daß die Rottleute die Fuhren mit sicheren Fuhrwerken bestellen und daß jede auch größere Anzahl der Kaufmanns-*

güter und Waren, selbst wenn tausend und mehr Zentner auf einen Warenzug kommen sollten, mit täglichen Konvois sicher und wohlversorgt von Venedig und Verona bis nach Augsburg fortzubringen seien. Zugleich soll die Umladung an den Rottstationen sorgfältig gemacht und mit eigens dazu bestellten tauglichen Personen übernommen werden. (L 89)

Doch trotz dieser Reformbemühungen erwies sich das Rottfuhrwesen dem immer rationelleren und profitbewußteren Handel des 18. Jahrhunderts kaum noch gewachsen. Im Zuge der aufgeklärten Staatsreformen unter Maria Theresia wurde daher das Rottfuhrwesen in den österreichischen Alpen 1750 aufgehoben.

Es waren ohnehin nur die besonderen geographisch-topographischen Gegebenheiten der Alpen dafür verantwortlich, daß die Abwicklung des Transports im Fern- und Großhandel solange in den Händen lokaler Gemeinden geblieben war. Außerhalb der Alpen setzte sich bereits während des 16. Jahrhunderts ein überregionales, ja internationales Fuhr- und Speditionswesen durch. So konnte bereits im Jahre 1521 Albrecht Dürer *bei einem Fuhrmann mit Namen Kunz Metz aus dem fränkischen Schlauerdorf einen großen Warenballen in Antwerpen aufgeben, um diesen nach Nürnberg transportieren zu lassen und dort Herrn Hans Im Hof, dem Älteren zu übergeben.* (Q 14) Wie bereits im Kapitel über die Verkehrswege dargestellt, lagen die Alpen als Riegel zwischen den kommerziellen und gewerblichen Zentren des frühneuzeitlichen Europa. Deshalb konnte der internationale Warenverkehr die Rottfuhrgemeinden nicht umgehen und mußte sie nolens volens integrieren. Als sich in einem vom Kaiser ratifizierten Abkommen aus dem Jahre 1668 mehrere oberitalienische Transportunternehmer die Rechte für den Gütertransport von Venedig bis nach Augsburg und Frankfurt am Main und weiter bis nach Amsterdam sicherten, mußten die Rottfuhrleute quasi als Subunternehmer beteiligt werden. In der Abwicklung des internationalen Güterverkehrs griffen diese Firmen oft auch auf kleinere Fuhrunternehmer zurück, die es praktisch an jedem Ort gab. Allerdings waren bestimmte Regionen, in der Regel solche mit wenig ertragreicher Landwirtschaft in den Mittelgebirgen, für ihre Fuhrleute im internationalen Verkehr bekannt. So unterscheidet Zedler Mitte des 18. Jahrhunderts *in einheimische und fremde Fuhrleute: Fuhrleute sind diejenigen, welche der Kaufleute Güter über Land von einem Ort zum anderen um Lohn verfrachten. Einheimische sind die, die ihre ordentlichen Fuhren in und außerhalb der Stadt haben, und selten weite Reisen unternehmen; Fremde, insbesondere die Thüringer, fränkischen und oberdeutschen Fuhrleute durchfahren dagegen kreuzweise mit ihren Karren und Wagen ganz Deutschland, immer von einem oder zum anderen Ort Fracht annehmend, und sind folglich bei denen Ihrigen wenig zu Hause.* (Q 96) – Dieser Modus des Warenfernverkehrs hat sich bis heute sowohl bei den kleinen LKW- als auch bei den Binnenschiffahrtsunternehmen wenig geändert; bis hin zu den erbarmungslosen Wettbewerbsbedingungen, die zum Ruin oder zum Reichtum führen konnten. – *Einige kommen dabei fort, andere hingegen, wenn sie mit den Pferden wenig Glück haben, müssen zu Grunde gehen. Die Fuhrleute müssen mit gutem Geschirr, also mit guten Wagen und Pferden versehen sein, damit sie der Kaufleute Güter ordentlich durchs Land bringen können. Zudem müssen sie die Waren geschickt aufladen und zuschnüren, mit Stroh oder grober Leinwand bedecken, insbesondere mit zerbrechlichen Dingen behutsam umgehen und das gesamte Transportgut vor Feuer und Wasser schützen. Es ist ihre Pflicht, mit den anvertrauten Waren getreulich zu verfahren, nichts zu stehlen, noch auf andere Weise die Ware verwahrlosen zu lassen.* (Q 96)

Als seit dem 16. Jahrhundert die von den angrenzenden Territorien erhobenen Rheinzölle den Wassertransport verteuerten, verlegten immer mehr Kaufleute ihren Warenaustausch von Oberdeutschland in die Niederlande auf den Landweg. Von dieser Konjunktur profitierten die ärmeren Landstriche entlang der wichtigen Handelswege, vergleichbar den Rottfuhren in den alpinen Bergbauernregionen. Besondere Berühmtheit im Fuhrwesen erlangten die Bewohner des Spessarts. Von Frammersbach weiß man, daß in diesem kleinen Spessartdorf über Jahrzehnte hinweg praktisch alle dazu tauglichen Männer diesem Broterwerb nachgingen und eine Schlüsselrolle im Landverkehr zwischen Antwerpen und Nürnberg einnahmen. Als Jost Amman in den 1570er Jahren die deutschen Stände und Berufe in ihrer jeweils typischen Kleidung in Holzschnitten festhielt, wählte er den ›Auriga Flammerspachensis‹ als den Prototyp des deutschen Fuhrmanns. Die Abbildung zeigt deutlich die unentbehrliche Peitsche und läßt aber auch die aus besonders dickem Leder gefertigte Gamasche erkennen, die hochgezogen und am Gürtel festgeknöpft das rechte Bein des Fuhrmanns schützte, wenn er auf dem linken Zugpferd eines Gespannes ritt. Offensichtlich war die Bewaffnung mit einem schweren Säbel üblich und auf den unsicheren Landstraßen und einsamen Wegstrecken wohl auch durchaus ratsam.

Mit einer gewissen zeitlichen Verzögerung setzte auch die Spezialisierung und Professionalisierung im Personenverkehr ein. Es bedarf keiner lebhaften Phantasie, daß die rauhen Frachtfahrer, Fähr- und Schiffsleute sowie Pferdeknechte wenig Geschick und wohl auch wenig Willen zum höflichen und gepflegten Umgang mit den Reisenden auf den Landstraßen und in den Gasthäusern zeigten. Als Thomas Platter und seine Reisegesellschaft mit einem Schiff entlang der katalanischen Küste von Rosas über Empurias nach Gerona fuhren, wurden sie Zeuge eines heftigen Streites unter der Besatzung und fürchteten wahrscheinlich nicht zu Unrecht um ihr Leben. *So schrie der ältere Patron dem jüngeren Matrosen zu, er fiere nicht korrekt. Worauf dieser mit groben Schimpfworten antwortete. Nun fluchten und lästerten beide Gott so sehr, daß es kein Wunder gewesen wäre, wenn wir untergegangen wären. Obwohl es in einem fort regnete und blitzte, daß mir die Haare zu Berge standen, unternahmen die Männer nichts, sondern wetterten weiter wie die Henkersknechte. Zum Schluß drohte der Matrose, wenn der Alte nicht schweigen wolle, würde er das Schiff mit vollen Segeln gegen einen Felsen steuern, so daß kein Stück bei dem andern bleiben würde.* (Q 66)

Ohne Lebensgefahr für den Reisenden ging dagegen eine Episode auf der Kavalierstour des polnischen Prinzen aus dem Hause Wasa in den 1620er Jahren ab, allerdings kam es auch dadurch zu einer ungewollten Verzögerung. *Gegen Mittag rutschte der Pferdeknecht, der die Pferde führte und unterwegs tüchtig dem Wein zugesprochen hatte, infolge seines schweren Kopfes aus dem Sattel, mit dem Kopf zuerst, so daß er mit den Beinen in den Steigbügeln hängen blieb.* (Q 75) Gewiß ist der übermäßige Durst des Pferdeknechtes nicht unbedingt ein Zeichen mangelnder Professionalität. Trotzdem suchten die Obrigkeiten das ungebärdige Transportpersonal mit zahlreichen Verordnungen und Edikten zu disziplinieren. Da die eben nicht nur wetterbedingt rote Nase des Droschkenkutschers aber noch im 19. und 20. Jahrhundert gewissermaßen ein Berufsmerkmal war, scheint dem Erlaß der preußischen Regierung von 1719 der durchschlagende Erfolg verwehrt geblieben zu sein. Hier hieß es ausdrücklich: *Daß sich die reitenden und fahrenden Postillione unterwegs nicht an den Krügen sich aufhalten sollten oder sogar bereits bei der Abreise betrunken seien dürfen. Deshalb hat es bisher vielfältige Unordnungen und Verspätungen gegeben, weil das Personal die Abfahrtszeiten versäumte.* (Q 59) Von diesen Unannehmlichkeiten und Verzögerungen ließen sich die entnervten Passagiere offensichtlich öfters zu gewalttätigen Überreaktionen hinreißen. Gerade in Preußen lagen die Umgangsformen wohl besonders im argen, und nachdem die Kutscher ihrerseits seit längerem *vielfältig Klage und Beschwerde geführt hatten, daß ihnen von Passagieren übel begegnet und sie mit Worten hart angefahren und beschimpft worden, ja einige Postillione von Passagieren sogar mit Tätlichkeit versehen worden sind,* erließ die Regierung im Jahre 1701 ein spezielles *Edikt, wie die Passagiers gegen die Postmeister und diese gegen jene sich verhalten sollen.* So konstatierte denn auch noch Jahrzehnte später Knigge mit knappen Worten: *Deutsche Posthalter, Wagenmeister und Postknechte pflegen in dem Ruf einer ausgezeichneten Grobheit zu sein;* und riet, *es kommt aber alles auf die Art an, wie man mit ihnen umgeht, und ein ernsthaftes, von einer gewissen Würde begleitetes Betragen und, wo es anzubringen ist, ein freundliches Wort, das wird bei diesen Leuten selten ohne gute Wirkung angewendet.* (Q 59)

Der frühmoderne Staat griff jedoch nicht nur in die Umgangsformen ein, sondern suchte mit seiner Verordnungstätigkeit einen möglichst reibungslosen Güter- und Personenverkehr zu gewährleisten. Im wesentlichen kreisten die Bestimmungen um die Zielvorgaben Sicherheit, Pünktlichkeit und Bequemlichkeit. Die wenig zufriedenstellenden Zustände veranlaßten den brandenburgischen Kurfürsten im Jahre 1700, für seine Territorien zu bestimmen, *daß zur Bequemlichkeit und Fortbringung der Passagiere die Sitzplätze nicht mit allerhand Lebensmittel und anderen viel Platz einnehmenden Ballen und Packen beladen werden sollen, die überdies oft einen üblen Geruch von sich geben. Auch sollten, um einen Achsen- oder Radbruch zu verhindern, höchstens vier bis fünf Zentner zugeladen werden.* (Q 59) Der technische Zustand des Wagens sollte täglich kontrolliert und dieser gegebenenfalls ausgebessert werden. Oft wurden dazu spezielle Wagenmeister beschäftigt: *gute tüchtige, fleißige und des Fuhrwerks verständige Leute, die Pferde, Wagen und Geschirr ständig zu überprüfen haben.* Die in dieser Verordnung anvisierten Mißstände im Landverkehr treffen selbstverständlich auch für die Wasserstraßen zu, wie wir aus den Empfehlungen Knigges erkennen können. *Wenn man Wasserreisen auf Strömen macht oder Hausrat auf diese Weise fortbringen läßt, so baue man nie auf die Versprechungen der Schiffer in Ansehung der Zeit, binnen welcher sie an Ort und Stelle seien wollen. Sie halten sich mehrenteils unterwegs auf, um noch mehr Fracht zu ihrem Profit aufzunehmen oder Schleichhandel zu treiben, wenn sie heimlich Kaufmannsgüter mit eingeladen haben.* (Q 59)

Ebenso wie sich die Rottfuhrleute in den Alpengemeinden auf den Warentransport spezialisierten, gab es besondere Orientierungsgehilfen, die in unzugänglichen, unwegsamen und gefährlichen Gebieten den Reisenden ihre Dienste als Wegweiser, Kundschafter und Führer anboten. Sicherlich versilberten nicht alle Pfadfinder ihre detaillierten Ortskenntnisse, viele boten ihre Dienste vielmehr umsonst oder nur gegen eine geringe Anerkennung an, wie jener Schweizer Bauer, der die Reisegesellschaft des polnischen Kronprinzen führte. *Als wir über die Berge wanderten, mehr zu Fuß denn zu Pferd, gesellte sich uns ein Schweizer Bauer zu, ein großer, starker Mann. Dieser fand den größten Gefallen am Kronprinzen und führte ihn, unter den Arm gefaßt, über gefährliche Stellen mit Eis und Schnee, zum Teil schon Neuschnee. Seine Hoheit der Kronprinz nahm seinen Dienst, den keiner der polnischen Senatoren, die ihre Könige am Arm zu führen pflegen, hätte besser ausführen können, dankbar an. Und er ließ sich mit ihm in ein Gespräch ein, das ihm viel Freude bereitete, erzählte der Bauer doch Geschichten über diese Berge.* (Q 75)

Besonders im Winter waren gute Führer in den Bergregionen lebensnotwendig, kannten sie doch die gefährlichen Lawinenzüge und die Stellen, wo man einen Weg bahnen konnte. Allerdings blieb die Winterbegehung eines hochalpinen Passes auch in der Obhut von erfahrenen, ortskundigen Führern ein heikles Unterfangen. Paul Hentzner überschritt im Frühjahr 1599 den Splügen in Begleitung eines jungen schlesischen Adligen auf dem Weg von Thusis in Graubünden nach Chiavenna. *Am anderen Tage erreichten wir den Splügenpaß, den wir im tiefen Schnee bei starker Kälte unter unsäglichen Schwierigkeiten erstiegen. Obgleich wir vier Führer bei uns hatten, welche vorausgingen und mit Hacken und Schaufeln den Weg gangbar machten, kamen wir infolge des beständigen Ausgleitens in solche Gefahr, daß wir zur Übersteigung dieses Passes mehr als sechs Stunden verwenden mußten.* (L 53)

Heute haben diese Bergführer ihre Bedeutung für den normalen Personenverkehr über die Alpen verloren. Nur einige Vertreter dieser Berufsgruppe bieten noch ihre Dienste für Bergwanderer und Bergsteiger an. In der Frühen Neuzeit waren die Reisenden aber auch bei der Durchquerung größerer Sumpfgebiete, von Wäldern oder unbewohnten Einöden auf diese Pfadfinder in Regionen angewiesen, die heute verkehrstechnisch voll, wenn nicht übererschlossen sind. Als beispielsweise die Gesandtschaft des Dodo zu Inn- und Knyphausen auf ihrem Weg von Bielefeld nach Münster unterwegs war, *mußten wir uns einen Führer nehmen, denn der Weg war so fürchterlich und einsam wie die Wüsten Arabiens, und ich glaube, daß selbst wilde Tiere Mühe haben, dort zu leben.* (Q 64) Mit der Zunahme des Reiseverkehrs hatte sich an den neuralgischen Punkten ein regelrechter Verleih von Orientierungsgehilfen eingebürgert. Die von alters her im Nebenerwerb betriebene Führer- und Lotsentätigkeit wurde hier zu einer immer dominierenderen Einkommensquelle und schließlich zum Vollerwerb. Mitunter nahm an den Rändern von Sümpfen und Wäldern sowie vor Paßübergängen dieses kommerzialisierte Führerwesen monopolistische, wenn nicht gar erpresserische Züge an. Einschlägige Erfahrungen machte Thomas Platter am Rande eines großen Waldes in Nordspanien. *Wir trafen auf zwei Bauern, die auf kleinen Eseln ritten. Als sie erfuhren, daß wir durch den Wald wollten, drängten sie uns, einen von ihnen als Führer zu nehmen. Jener forderte allerdings für die benötigten zwei Stunden der Durchquerung eine Unsumme, von der er auch nicht abweichen wollte, sondern auf die Gefahr hinwies, die in dem Wald drohte. Schließlich mußten wir in den Handel einwilligen.* (Q 66)

Daß die Verpflichtung eines Wegweisers zu den üblichen Reisekosten zählte, belegt auch die Abrechnung der Gesandtschaft der beiden Diplomaten Otto von Münchhausen und Johann Rulman. Diese erhielten 1593 den Auftrag, für ihren Fürsten, Graf Adolf zu Holstein-Schaumburg, nach Kassel zu reisen und hier eine Lehnsbestätigung beim hessischen Landgrafen zu erwirken. Neben den damals üblichen Aufwendungen für Verkehrsmittel, Verpflegung und Unterkunft findet sich auch folgender Posten: *in Höxter einen Mann beauftragt, der uns bis Hofgeismar den Weg gezeigt hat.*

Eine ebenfalls hochspezialisierte Berufsgruppe, die im Zusammenhang mit der dichter werdenden und zunehmenden Kommunikation ab dem 16. Jahrhundert einen steilen Aufstieg erlebte, waren die Kuriere. Sie übernahmen zunächst den Nachrichtenaustausch zwischen den Diplomaten und deren Regierungen. Allerdings waren sie nicht immer fest angestellt und genossen daher nur bedingt diplomatische Immunität, was ihren Beruf nicht ungefährlich machte, versuchten verfeindete Mächte doch immer wieder Kuriere abzufangen oder gar durch eigene Leute mit gefälschten Depeschen zu ersetzen. Nicht jede Gesandtschaft konnte sich allerdings eigene Kuriere leisten, und man griff daher gerne auf das Personal befreundeter Diplomaten zurück. Nach und nach boten

Eil-Boten-Ordnung, von welchem Ort die Boten jede Woche in Nürnberg ankommen, wo sie zur Herberg liegen, auch an welchem Tag sie wöchentlich wieder abreisen, für alle Kaufleute und Handelsleute nützlich zu gebrauchen.

Von wo die Boten in Nürnberg ankommen	An welchem Tag	Wo die Boten beherbergt	Wann die Boten wieder abgehen
aus Antwerpen	*Jeden Samstag*	*Wohnen hier*	*Jeden Mittwoch*
aus Köln	*Jeden Samstag*	*Wohnen hier*	*Jeden Mittwoch*
Frankfurt	*Jeden Samstag*	*Wohnen hier*	*Jeden Mittwoch*
Hamburg	*Jeden Montag*	*Wohnen hier*	*Jeden Sonntag*
Von Breslau	*Jeden Freitag*	*Zwei Fremde in der Goldenen Gans*	*Jeden Mittwoch*
Von Prag	*Jeden Donnerstag*	*Bei dem Bitterholt*	*Jeden Sonntag*
Von Wien	*im Sommer am Donnerstag. Im Winter am Gerichtstag*	*Wohnen hier*	*Jeden Sonntag*
Aus Venedig	*Jeden Freitag*	*In der Goldenen Gans*	*Jeden Mittwoch*
Von Augsburg	*Jeden Gerichtstag, Freitag und Samstag*	*Bei der Goldenen Gans*	*Jeden Mittwoch Donnerstag und Sonntag*
Von S. Gallen	*Jeden Freitag*	*Bei der Goldenen Gans*	*Jeden Gerichtstag*
Aus Lyon	*Jeden 14. Tag/ am Donnerstag*	*Bei der Goldenen Gans*	*Jeden 14. Tag/ am Sonntag*
Von Ulm	*Jeden Donnerstag und Freitag*	*Bei der Goldenen Gans*	*Jeden Samstag*
Aus Leipzig	*Jeden Gerichtstag*	*Wohnen hier*	*Jeden Freitag*
Salzburg	*Jeden 14. Tag/am Donnerstag*	*Wohnen hier*	*Jeden 14. Tag/ am Sonntag*
München	*Hat keine Ordnung/ nur im Notfall über Augsburg*	*Wohnen hier*	*Hat keine Ordnung/nur im Notfall über Augsburg*
Regensburg	*Hat keine Ordnung*	*Bei dem Bitterholt*	*Hat keine Ordnung (L 44)*

schließlich Kuriere ihre Dienste auf dem freien Markt an, für jedermann, der auf rasche Nachrichtenübermittlung angewiesen war und natürlich die nötige Portokasse hatte, um einen Reiter mit einem Brief unter Umständen quer durch Europa zu schicken. Die Nürnberger Botenordnung von 1610 belegt, wie sich hier bald ein dichtes und vor allem regelmäßig bedientes Kommunikationsnetz etablierte.

Neben den bisher erwähnten Personen, die mehr oder weniger direkt vom Gütertransport und Reiseverkehr profitierten und damit zum Teil vollständig ihren Lebensunterhalt bestritten, müssen noch all jene berücksichtigt werden, die eher indirekt und mittelbar ihr Auskommen der zunehmenden Mobilität von Menschen und Gütern verdankten. Die breite Palette der verschiedensten Berufe läßt sich hierbei sinnvoll in zwei Gruppen einteilen. Zum einen sind das die Hersteller von Verkehrsmitteln, also besonders Schiffs- und Bootsbauer, Wagner

und im 18. Jahrhundert immer mehr Kutschenbauer; dann aber auch die vielfältigen Zulieferer, etwa Sattler, Schlosser, Schmiede, Schreiner und andere; schließlich die Hersteller der mannigfaltigen Reiseutensilien und -hilfsmittel, vom Landkartenstecher über den mechanischen Apparatebauer bis hin zum Drucker der Reiseliteratur; und zuletzt die Heere der Tagelöhner, die im Chaussee-, Brücken- und Kanalbau sowie in der Straßenausbesserung beschäftigt waren. Zum anderen können die Dienstleistenden zusammengefaßt werden; also die Geldwechsler, die Buchhändler, schließlich die Legionen der obrigkeitlichen Funktionsträger, von den Beamten in den Straßenbaukommissionen bis hin zu den Zöllnern.

Der Kupferstich von Chodowiecki gewährt Einblick in die Werkstatt eines Berliner Kutschenbauers in der Mitte des 18. Jahrhunderts. Der Meister baut gerade mit Hilfe von Gesellen und Lehrlingen eine Kutsche zusammen, deren Bauteile noch vor Ort in Einzelanfertigung hergestellt werden. (Siehe Abb. S. 191)

Hindernisse und Gefahren

Wie bereits an einigen Passagen deutlich geworden ist, mußte der Reisende in der Frühen Neuzeit mit vielerlei Gefahren und Hindernissen unterschiedlichster Art rechnen. Nicht umsonst zählte ja die umständliche und ritualisierte Abschiedszeremonie, oft sogar die Anfertigung des Testamentes zu den üblichen und sorgfältig beobachteten Reisevorbereitungen. Immerhin konnte die Reise durch simplen Streit mit dem Personal, kleine Übervorteilungen in den Gasthöfen, Betrug beim Geldwechseln, schikanöse Zollbeamte, Pannen und Unfälle zu einem äußerst unangenehmen Erlebnis werden, wenn nicht gar Überfälle, Krankheiten, Kriege und Naturkatastrophen drohten. Dabei sind die Grenzen zwischen Hindernis und Gefahr schwimmend. Konnte sich doch ein nicht ungewöhnliches Hindernis, das bloß einen Zeitverlust nach sich zog, unter Umständen unversehens zu einer den Geldbeutel, die Gesundheit oder gar Leib und Leben bedrohenden Gefahr auswachsen. Eine Einteilung nach dem Grad der Bedrohung läßt daher keine systematische Ordnung des Stoffes zu. Wir teilen deshalb diese ganze Bandbreite möglicher Unbillen in zwei Gruppen ein: die natürlichen und die zivilisatorischen Hindernisse und Gefahren.

Natürliche Hindernisse und Gefahren gingen von ungünstigen klimatischen Bedingungen, insbesondere im Winter, sowie den topographischen Gegebenheiten, also der mangelnden Erschließung großer Wald- und Sumpfgebiete wie auch den zum Teil katastrophalen Verkehrswegen aus.

Der Mensch auf der Landstraße war den Witterungseinflüssen ungleich hilfloser ausgeliefert als der heutige, bequem und wohltemperiert in PKW, Bahn oder Flugzeug Reisende. Der weitaus größten Gruppe, den Fußreisenden, boten weder Regenschirm noch wasserdichte Kleidung und Schuhwerk vor Gewittern oder tagelang anhaltenden Landregen, tiefen Pfützen und morastigen Wegen angemessenen Schutz. Es gab weder synthetische Textilien noch geeignete Imprägnierungsmittel, um die Woll-, Leinen-, Filz- und erst wenigen Baumwollgewebe dauerhaft zu versiegeln. Nicht zuletzt durch die geringe Kilometerleistung war der Reisende überdies oft den ganzen Tag zwischen zwei Unterstellmöglichkeiten unterwegs, so daß er plötzlichen Wetterumstürzen ausgeliefert und auf Behelfsunterstände – einen Baum mit dichter Krone oder einen überhängenden Felsen –, günstigstenfalls einen Heuschober oder eine verlassene Kate angewiesen war. Fast apokalyptische Ausmaße nahm das Unwetter an, dem der junge Karl Friedrich von Klöden auf seiner Reise nach Berlin um 1800 ausgeliefert war. *Der Weg war sehr sandig, die Sonne brannte heiß. Als wir ein Dorf verließen, bemerkten wir, daß ein Gewitter aufstieg. Kaum waren wir eine Meile gefahren, so ereilte es uns in seiner vollsten Heftigkeit mit einem furchtbaren Regen- und Hagelwetter. Die Hagelkörner waren so groß wie Haselnüsse und schlugen, getrieben von einem heftigen Sturm, so schmerzhaft auf, daß sie blaue Flecken verursachten und wir in dem offenen Wagen nicht bleiben konnten. Wir stiegen ab und suchten uns unter und hinter dem Wagen zu schützen. Aber die Hagelkörner wurden vom Sturme fast horizontal getrieben, und die Pferde, schmerzhaft getroffen, waren nicht zum Stillstehen zu bringen. Nach wenigen Minuten hatten wir keinen trockenen Faden auf dem Leibe; der Donner rollte unaufhörlich, die Blitze umzuckten uns, kurz es war ein Wetter, als solle die Welt untergehen.* (Q 38)

Selbst wer komfortabel in Kutschen oder anderen gedeckten Fahrzeugen reiste, blieb oft nicht vollständig und wirkungsvoll von Kälte und Nässe verschont. In den seltensten Fällen waren die Kutschen zu beheizen, ihre Dächer leckten, und die Türen und Fenster waren mit den damaligen Isolationsmaterialien kaum abzudichten. Nicht anders verhielt es sich bei den Fluß- und Seeschiffen. Vier Tage vor Weihnachten des Jahres 1756 beklagte Nettelbeck die Kälte während seiner Schiffsreise entlang der westfriesischen Inseln. *Es begann hart zu frieren, und das ganze Fahrzeug nahm zuletzt die Gestalt eines großen Eisklumpens an. Da wir so wenig auf dem Leibe hatten, wurden uns unsere Wachen herzlich sauer. Uns fror jämmerlich; daher begruben wir uns, so oft die Wachtzeit zu Ende lief, im Raume tief in die Tabaksstengel; kamen aber gewöhnlich ebenso erfroren wieder heraus als wir hinein gekrochen waren.* (Q 60) Daß es auch am Mittelmeer im März noch bitter kalt sein konnte, mußten Thomas Platter und seine Begleiter feststellen. Ihr einfach konstruiertes Schiff hatte keine besonders warmen Kajüten, und die Reisegefährten verbrachten die meiste Zeit an Deck. *Wir froren sehr mächtig im Schiff und mußten bisweilen die ganze Nacht oben auf dem Schiff umherlaufen oder uns eng aneinander stellen, um uns zu erwärmen.* (Q 66) Es war also durchaus kein Zeichen für Verweichlichung, wenn der Reisende bei Dauerregen und großer Kälte seine Reise trotz dringender Termine unter Umständen tagelang aufschob oder sich unterwegs einquartierte.

Weniger problematisch schien zunächst der Kälteschutz mit schweren Tuch- oder Pelzmänteln. Allerdings waren derartige Kleidungsstücke für große Teile der Bevölkerung unerschwinglich, zum anderen verloren sie natürlich ihre Isolationswirkung bei Nässe. Insbesondere bei Menschen mit schwacher Konstitution konnte bereits eine kühle und feuchte Wetterperiode außerhalb des Winters zu ernsthaften gesundheitlichen Problemen führen. Gerade die sich ständig und aus Not auf der Straße befindenden Menschen, deren Gesundheit sowieso durch Unter- und Mangelernährung angegriffen war, wurden rasch Opfer von Erkältungs- und Durchfallerkrankungen, die in ihrem Fall durchaus tödlich seien konnten, zu schweigen von ihrer Anfälligkeit für alle möglichen epidemischen Krankheiten. Aufgefundene tote Personen am Straßenrand waren denn auch in den Augen der Zeitgenossen wenig spektakulär. Die Alltäglichkeit eines solchen Ereignisses wird in dem für den heutigen Leser erschreckend lapidar klingenden behördlichen Bericht über das Schicksal einer im Juli 1772 auf einem Feld tot aufgefundenen Frau greifbar. Wie Befragungen ergeben hatten, *war die Person in ihrem Leben eine Bettlerin gewesen und habe selbige in letzter Zeit in mehreren Orten das Betteln sehr kraftlos und elend betrieben; bei jetziger harter Zeit aus Hunger und Kummer habe sie schließlich verschmachten müssen.* (L 85)

Trockenes und heißes Wetter barg indes auch besondere Tücken. Zwar war die Gefahr des Hautkrebses durch zu intensive Sonneneinstrahlung im Zeitalter einer intakten Ozonschicht weder bekannt noch gegeben, doch riskierte man durch die Anstrengungen der Reise auf den staubtrockenen Wegen eine schwerwiegende Dehydrierung. Da unterwegs nicht ohne weiteres trinkbare Flüssigkeiten zu beschaffen waren, zumal der Genuß von Oberflächenwasser auch in der Frühen Neuzeit wenig ratsam war, mußte der Reisende genügend Vorräte in Flaschen, Feldflaschen oder Schläuchen mit sich führen. Abgesehen von wenigen Ausnahmen waren Seen und Wasserläufe mit krankheitserregenden Keimen versetzt. In der Nähe von Bergwerken, Gewerbebetrieben und menschlichen Behausungen mußte man ohnehin mit der Verklappung von chemischen und organischen Gift- und Abfallstoffen rechnen. Man griff deshalb auf Brunnenwasser und Quellen zurück. Wobei auch hier Vorsicht geboten war, mahnte doch Johann Gottfried Ebel: *Der Reisende nehme sich in acht, von den kalten Quellen gierig bei Erhitzung zu trinken; es erregt manchem sehr beschwerliche Koliken.* (Q 15) Trotz ihres nicht jedem Gaumen schmeichelnden Geschmackes waren Bier und Wein die gängigsten Durstlöscher, was weniger an der damaligen Trinkfreude lag, sondern an der Tatsache, daß beim Sieden, bzw. beim Gärprozeß die Keime abgetötet wurden. Ein lebensmittelchemischer Vorgang, den die Zeitgenossen zwar noch nicht durchschauen konnten, dessen Ergebnis aber, auf Erfahrungswerten beruhend, durchaus genutzt wurde.

Noch hilfloser waren die zu Wasser Reisenden in ihrer Abhängigkeit von den Windverhältnissen. Widrige Winde, Gewitterböen und Orkane machten eine Schiffsreise auf offener See unter Umständen zu einem zeitraubenden, wenn nicht lebensgefährlichen Unternehmen. So mußte das Schiff des Johann Nettelbeck am Neujahrstag des Jahres 1757 wegen Gegenwind in einem holländischen Nothafen Zuflucht suchen. *Vor der Insel Schelling fand sich auch ein Lotse zu uns an Bord, der uns schon bei später Abendzeit zwischen Sandbänke brachte. Weil uns indes der Wind entgegenstand und wir nicht weiter hineinkommen konnten, warfen wir Anker, und der Lotse ging wieder an Land, mit dem Versprechen, sobald der Wind sich umsetzte, zu uns zurückzukehren. Abends um zehn Uhr setzte sich der Wind im Nordwesten; und indem er zu einem fliegenden Sturm anwuchs, wurde das Schiff vom Anker gerissen. Ehe wir uns versahen, saßen wir auf einer Bank fest, wo die Sturzwogen unaufhörlich über das Fahrzeug hinwegrollten und bis hoch an die Masten emporschäumten.* (Q 60) Selbst eine Kahnfahrt auf einem Binnensee oder das Übersetzen auf einer Flußfähre geriet gelegentlich zum Hasardeurspiel. Nicht umsonst wird wohl Friedrich Schiller seinen Tell als verwegenen Schiffer auf dem Vierwaldstätter See eingeführt haben, der sich in Gottes Obhut begibt und den verfolgten Baumgarten über den sturmgepeitschten See vor den Häschern des Landvogtes rettet. Im anderen Extremfall, der Flaute, drohte zwar zunächst keine existentielle Not, sondern nur unangenehmer Zeitverlust. Indes konnte eine unter Umständen tage- oder wochenlang anhaltende Windstille auch lebensbedrohlich sein, insofern die Lebensmittel- und Trinkwasservorräte knapp werden oder bei großer Hitze rasch verderben konnten. Nicht ganz so dramatisch, aber immer noch höchst ärgerlich waren die Erfahrungen, die Thomas Platter in einer kleinen südfranzösischen Hafenstadt mit der Unberechenbarkeit der Windverhältnisse machen mußte. *Den 3., 4., 5., 6. und 7. März sind wir jeden Tag von unserem Schiff an Land und nach dem Mittags- und Abendmahl immer wieder zurück an Bord gegangen, weil wir stets hofften, guten und glücklichen Wind anzutreffen und sofort ablegen zu können. Da spürte ich, wie beschwerlich es ist, auf den Wind zu warten, und daß es viel besser ist, mitten im Winter oder mitten im Sommer denn als im Frühling oder Herbst auf dem Meer wegen der Unbeständigkeit des Windes zu reisen. Wie wir nun sahen, daß kein beständiger Wind kommen würde, und uns auch die Schiffsleute keinen versprechen konnten, faßten wir schließlich am 8. März den Plan, zu Land weiter zu reisen und das Gepäck im Schiff zu lassen.* (Q 66)

Besonders gefährlich und strapaziös war eine Reise im Winter. Zu dieser Jahreszeit drohten plötzliche Temperaturstürze und Schnee-Einbrüche, die nicht nur den Menschen empfindlich zusetzten, sondern auch den Einsatz von Reit- und Lasttieren oft unmöglich machten. Die Risiken einer Winterreise haben sich bei einer Alpenüberquerung so förmlich potenziert. Der Graubündner Geschichtsschreiber Johannes Andreas von Sprecher geriet 1620 bei einer Überquerung des Berninapasses gleich in eine ganze Reihe von wetterbedingten lebensbedrohlichen Situationen. *Mit Besorgnis vernahm Gruber, der Säumer, von einigen aus Poschiavo zurückkehrenden Fuhrleuten, daß die große Lawine am Camin zwar schon gefallen sei, aber viel neuer Schnee dort liege, und daß die Bahn auf beiden Wegen jenseits des Passes womöglich noch schlimmer sei als auf der Engadiner Seite, weil der Wind schon seit vorgestern umgeschlagen sei und den Schnee geschmolzen habe. Für die Reisenden war guter Rat teuer. Auf beiden Wegen standen Lawinenstürze zu befürchten, und auf demjenigen über Cavaglia drohten überdies die gefürchteten Stöße des Malenker Windes die Reisenden anzufallen. Da jedoch bald die Hälfte des Nachmittags verstrichen und der Weg über Cavaglia erheblich kürzer war, so entschied sich Gruber für den letzteren. So schnell als der üble Weg es gestattete, ging es jetzt vorwärts. Noch ehe der weiße See erreicht wurde, brauste der Malenker in gewaltigen Stößen von den Bergen herab. »Brr – wie das bläst!« rief er, als ein neuer Stoß mit solcher Wucht daher fuhr, daß die Pferde erschrocken zur Seite sprangen. Bald standen sie am Joche und erblickten rechts die ungeheure Masse des Gletschers, der mit steilem Absturze wie ein im Vorwärtsgleiten plötzlich erstarrter Strom bis in die Talmulde herabsteigt; gerade vor sich sahen sie den jähen Zickzackweg neben einem furchtbar tiefen Abgrunde sich in das Tal hinab schlängeln. Hier stiegen sie von ihren Rossen, und während sie aus Grubers weitbauchiger Trinquetta sich mit Wein für den gefährlichen Abstieg stärkten, bemerkte Gruber: »Hier müssen wir hinab, da unten liegt Cavaglia, und schaut dort, wo des Sees Spiegel beginnt, liegt Poschiavo. Wie schmal der Weg ist, seht ihr selbst, und es ist schon gar mancher arme Säumer, aber auch manch Vornehmerer vom Malenker, zumal an den Kehren, erfaßt und in den Abgrund geschleudert worden. Mehr als einmal bin in solcher Gefahr gestanden, und seither, so ich das Brausen des Sturmes in der Höhe verspüre, werf ich mich in den Schnee gegen die Bergwand und klammere mich in ihm fest. Drum habt acht, wenn ihr mich rufen hört: ›Nieder!‹, so tut wie ich! Es mag sein, daß wir uns in solcher Weise zu erretten mögen.«*

Die Pferde voran, die Reisenden zu Fuß folgend, begann man den Abstieg in beschleunigteren Schritten, jedoch mit Vorsicht, da ein Ausgleiten im schlüpfrigen Schnee verhängnisvoll werden konnte. Zwei der Kehren waren bereits zurückgelegt, als Gruber, der den Zug schloß, plötzlich den Warnruf ergehen ließ, dem alle augenblicklich Folge leisteten. Wenige

Sekunden später brach ein furchtbarer Windstoß vom Gletscher herab mit solcher Gewalt, daß sich die Reisenden nur mit äußerster Anstrengung zu halten vermochten. Zum großen Glück war an dieser Stelle zwischen Fels und Abgrund der Raum breiter als oben. Schon wollten die Wanderer, als es ruhiger geworden zu sein schien, aufstehen, als Gruber ›Liegenbleiben!‹ befahl. Ein neuer, ebenso heftiger Anprall erfolgte, und im gleichen Moment vernahmen sie einen Schrei, wie ihn, außer Gruber, noch keiner von ihnen gehört hat. Es war ein markerschütternder, gellender Schrei, aber nicht der eines Menschen. ›Oh, mein armes Roß!‹, klagte Gruber, ›da zerschellt es unten in den Felsen.‹ Den dumpfen Ton des Aufschlagens eines schweren Körpers auf dem Gestein vernahmen alle. Erst als ein dritter Stoß, weniger heftig als die früheren, vorübergegangen war, richtete er sich selbst auf und verkündete, daß nun für eine Weile die Gefahr vorüber sei. (Q 81)

Neben den hier beschriebenen kalten Fallwinden trafen während des Winters besonders auf den Paßhöhen oft kalte und wärmere Luftmassen aufeinander, was zu heftigen Böen führte. Gelegentlich waren die Reisenden dann auch in einem solchen Fall gezwungen, ihre Reise auf der Paßhöhe in einem meist völlig überfüllten Hospiz oft tagelang zu unterbrechen. Eine Abbildung in der *Landbeschreibung des berühmten Herzogtums Kärndten* von 1688 zeigt, wie ein Reisender und zwei Säumer von Sturmböen gebeutelt werden. (Q 89) Der Reiter kann sich kaum im Sattel halten, ein Pferd hat sich losgerissen und ist zusammengebrochen, ein Säumer hält sich verzweifelt am Schwanz seines Lasttieres fest.

Stellte die Überschreitung eines Alpenpasses bereits grundsätzlich hohe Anforderungen an die Konstitution des Reisenden, so wurde die menschenleere Strecke zwischen der letzten Siedlung im Talschluß und der Paßhöhe im Winter, bei plötzlichem Schnee- oder Kälteeinbruch, zur Todesstrecke im wahrsten Sinne des Wortes. Im Falle des stark frequentierten

St.-Bernhard-Passes richteten die Mönche daher eine kleine Notunterkunft unterwegs ein. Hier konnten die Erschöpften Unterschlupf finden und wurden gelegentlich auch von Mönchen, die vom Hospiz herabstiegen, mit Nahrungsmitteln notdürftig versorgt. In der Nähe dieser Zuflucht stand aber eben auch ein weiteres kleines Gebäude, das Totenhaus. Dorthin brachte man all die unbekannten Erfrorenen und Lawinentoten, die man am Wegrand aufgelesen hatte. In diesem eiskalten Beinhaus lagerte man die Leichen, in der Hoffnung, Verwandte oder Bekannte würden auf der Suche nach dem Vermißten im Frühjahr vorbeikommen und ihn identifizieren. Der Züricher Reisende Friedrich Matthisson beschrieb diesen düsteren Ort sehr genau: *Die Leichen sind nicht übereinander geschichtet, sondern sitzen aufrecht, und jeder Neuankommende wird immer mit dem Kopfe an die Brust seines Vorgängers gelehnt. Diese Stellung hat etwas Vertrauliches und ganz das Ansehen eines gemeinschaftlichen Schlummers. Vier Reihen solcher Schläfer liegen schon nebeneinander hin. Ihre Gesichter, ebenso wie ihre Hände und Füße, welche das Lei-*

chentuch bei einigen unbedeckt gelassen hat, sind völlig mumienfarbig. (Q 49) Die einzige weitere Ordnung, die man beachtete, war, daß alle Leichen, bei denen man ein Zeichen ihrer Katholizität gefunden hatte – also einen Rosenkranz oder ein Schutzheiligenbildchen – gemeinsam an die Seite des Totengewölbes gesetzt wurden. Als Rudolf Simler im Jahre 1658 auf seiner Reise von Zürich nach Lugano den St. Gotthard-Paß überschritt, traf er am Wegesrand auch auf ein solches Totenhaus. *Am Gotthard auf der linken Seite des Weges abwärts steht ein Häuslein, in welches man die im Winter erfrorenen und von Lawinen getöteten Leute geworfen hatte, um sie bei besserer Witterung ehrlich zu bestatten. Wir haben drei darin liegend gefunden.* (L 53) In *dem Wanderer in der Schweiz,* einem Führer für Fußreisende von 1836, ist eine Szene festgehalten, in der sich ein mit Zylinder und Gehstock ausgerüsteter Passant die Leichen des letzten Winters zeigen läßt.

Schon sein Urgroßvater, der berühmte Begründer der Alpenliteratur, Josias Simler, beschrieb in den 1570er Jahren die Ursachen und die verheerende Wirkung einer Lawine. *Es genügt eine geringfügige Ursache, um die Schneemassen in*

Bewegung zu setzen; so wenn sie an einem steilen und baumlosen Hang durch einen vorbeifliegenden Vogel, durch irgendein anderes Tier, durch heftigen Wind oder durch Geschrei vorübergehender Menschen erschüttert werden. Durch solche Erschütterungen, mögen sie noch so schwach sein, häuft sich der in Bewegung gesetzte Schnee zunächst zu einem Ball, der durch das Herabwälzen so groß und unförmlich wird, daß weitere Umdrehungen behindert werden. Alsdann gleitet er mit außerordentlicher, ständig zunehmender Gewalt und sich immer vergrößernd herab, so daß er Felsen, Bäume, Steinböcke und andere Tiere, Menschen und Hütten, kurz alles, was sich auf seiner Bahn befindet, bis zum Fuße des Berges mit sich reißt. (Q 78)

Die strenge Winterkälte mit Schnee und Eis barg aber nicht nur für die Reisenden im Gebirge eine Reihe von Hindernissen und Gefahren. Insbesondere bei langandauernden Kälteperioden froren Flüsse und Binnengewässer ein bzw. beschädigten größere Eisschollen allzu leicht die hölzernen Rümpfe der Schiffe. Für das Jahrhundert zwischen 1550 und 1650 sprechen die Klimahistoriker gar von einer ›Kleinen Eiszeit‹. Diese Periode war nicht nur durch feuchte und kühle Sommer mit erheblichen Ernteausfällen gekennzeichnet, sondern auch durch besonders strenge Winter. Transport und Verkehr waren durch diese kurzfristige Klimaschwankung erheblich betroffen. Nicht alleine Flüsse und Seen waren durch Zufrieren oder Eisgang für Monate unpassierbar. Selbst die Küstenschifffahrt kam zum Erliegen, wenn die Hafenbecken zufroren oder sich Eisschollen zu Barrieren vor den Hafeneinfahrten auftürmten, wie im Winter 1564/65. Diese ungewöhnliche Situation für den niederländischen Hafen Delfshaven hielt ein unbekannter Künstler in einem Gemälde fest. (Siehe Abb. S. 204)

Das Ende dieser kleinen Eiszeit brachte noch keine Entspannung der klimabedingten Probleme im frühneuzeitlichen Verkehr. Wie der Begleiter des ostfriesischen Reichsfreiherrn von Inn- und Kyphausen erzählt, kam es auch noch im Februar

1683 zu einer heiklen Situation, drohte doch ihr Schiff kurz nach ihrem Aufbruch von Emden nach Leer vom Eisgang auf der Ems beschädigt zu werden. *Es türmte sich plötzlich vor uns ein Wall aus zu Stein erstarrtem Wasser auf. Unser Schiff lag eingeschlossen und kaum beweglich da. Denn die Fahrrinne, die wir gewählt hatten, war zunächst nur zur Hälfte versperrt, als der Eisgang uns völlig unvorbereitet traf und uns, ohne daß wir uns hätten wehren können, nicht nur das Vergnügen einer schnellen Ankunft nahm, sondern uns auch zwang, sozusagen am Fuß der Festung liegen zu bleiben, da das Schiff ja nicht mehr als hundertundzwanzig Schritt davon entfernt war. Nachdem wir erfolglos alles mögliche versucht hatten, indem wir bald die Segel dem Wind überließen, bald all unsere Kräfte anspannten, um mit Hilfe der Anker Stück für Stück voranzukommen, beschlossen wir schließlich, des Wartens müde, die kleine Schaluppe loszuschicken, damit sie ein mittleres Boot mit vier bis sechs Ruderern holen könne. Aber sie konnte nicht mehr tun als ablegen, denn in dem Wasser voller Eiskristalle traf sie nicht auf den sanften Widerstand, den man im bewegten Meer findet und der für die Wirkung der Ruder so nötig ist.* (Q 64)

Selbstverständlich kann auch noch heute der Reisende durch Wettereinflüsse behindert und gefährdet werden. Es bleibt aber festzuhalten, daß der Reisende in der Frühen Neuzeit einerseits den Unbilden des Wetters ungleich schlechter gewappnet entgegentreten konnte, andererseits die Witterungsbedingungen in Verbindung mit den besonderen topographischen Gegebenheiten – Einöden, menschenleere Wälder und Sümpfe, schlechte Infrastruktur – in ihrer negativen Wirkung noch verstärkt wurden. Darüber hinaus bestand auch das Risiko der Verirrung, welches heutzutage durch detaillierte Landkarten, Wegweiser, Orts- und Straßenschilder sowie gut erkennbarer Straßenbegrenzungen und Kennziffern nahezu unbekannt ist. Insbesondere in einsamen Landstrichen, auf wenig begangenen und schlecht erkennbaren Wegen oder aufgrund besonderer Umstände, etwa Nebel, Dunkelheit oder plötzlicher Neuschnee, konnte der Reisende, ohne es recht zu bemerken, von seinem Wege abkommen. Der bereits mehrfach erwähnte Jung-Stilling hatte nicht nur Probleme mit dem Weg, sondern mußte sich völlig neu orientieren, nachdem er wieder auf eine menschliche Siedlung getroffen war. *Als er eine Stunde durch wüste Örter fortgewandelt war, so geriet er auf eine Landstraße, und hier sah er ungefähr eine Stunde vor sich auf der Höhe ein Städtchen liegen, wohin diese Straße führte. Er folgte derselben, und gegen elf Uhr kam er vor dem Tor an. Er fragte daselbst nach dem Namen der Stadt, und er vernahm, daß es Waldstätt war, wovon er zuweilen hatte reden hören. Nun ging er zu einem Tor hinein, gerade durch die Stadt durch und zum anderen wieder hinaus. Daselbst traf er nun zwei Straßen, welche ihm beide gleich stark gebahnt schienen. Er erwählte eine von beiden und ging oder lief vielmehr dieselbe fort. Nach einer halben Stunde geriet er in einen Wald, die Straße verlor sich, und nun fand er keinen Weg mehr; er setzte sich nieder, denn er hatte sich müde gelaufen. Er war in einer Einöde und wußte weit und breit um sich her keinen Menschen, der ihm helfen konnte.* (Q 32)

Zu Kriegszeiten hätte Jung-Stilling auch in einer Siedlung unter Umständen nur schwierig nach dem Weg fragen können. Aus Furcht hielten sich die Leute versteckt, und Fremden wurde selten die Tür geöffnet. Entsprechendes erlebte der polnische Wasaprinz in den 1620er Jahren, also während des Dreißigjährigen Krieges, auf seiner Reise durch Oberösterreich. *Als der Kronprinz vom Weg abkam und es dazu tüchtig zu regnen begann, beschloß er, einmal um nach dem Weg zu fragen, und zum anderen, um sich vor dem Regen zu schützen, das Haus eines Bauern aufzusuchen. Man klopfte an die Tür und rief laut, daß jemand herauskomme, doch weder wurde die Tür geöffnet noch zeigte sich ein Menschenkind. Als wir dann stärker klopften, schaute endlich ein altes Weib zum Fenster heraus. Es bebte am ganzen Leibe und antwortete den Männern, die nach dem Weg fragten, vor Angst fast ohnmächtig und mit zitternder Stimme, daß es, bei Gott, der richtige Weg sei und wir diesen weiter reiten sollten.* (Q 75)

Wohl dem Reisenden, der einen Führer und Pfadfinder bei sich hatte. Allerdings konnten selbst erfahrene Fuhrleute, wie es Albrecht Dürer auf seiner Rückreise von Antwerpen über Brüssel und Köln nach Nürnberg erlebte, die Orientierung verlieren. *Wir fuhren am Sonntag früh nach Aachen, da aßen wir und verzehrten zusammen 14 Stüber. Von da fuhren wir Richtung Altenburg, sechs Stunden lang, da der Fuhrmann den Weg nicht kannte und auf dem Wege irre wurde. Deshalb blieben wir die ganze Nacht dort und verzehrten sechs Stüber.* (Q 14)

Einsame Gegenden wurden von den Menschen jedoch nicht nur wegen der genannten Gefahren gemieden, zugleich fühlte man sich hier vermeintlich oder auch tatsächlich von den sprichwörtlichen Räubern und wilden Tieren bedroht. Zumal es hier Sümpfe, Moore und Schluchten zu überwinden galt. Die realen Risiken sind heute, im Abstand von Jahrhunderten, nur noch schwer abzuschätzen. Soviel steht allerdings fest, daß der für die industrielle Moderne so wichtige Übergang von der Herrschaft der Natur zur Beherrschung der Natur – mit allen heute erkennbaren negativen Momenten – sich im Laufe der Frühen Neuzeit wesentlich beschleunigte. Dadurch mögen die Menschen vielleicht für diese Gefahren und Hindernisse besonders sensibel gewesen sein. Hinweis auf eine, wohl überschätzte Bedrohung der Reisenden durch wilde Tiere – vornehmlich Bär und Wolf, der als Böser Wolf in die Volksmärchen Eingang fand – gibt eine Votivtafel von 1733,

die zwei vornehme Reisende aus Dankbarkeit für ihre Errettung vor Wölfen in der Kapelle von La Bâtiaz im Unterwallis aufhängen ließen. (Siehe Abb. S. 207)

Die Durchquerung eines Sumpfes ging längst nicht immer so glimpflich aus wie für den Fürsten Radziwill. *Fürst Radziwill ließ sich vom Sumpfgebiet täuschen, von dem er annahm, daß es aus festem Boden bestand. Und als er bequem darüber hinwegreiten wollte, sank das Pferd tief ein, und auch er tauchte im Sumpf unter, so daß er in nasser, verschmutzter Kleidung herausstieg.* (Q 75) Ein wenig eleganter hatte sich aus einer solch mißlichen Situation der bekannte Lügenbaron und Standesgenosse des Fürsten, Hieronymus von Münchhausen, retten können, indem er sich mitsamt seinem Pferd am eigenen Schopf herauszog.

Für die schweren und unbeweglichen Kutschen und Lastwagen mit ihren verhältnismäßig schmalen Rädern waren selbst kleinere Wasserläufe ein ernstzunehmendes Hindernis. Sichere Brücken waren selten, und die Durchquerung einer Furt oder die Überquerung eines alten, halb baufälligen Überganges bedeutete ein gewisses Wagnis. Vor allem wenn zur Schneeschmelze oder nach heftigen Niederschlägen die Bäche und Flüsse anschwollen, konnte man sich rasch nasse Füße holen. Der Würzburger Wallfahrer Jakob Röder berichtet in seinem Schreibkalender vom Anfang des 17. Jahrhunderts: *Den zweiten Juli sind wir in Dettelbach wallfahren gewesen. Es ist ein großes Unwetter gekommen, so daß wir bei der Richtstätte bis über die Schuhe im Wasser gegangen sind. In Haug ist schließlich das Bachwasser zwei Schuh hoch* (ca. 60 cm) *über die Brücke geflossen.* (Q 37)

Sowenig die Landwege ausgebaut waren und eine Fülle von Gefährdungen und Hindernissen bargen, sowenig waren die meisten natürlichen Wasserstraßen dem steigenden Verkehrsaufkommen angemessen angepaßt. Kaum ein Fluß war begradigt und damit seine zahlreichen Untiefen und Sandbänke beseitigt. Parallel zu den wenig abgegrenzten Landwegen waren die Fahrrinnen daher in den unbegradigten Flußläufen kaum zu erkennen, und die Stromschnellen und Strudel forderten von den Schiffsleuten beherztes Zutrauen und besondere Kenntnisse. Fast nach jedem Frühjahrshochwasser veränderten die Flüsse ihren Lauf, schütteten die Schmelzwässer neue Sandbänke und Untiefen auf. Ja selbst nach einem kräftigen Unwetter bildeten abgerissene Baumstämme, Treibholz und dergleichen neue Bedrohungen für den Schiffsverkehr. Das Auflaufen auf eine Sandbank und der damit verbundene Zeitverzug gehörte deshalb zu den fast alltäglichen Ereignissen einer Flußreise und findet in den Reiseberichten oft nur lapidare Erwähnung, wie die Notiz von Platter zeigt. Er hatte mit mehreren Personen in Genf ein Schiff bestiegen, um rhoneabwärts nach Lyon zu gelangen. *Als wir einige Stunden gefahren waren, saßen wir auf einer Sandbank fest, so daß die Schiffsleute aussteigen und das Schiff mit Gewalt fortziehen mußten.* (Q 66) Weitaus bedrohlicher waren die Strudel, denen der ostfriesische Adlige Ulrich von Werdum auf seiner insgesamt siebenjährigen Reise durch West- und Mitteleuropa begegnete, so etwa 1674 auf der Donau beim Flecken Grain, gut 25 km flußabwärts von Mauthausen. *Dies ist eine gefährliche Passage, da sich die Donau über viele kurz aufeinander folgende, kleine Absätze sehr ungestüm abstürzt und zwischen den engen Klippen dergestalt durch- und übereinander dreht, daß die Schiffe mit großer Umsicht und nicht ohne Gefahr hinüber gesteuert werden müssen. Etwa ein paar Musketenschüsse hinunter ist in diesem Strom noch ein gefährlicher Ort, da die Donau zwischen zwei hohlen Klippen sich ins Runde, gleichsam in einen Abgrund hinein mit so großem Ungestüm wirbelt und dreht, daß die Schiffsleute alle Kunst und Mühe anwenden müssen, damit nicht der schnelle Querstrom die Schiffe mit hinunterzieht, oder das unterste nach oben wirft, oder auch gegen die nahe aneinander stehenden Felsen zerschmettert. Hier ist zur rechten Hand auf einem Felsen ein Bild vom Sankt Nikolai errichtet, dem Helfer in*

Wassernot, dem sich die durchfahrenden Papisten (Katholiken) *befehlen. Man gibt ein Almosen, wenn man glücklich durchgekommen ist, wie gleichfalls die Schiffsleute alsdann ihr Trinkgeld nicht vergessen.* (Q 8)

Das Zusammenspiel der hier skizzierten topographischen Gegebenheiten, der nur ansatzweise ausgebauten Verkehrswege und der technischen Unzulänglichkeiten der Verkehrsmittel verursachte eine ganze Reihe von typischen Pannen und Unfällen. Das Fehlen eines wind- bzw. ruderunabhängigen Antriebs schränkte die Manövrierfähigkeit der Schiffe erheblich ein. Besonders die An- und Ablegemanöver in den Häfen, aber auch Fahrten bei Nebel oder Dunkelheit bargen daher beträchtliche Risiken. Um ein Haar wäre Albrecht Dürer auf der Höhe seines künstlerischen Schaffens einem Unfall zum Opfer gefallen, der sich bei einem Anlegemanöver während seiner Reise in den Niederlanden im Jahre 1520 ereignete. *Zu Arnemuiden geschah mir ein großes Unglück. Als wir ans Ufer stießen und unser Seil angeworfen hatten und im Aussteigen begriffen waren, stieß ein großes Schiff so kräftig an uns, daß ich im Gedränge jedermann vor mir aussteigen ließ. Es blieben außer mir nur noch Georg Köczler, zwei alte Weiber und der Schiffsmann mit einem kleinen Jungen an Bord. Als sich das andere Schiff an unseres drückte und ich mit den Genannten noch an Bord war, riß die Anlegetrosse, und ein aufkommender starker Sturmwind trieb unser Schiff vor sich her. Da schrien wir alle um Hilfe, aber niemand wollte sich wagen. Da schlug uns der Wind wieder vollends zurück auf die See. Da raufte sich der Schiffsmann und schrie, denn seine Knechte waren alle schon von Bord gegangen. Da war Angst und Not, denn der Wind war stark und nur sechs Personen im Schiff. Da sprach ich zum Schiffsmann, er solle sich ein Herz fassen, Hoffnung zu Gott haben und nachdenken, was zu tun sei. Er sagte, man müsse versuchen, das kleine Segel wieder zu hissen und wieder anzufahren. Also halfen wir alle mühselig mit und brachten das Schiff wieder in Fahrt.*

Die an Land, die uns schon aufgegeben hatten, sahen wie wir uns behalfen und kamen schließlich auch noch zu Hilfe. (Q 14)
Ebenfalls große Angst und Sorge erlebte Platter während der Einfahrt in den nächtlichen Hafen von Palamos im Jahre 1599. *Als wir bei finsterer Nacht zu dem Hafen kamen und zugleich der Wind uns entgegenkam, mußten die Schiffsleute kreuzweise hineinsegeln. Da es nicht gleich wollte vonstatten gehen, gerieten die Schiffsleute in Streit. Erst nach langer Arbeit schafften wir es, in den Hafen hineinzukommen; dort warfen wir den Anker und mußten wegen der Verspätung die Nacht in dem Schiff verbringen. In welcher Angst wir gewesen waren und welche Freuden wir nach der Ankunft im Hafen empfangen hatten, kann nur der verstehen, der sich in ähnlichen Fällen auf dem Wasser befunden hat.* (Q 66)

Die Reisegesellschaft des polnischen Kronprinzen Wladeslaw Wasa hätte dieses Verständnis bestimmt aufgebracht und wäre vor Angst erbleicht. Als ihr Rheinnachen bei Köln durch Wind und Wellen ins Schlingern geriet, wurden sie sofort in große Furcht und Schrecken versetzt. *Um schneller voranzukommen, hatten wir ein kleineres Boot gemietet. Als die Wellen anschwollen, bestürmten sie das Boot dermaßen, daß wir und auch der Kronprinz, der vom Ufer aus zusah, uns verloren glaubten. Doch mit Gottes Hilfe erreichten wir glücklich das Ufer.* (Q 75)

Diese Panik vor Schiffbruch auf hoher See ist durchaus nachvollziehbar. Die Angst vor der Überquerung kleinster Flüsse oder Unfällen im Hafen ist indes erklärungsbedürftig. Wasser galt als fremdes Element und Lebensraum übelgesonnener Tiere und Geister. Daher gab es weitaus weniger Menschen, die schwimmen konnten, als heute, und bei einem Sturz ins Wasser waren die meisten rettungslos verloren. Nur wer sich an umhertreibendem Frachtgut oder losgerissenen Teilen des Schiffes festklammern konnte, hatte eine Überlebenschance. Ein zu Petrarcas ›Trostspiegel‹ entstandener Holzschnitt zeigt den Untergang eines Kauffahrtschiffes in

unmittelbarer Küstennähe. Nur drei Männern ist es gelungen, sich an den Warenballen festzuhalten, während sechs oder sieben andere Schiffsleute von den Wogen verschlungen werden.

Waren es beim Wassertransport und der Schiffsreise sozusagen die unberechenbaren und bedrohlichen Elemente Wasser und Luft, aus denen die Risiken entsprangen, waren es bei der Reise zu Lande die ungünstigen Fahreigenschaften der Kutschen und die desolaten Straßenzustände, die sich rasch zu lebensgefährlichen Situationen verbinden konnten. Ein wohl nicht alltäglicher, aber in seinen Ursachen eben doch symptomatischer Unfall ereignete sich im Jahre 1786 auf einer mecklenburgischen Landstraße. Am 23. Februar vermerkte der württembergische Herzog Carl Eugen in seinem Tagebuch: *Nach ein Uhr setzten wir unsere Reise fort, hatten aber das Unglück, eine Meile von Gadebusch entfernt, einen meiner Bedienten, namens Messinger, auf folgende Art zu verlieren. Der Weg war gut und eben, so daß dieser Bediente es riskieren konnte, während des Fahrens sein Wasser vom Wagen abzuschlagen; er stieg also, wie es häufig gemacht wird, auf das untere Brett des hinten am Wagen angebrachten Sitzes. In dieser Zeit muß ihn ein sonst unbedeutender Stoß aus dem Gleichgewicht gebracht haben, da sein Überrock an das linke hintere Rad kam, welches ihn mit hinaufzog und sich mit aller Gewalt über seine Körper drehte. Sobald man halten konnte, stiegen meine Fau und ich aus, alles kam zur Hilfe, zum Glück war Leibchirurgus Klein da, hatte seinen Apothekenkoffer bei sich. Man gab ihm Arznei ein, setzte, trug ihn vielmehr in die Chaise des Leibchirurgen, der langsam mit ihm zum nächsten Haus fuhr, wo er binnen etlicher Minuten, unter Zuspruch des katholischen Hofpredigers Menninger, da der Bediente der nämlichen Religion zugetan war, seinen Geist aufgab.* (Q 87)

Den weiter oben geschilderten Manövrierschwierigkeiten der Schiffe entsprachen die Lenkprobleme der Pferdefuhrwerke und Kutschen. Der beste Wagenführer war selten in der Lage, sein Fahrzeug exakt in der Spur zu halten. Noch heute erinnern in vielen Altstädten die an Toreinfahrten und Hausecken als Anfahrtschutz gedachten, schräg in den Boden eingelassenen Steinpfosten an diese Schwierigkeiten. An ihnen sollten die Eisenreifen abrutschen und die Fahrzeuge auf Distanz von den Gebäuden gehalten werden. Fehlten dergleichen Vorrichtungen, konnte es zu heiklen Situationen und Unfällen kommen, wie ein Begleiter des polnischen Kronprinzen im Jahre 1624 notierte. Allerdings hatte Prinz Wladeslaw mehr Glück als der arme Diener des württembergischen Herzogs: *Bei der Fahrt durch das Schloßtor erfuhr der Kronprinz eine traurigen Unfall. Zwei Reiter hatten die Pflicht, sich – wie bei der Einfahrt in eine Stadt üblich – an der Seite der Karosse zu halten. Der eine Reiter holte den Degen aus der Scheide und ritt mit dem blanken Eisen an der Seite der Kutsche an der Stelle, an welcher der Kronprinz saß. Als wir in das Schloß einfuhren, lenkte der Kutscher die Karosse am Tor zu sehr an die Mauer. Dabei wurde auch der Reiter bedrängt, sein Degen gegen die Mauer gedrückt. Die Klinke fuhr durch die Steigbügel und durchbohrte die Karosserie der Kutsche bis in den Fuß des Kronprinzen und verletzte ihn arg. Der Kron-*

prinz stieß den Mann zurück, doch man hatte das Tor bereits passiert. Ich war auf das höchste bestürzt, sprang sofort aus der Karosse und sah, daß der Stiefel des Kronprinzen voll von Blut war. (Q 75)

Auch wer bei diesen Unfällen und Pannen nicht an Leib und Leben Schaden erlitten hatte und mit dem Schrecken davonkam, hatte mit erheblichen Zeitverzögerungen und Unbequemlichkeiten zu rechnen, zu schweigen von der permanenten Furcht vor neuen, eventuell weniger glimpflich verlaufenden Zwischenfällen. Einen Eindruck von diesen Sorgen vermittelt der Bericht Karl Friedrich von Klödens: *Wir hatten mit unserem Wagen kaum den steinigen, engen Weg angefangen, als der Schwengel am Wagen brach. Es ritt gleich einer von unseren Begleitern in das nahe gelegene Amt Straußberg und holte einen neuen. Wir gingen indes den Weg zu Fuß. Kaum waren wir oben, so brach der Schwengel am Wagen ein zweites Mal. Nunmehr war die Schwierigkeit größer; der Wagen blieb seines breiten Geleises wegen alle Augenblicke sitzen. Es dauerte etwa zwei Stunden bis der Wagen hinauf gebracht worden war. Endlich um die Mittagszeit konnten wir weiterreisen. Kaum waren wir eine halbe Stunde weiter fortgefahren, als unsere Vorderachse entzweibrach. Da saßen wir nun in einer tiefen Schlammgrube und mußten uns trotz allem Widerwillen durch dieselbe aus dem Wagen flüchten. Weil sich im nahe gelegenen Dorfe kein rechter Wagner fand, mußten wir eine Notachse nehmen. Zum guten Glück hatte der Unfall gerade vor einem Bauernhause geschehen müssen, wo der Bauer eine solche Achse hatte. Indessen vergingen doch anderthalb Stunden, bis diese mit Ketten festgebunden und alles zum Fahren eingerichtet war. Endlich war der Wagen geflickt, die ganze Gesellschaft packte sich ein. Es fing schon an dunkel zu werden, und wir zitterten bei jedem Stoße vor einem ähnlichen Übel.* (Q 38)

Eine vergleichbare Verkettung von Pannen erlebte auch Jens Baggesen, an dessen Kutsche sogar kurz zuvor zwei neue

Räder angebracht worden waren. *Diese Reparatur konnte jedoch nicht verhindern, daß der Wagen mitten auf der Straße nach Nörten, eine gute Meile von Göttingen entfernt, doch entzweiging und wir alle drei holterdiepolter in einen nicht sonderlich spiegelklaren Dorfteich purzelten, den Vorübergehenden zu unendlichem Gelächter. Da eine Reparatur nicht mehr möglich war, machte der Postkutscher in aller Eile Anstalten, den defekten Wagen zu einem Stellmacher zu bringen und an seiner Stelle einen Ersatzwagen für die Fahrt nach Göttingen zu beschaffen.* (Q 2)

Alle bisher beschriebenen Hindernisse und Gefahren resultierten aus den klimatischen und topographischen Gegebenheiten, denen die Reisenden aufgrund der spezifischen technischen und organisatorischen Defizite der frühneuzeitlichen Infrastruktur unmittelbar ausgeliefert waren. Auf dem Reiseweg drohten indes auch von den Mitmenschen selbst sowie von den staatlichen Behörden Verzögerungen und Unsicherheiten. Die Bedrohung durch den Mitmenschen ist einerseits selbstverständlich im übertragenen Sinne zu verstehen. Hierunter zählt das Risiko, auf einer Reise zum Opfer jener Zeitgenossen zu werden, die durch Diebstahl, Raub und Wegelagerei ihren Lebensunterhalt bestritten. Ebenso ist hierbei aber auch an die Gefahr zu denken, die von dem buchstäblich Nächsten, dem Mitreisenden in der Kutsche, auf der Fußreise oder in der Etappe ausging. Neben diesen möglichen, aber wohl nicht alltäglichen Gefahren, sind allerdings auch die Verzögerungen, ungewollte Kosten und Unannehmlichkeiten zu berücksichtigen, die durch die Allgegenwart der Bettler und Vagabunden verursacht wurden. An praktisch allen für die Reisenden neuralgischen Punkten, an Gasthäusern, Stadttoren, Brücken- und Fährübergängen sowie an Sehenswürdigkeiten, besonders an Kirchen, wurden die Reisenden um Zuwendungen angegangen. Zahlenangaben lassen sich hier nicht machen. Man kann allerdings davon ausgehen, daß es während der Frühneuzeit ein Mehrfaches an Bettlern und Vaga-

bunden gab als heute. Das hing einmal mit dem fehlenden sozialen Netz zusammen, andererseits gibt es aber auch bis zur Aufklärungszeit eine nur in Ansätzen entwickelte moralische Stigmatisierung des Bettelns. Man kann sogar von einer Art Dienstleistungsverhältnis zwischen Bettler und Spender sprechen, insofern nämlich vom christlichen Caritas-Gedanken her der Bettler den Wohltäter in seine Gebete einschloß und für dessen Seelenheil, aber eben auch für dessen Schutz vor irdischen Bedrohungen fürbat. Ein solches Verhältnis beschreibt Wilhelm Ludwig Wekhrlin, der im Jahre 1788 das Städtchen Ybbs bei St. Pölten besuchte. Ybbs war vor allem wegen des Donaustrudels bekannt und berüchtigt. *Der Strudel bei Ybbs ist ein Ort, welcher durch die Schiffer und Bettel-*

leute ins Geschrei gebracht worden ist. Die Bettler, welche auf kleinen Nachen herbeirudern, fordern den Reisenden ein Almosen ab, gegen das Versprechen, bei einem gewissen Heiligen, welcher die dortigen Gewässer beschützt, vorzubitten. (Q 91) Daß die Reisenden durchaus offensiv und fordernd um ein Geldgeschenk bedrängt werden konnten und man sich dem kaum entziehen konnte, zeigt die Abbildung einer regelrechten Bettlerbehausung vor einem Gasthaus. Ein offensichtlicher invalider Bettler geht ein vornehmes Paar um eine milde Gabe an. Seine Familie, eine Frau und zwei kleine Kinder, sind in einer Grashütte um das offene Feuer versammelt. Auf diesem Stich aus dem Jahre 1709 deutet sich auch bereits die angeekelte Distanzierung der gehobenen Stände vor Armut und körperlichen Gebrechen und Schmutz an, schirmt sich doch die Dame mit ihrem Fächer vor dem Anblick des Elends ab.

Im Verlaufe des 18. Jahrhunderts wurden Gestank und Ungezieferbefall der Bettelscharen für die feinen Nasen der vornehmen Gesellschaft als zunehmende Belastung empfunden. Der Hannoveraner Freiherr von Knigge scheint hier besonders sensibilisiert gewesen zu sein: *Will man sich ausruhen, so hüte man sich, zu nahe an der Straße unter einen Baum sich zu legen. Das sind gewöhnlich Plätze, wo Bettelleute sich lagern und Ungeziefer zurücklassen.* (Q 39)

Bedeuteten selbst Horden von Bettlern für die Reisenden zwar Unannehmlichkeiten und verursachten gewisse Kosten, so ging von Dieben und Räubern eine ungleich höhere Gefahr aus, die nicht nur den Verlust der gesamten Barschaft, sondern unter Umständen auch Schäden an Leib und Leben brachte. Sicher wäre es übertrieben, Raubüberfall und Kutschenraub als etwas Alltägliches zu sehen. Da diese Vorfälle, anders als das Betteln, im Einzelfall aktenkundig geworden sind, läßt sich aber mit Sicherheit davon ausgehen, daß die damaligen Landstraßen bedeutend unsicherer waren als unsere Bundesstraßen und Autobahnen. Letztlich belegen auch die immer wieder neu erlassenen obrigkeitlichen Verordnungen gegen das Straßen- und Wegelagern einen wahrgenommenen Handlungsbedarf. Gerade entlegene Strecken durch größere Waldgebiete, wenn nicht sogar ganze Landstriche, gerieten oft durch mehr oder weniger regelmäßige Überfälle auf Reisende in Verruf. Die Risiken des Alleinreisens illustriert ein Augsburger Holzschnitt aus Petrarcas Trostspiegel aus dem Jahre 1539. Ein nur mit seinem Wanderstab bewehrter Fußreisender ist auf einem einsamen Waldweg zwei Räubern in die Hände gefallen. Von der Klinge des einen durchbohrt, sinkt er nieder, die Hand des Räubers fährt bereits gierig in das Felleisen, während sein Komplize den Vorgang seelenruhig an einen Baum gelehnt beobachtet.

Mit einer ganzen Reihe von Maßnahmen versuchten sich die Reisenden, aber auch die Kaufleute mit ihren Warentransporten gegen diese Risiken eines Überfalls zu schützen. Wo immer möglich, mied man die einsamen Wege und Straßen sowie besonders jene Pfade, die durch größere, geschlossene Wald- oder Gebirgsregionen führten. Ein Augsburger Holzschnitt aus dem Jahre 1531 zeigt den Überfall auf eine Reisegesellschaft, die offensichtlich auf einem kleinen, kaum er-

kennbaren Pfad unterwegs war. Zwei Mitglieder der Gruppe liegen erschlagen am Boden, drei sind an Bäume gefesselt, außerdem hat man ihnen bereits Schuhe und Hosen ausgezogen. Die Raubgesellen sind an Ort und Stelle mit dem Teilen der Beute beschäftigt und durchwühlen noch die Felleisen und Rucksäcke ihrer Opfer.

War ein Ausweichen nicht möglich, so wagte man sich nur mit ängstlicher Anspannung auf den Weg und war bestrebt, den riskanten Streckenabschnitt möglichst rasch und ohne Pausen hinter sich zu bringen. So mußte Platter mit seinen Begleitern in der Nähe von Gerona in Katalonien eine Strecke von knapp fünfzehn Kilometern durch ein geschlossenes Waldgebiet zurücklegen. *Wir mußten noch zwei Meilen durch den gefährlichsten Wald der ganzen Gegend ziehen, in einem Wald, in dem wir uns hätten leicht verirren können oder den Räubern und Mördern hätten unter die Hände fallen können. Ein Wirtsmann riet uns deswegen, wir sollten die Nacht über bei ihm bleiben, was wir durchaus getan hätten, wenn wir nicht befürchtet hätten, es würden am selben Abend etliche Späher kommen und uns mit ihren Leuten am folgenden Tag auf dem Weg überfallen. Nachdem wir eine viertel Stunde im*

Wald waren, wurde es dunkel, doch blieb ein fahler Mondschein und wies uns den Weg. Alsbald kamen wir in ein Dickicht voll Gestrüpp mit wenig Bäumen. Unser Führer sagte, daß hier die meisten Angriffe passieren würden, so daß wir uns fürchteten und unsere Gesellschaft enger aneinanderrückte und sich um den Führer scharte. Wir gingen nun hintereinander, vorne der Führer, dann ich, auf mich mein Gesell, zuletzt unser Lakai. Ich versteckte etwas Gold in meinen Schuhen, ließ allerdings ein wenig im Säckel zurück. Ständig trieben wir unseren Begleiter an, er solle sich beeilen, und stellten ihm einen hohen Lohn in Aussicht. Als wir auf eine Anhöhe kamen, hörten wir an der Seite, etwa einen Steinwurf entfernt, ein grobes Geschrei wie ein Rabengeschrei. Sofort antwortete ihm ein gleichförmiges Geschrei, etwa einen Büchsenschuß auf der anderen Seite entfernt. Nun glaubten wir, wir seien von hinten und vorne von Räubern umzingelt. Wir streckten unsere gezogenen Waffen in die Höhe. So gingen wir weiter, immer der Meinung, man würde uns im nächsten Moment angreifen. In welchen Ängsten wir weitergingen, kann sich jeder denken, der in gleicher Gefahr gewesen ist. Ich glaube auch heute noch, es seien damals Späher gewesen, aber weil sie uns vier bewaffnet und kampfbereit sahen, scheuten sie vermutlich vor einem Überfall zurück. Als wir den Wald schließlich glücklich durchquert hatten, fragten wir in einem anderen Wirtshaus nach einem Nachtessen. Dort wunderten sich alle gar sehr, daß wir so spät und dennoch unberaubt diesen gefährlichen Weg überwunden hatten. Ein halbes Jahr später in Nordostfrankreich mußte Platter wieder diese Ängste ausstehen. *Am Morgen des 17. August 1599 sind wir durch die Dörfer Ambifay und Fislau gekommen und mußten dann den Wald von Basec, ein überaus gefährlicher Ort voller Mörder, Räuber und Soldaten, durchqueren. Die uns begleitenden Fuhrleute waren darüber sehr besorgt und baten, unsere Waffen in Bereitschaft zu halten. Nach einigen Stunden erreichten wir glücklich und wohlbehalten am Mittag Arras.* (Q 66)

Eine wirkungsvolle, wenngleich umständliche und vor allem kostspielige Vorkehrung gegen Raubüberfälle war die Anstellung eines Geleitschutzes. Eigentlich kam diese Form der bewaffneten Eskorte nur für größere Reisegruppen oder aber eben nur für zahlungskräftige Adlige und Kaufleute in Frage.

Ruft man sich die Ängste Platters in Erinnerung, so wird seine Erleichterung verständlich, als er sich im September 1599 auf dem Weg von Gent nach Brügge einer Reisegesellschaft mit Geleitschutz anschließen konnte. *Obwohl der Weg relativ sicher war, hatte der Graf, der mit zwei Kutschen, ungefähr zwanzig Adligen zu Pferd und drei weiteren Wagen unterwegs war, etwa fünfzig bewaffnete Soldaten als Geleitschutz zu sich genommen und unsere Gesellschaft gestärkt, die ohne diesen Schutz Sorge hätte haben müssen, überfallen zu werden.* (Q 66)

Überhaupt war das Reisen in größeren Gruppen sicherer. Insbesondere die Kaufleute mit ihren schwer bepackten Frachtwagen, die für Räuber besonders lockende Ziele waren, schlossen sich zu sogenannten Konvois zusammen. Eine Kombination von Geleitzug und Konvoi stellte der Wagentreck von Nürnberger und Augsburger Kaufleuten dar, der im Januar 1638 nach Besuch der Leipziger Messe Richtung Nürnberg aufbrach und der in den Unterlagen der im Nürnberger Archiv gelagerten schwedischen Kriegsakten beschrieben wird. *Die Kolonne ließ sich sehen, voran sechs eigene Kutschen und eine Mietkutsche, ein sogenannter Hauderwagen, alle voll besetzt, dann zwei Gepäckwagen, jeder voll beladen, zum Schluß die Reiter, insgesamt an die hundert Personen, darunter drei Nürnberger Einspännige, die schon die Hinfahrt nach Leipzig begleitet hatten und nun auch wieder die Rückfahrt mitbetreuten, ferner einige Gräfenthaler und jetzt auch zwei Coburger bewaffnete Geleitsreiter. Ein Drittel der im Geleit Mitziehenden ritt sein eigenes Pferd. Daß jeder der Reiter, jeder der im Wagen Fahrenden, überhaupt jeder der Geleitsteilneh-*

mer eine Waffe bei sich führte, verstand sich von selbst. Nürnberger, Augsburger und Fremde ritten im geschlossenen Verbande. Sie bildeten, da ein Überfall von rückwärts gefährlicher erschien als von vorne, das Ende und die Nachhut des Zuges. (Q 16) Zwar konnte so die Gefahr eines Überfalles durch kleinere Banden von Strauchdieben gebannt werden. Die Ansammlung von Kaufmannsgütern zog allerdings dann auch wiederum größere Räuberbanden an. Besonders in Kriegs- und Krisenzeiten, wenn die Banden durch Entwurzelte starken Zulauf erhielten und überdies durch umherziehende, desertierte Söldner – sozusagen qualifizierte ›Fachleute‹ – verstärkt wurden, waren auch gut geschützte Kaufmannszüge nicht mehr sicher. Höhepunkt dieser Entwicklung war die Zeit des Dreißigjährigen Krieges (1618–1648), als Mitteleuropa ein Menschenalter lang Schauplatz eines blutigen europäischen Mächteringens war. Zehntausende umherziehende Söldner, marodierende Landsknechte und auf eigene Rechnung arbeitende Kriegsunternehmer trugen zu einer völligen Verunsicherung des Reiseverkehrs und des Warentransports bei. In der Tat wurde der scheinbar so gut gesicherte Nürnberger und Augsburger Geleitzug in der Nähe von Coburg Opfer eines mindestens hundert Landsknechte umfassenden und straff geführten Streiftrupps. *In der Entfernung eines Musketenschusses bog der erste Trupp, vom Geleit aus gesehen, nach rechts ab, hielt auf dem Hügel über der Straße an und ließ die Wagenreihe, die sich inzwischen zu einer Wagenburg zusammengeschoben hatte, nicht aus den Augen. Weitere Reitertrupps rückten nach, auch Musketiere kamen hinzu und verstärkten die Sperre. An ein Durchbrechen der Wagen war nicht zu denken. Rechts ging es über den steilen Hang hinab, links war ein nur leicht überfrorenes, unbefahrbares Sumpfgelände, die Straße nach vorne riegelten schußfertige Musketiere ab, nach rückwärts waren die breiten Kutschen und schweren Wagen, die noch dazu dicht beieinander standen, nicht mehr zu wenden. Man stak in einer geschlosse-*

nen Falle. Es war unverkennbar, was sich an dem gut gewählten Platz vorbereitete, ein planmäßiger Überfall. Im Nu gab es Tote und Verwundete. Auf seiten des Geleites wurden zugleich fünf niedergemacht. Verwundet wurden an die zwanzig, die einen durch Schüsse, die anderen durch Stiche. Von den Angreifern hieß es, daß sie sieben Verwundete gehabt hatten, aber keinen Toten. Erst wurden die Kaufleute und die, bei denen am meisten zu hoffen stand, durchsucht und um alles, was wertvoll war, erleichtert, natürlich um Geld, Schmuckstücke und Edelsteine voran. Wer ein schönes Gewand trug, mußte dieses ausziehen und hergeben, ebenso gute Schuhe und Stiefel, besonders aber die Pelze. Daß die Opfer halb oder ganz nackt in der Winterkälte zurückblieben, danach wurde nicht gefragt. Dann kamen die Kutschen an die Reihe. Hier wurde nicht weniger gründlich vorgegangen. Man wußte, wo sich Verstecke und Geheimgefächer befanden, und verstand, diese zu öffnen, am raschesten so, daß mit Hacke und Beil alles kurz und klein geschlagen und jedes verdächtige Brett und Stück Holz zertrümmert wurde, vom Kutschbock bis zur Radnabe, von der Deichselstange bis zum Futtertrog. Die Hauptfunde gab es bei den schweren Packwagen. Da kamen nicht nur kostbare Waren an den Tag, Seide, Samt und Feingespinste, sondern auch Bargeld in großen Mengen. (Q 16)

Dieses Ereignis war in jener unruhigen Zeit keine Ausnahme. Allein im Jahre 1637 hatten Nürnberger Kaufleute sieben größere Überfälle auf ihre Warenzüge erdulden müssen: *Zu Kindelbrück, nördlich Erfurt, gingen sechzig Wagen mit allen Pferden und der gesamten Ladung verloren. Die ins thüringische Städtchen Schleusingen geretteten Güter mußten letztlich doch bis zum letzten Stück herausgegeben werden. Ein mit Seidenwaren und Safran beladener Wagenzug, aus Salzburg kommend, fiel in der Nähe des Wendelsteins Räubern in die Hände und wurde mitsamt der Bespannung geraubt. Ähnliches geschah zu Neusäss bei Bamberg. Wieder war das Beu-*

tegut hauptsächlich Seide. Ähnliches ereignete sich mit einem Geleitzug, der nach Würzburg bestimmt war. Das gleiche erfolgte bei Roth, südlich von Nürnberg. Die Wagenkolonne mit 38 Pferden befand sich auf dem Wege nach Augsburg. (Q 16)

Es ist daher nicht verwunderlich, das Jacques Callot in seinem berühmten Zyklus über ›die Schrecken des Krieges‹ eine Radierung auch dem Überfall von Marodeuren auf eine Kutsche widmete und mit einem sinnfälligen Lehrspruch unterschrieb: *Am abgelegenen Ort, wo keine Menschen,/in Wäldern, weit von Militärstationen,/dort finden diese Raub- und Mordgesellen sich ein,/mit allzeit blutiger Hand erpicht auf Diebereien,/besessen ganz und gar vom grausamen Bestreben,/den Reisenden zu nehmen Ehre, Gut und Leben.* Während noch einige Widerstand leistende Begleiter niedergemacht werden, sind bereits erschlagene Reisende bis auf die nackte Haut ausgeplündert, einige andere suchen ihr Heil in der Flucht, die übrigen verschreckten Insassen werden gerade aus der Kutsche gezerrt.

Wie die hier präsentierten Beispiele zeigen, drohte zwar den Reisenden und Kaufleuten von den umherziehenden Landsknechten und Marodeuren beträchtliche Gefahr. Dies ist allerdings nur die dunkle Seite des im Zusammenhang mit dem frühmodernen Staatsbildungsprozeß einhergehenden

Aufbaues größerer militärischer Verbände. In dem eben zitierten Lehrspruch von Callot klingt an, daß das räuberische Straßenvolk eben auch die Militärstationen, also die regulären Truppen, mied und sich in die sozusagen herrschaftsfreien Wälder und Einöden zurückzog. Auch in den jahrzehntelang umkämpften Landstrichen zwischen den Fronten der nordniederländischen Freiheitskämpfer und den spanischen Besatzungstruppen in den südlichen Niederlanden, dem heutigen Belgien, entstand ein Vakuum, in dem sich umherstreifende Söldnerhorden halten konnten. Auf seinem Weg von Brügge nach Gent fielen Platter entlang der Landstraße eine Reihe kleinerer, befestigter Stellungen auf, deren militärischer Zweck ihm zunächst nicht klar war. *Diese lagen auf der Landstraße jeweils etwa einen Büchsenschuß von einander entfernt und waren mit Erde aufgeworfen sowie mit Reisigbündeln und Wurzelwerk durchflochten. Sie maßen etwa zehn Schritt im Quadrat, die Wälle waren etwa fünf Schuh dick und knapp mannshoch, so daß darin etwa zehn oder auch weniger Soldaten Platz haben. Die Männer hatten sich in diesen Vierungen jeweils bescheidene Hütten gebaut. Ihr Zweck ist es, die Freibeuter von der Landstraße zu vertreiben, doch insbesondere wenn sie nur wenige sind, leisten sie bei einem Angriff kaum Widerstand, werden überwältigt und geschlagen oder gefangengenommen.* (Q 66)

Nicht nur mit Militär, sondern auch mit einer Reihe von Verordnungen und verschiedenen Maßnahmen versuchten die Landesherrn gegen das Bandenunwesen vorzugehen und die Landstraßen sicherer zu machen. Als Beispiel mag das *Edikt wider das Strauch-Reiten, Straßen-Räuberei und gewaltsame Stehlen* vom 4. Februar 1612 des brandenburgischen Kurfürsten Johann Sigismund dienen. *Trüge es sich zu, daß weiterhin Überfall und Raub verübt würde, so sollen die Gerichte und Obrigkeiten jeden Orts, Tag und Nacht ihre Untergebenen, soviel hierzu nötig seien werden, durch Glockenschlag zu sammeln und den Räubern bis an die Landesgren-*

zen nachzujagen. Wälder, Heiden und Gebüsch, in denen sich vermutlich Räuberhaufen zurückgezogen haben könnten, sollen systematisch durchsucht werden. Ebenso sollen die benachbarten Flecken, Dörfer und Städte, sobald sie den Glockenschlag hören, sich an der Jagd beteiligen. (Q 59)

Erlebten diese Bestrebungen durch die jahrzehntelangen Wirren des Dreißigjährigen Krieges zunächst erhebliche Rückschläge, so konnte bereits im Verlaufe der zweiten Hälfte des 17. Jahrhunderts eine zögernde Verbesserung festgestellt werden, ohne daß die Gefahr von umherschweifenden Räuberbanden bis in die erste Hälfte des 19. Jahrhunderts völlig gebannt worden wäre. Schließlich kam es auch während des ganzen 18. Jahrhunderts zu Überfällen auf Reisende, und der legendäre Schinderhannes versetzte noch in der Napoleonischen Zeit ganze Landstriche am Mittelrhein in Furcht und Schrecken. Es drückt denn auch wohl eher den frommen Wunsch nach unangefochtenem Handel und Wandel aus, wenn bereits um 1720 auf einem Titelkupfer Sicherheit und Bequemlichkeit des modernen Reisens gelobt werden. *Wo Friedens-Ruh beschützt ein Land/ da ist von großem Heil zu sagen,/ ein Reisender darf in der Hand/sein Geld ganz frei und offen tragen/und so den Abend als den Morgen/ kein Überfall im Wald besorgen./Die Handelschaft geht glücklich fort/ man kann zur Not und zum Ergötzen/ besuchen manchen fremden Ort/ der Bote frei seinen Weg fortsetzen/ auch wohl bei Nacht mit Pfeifen und Singen/ ohne Anstoß seinen Ritt vollbringen.* (L 15)

Darüber hinaus verlagerte sich der Schwerpunkt der Bedrohung weg von der offenen, brachialen Gewalt hin zur subtileren und verdeckten Kriminalität wie Betrug, Täuschung und Übervorteilung. Tendenziell verlor die offene Straße als Tatort zugunsten der Kutschkabine, des Wirtshauses und der Wechselstube an Bedeutung. Das heißt also, daß die Verdichtung und Zunahme des Reiseverkehrs, ja die staatlichen Initiativen zur Verbesserung der Infrastruktur mit der Förderung bestimmter Verkehrsknotenpunkte in gewisser Weise – selbstverständlich ungewollt – auch zur Generierung neuer Formen der Gewalt- und Wirtschaftskriminalität beitrugen.

Schließlich kam seit dem Ende des 17. Jahrhunderts für reisende junge Männer eine neue potentielle Bedrohung hinzu: der Soldatenwerber. Mit den traumatischen Erfahrungen des Dreißigjährigen Krieges, als die großen Söldnerheere wiederholt ihren Kriegsherrn wechselten, sich überhaupt staatlicher Kontrolle entzogen und sengend und mordend durch die Lande zogen, hatte sich ein allgemeiner Wunsch nach intensiverer Kontrolle der Söldner und damit auch nach der Sicherung des staatlichen Gewaltmonopols durchgesetzt. Die Landesherrn nutzten nach 1648 ihr im Westfälischen Frieden zugesichertes Armierungsrecht zum Aufbau stehender, also dauerhaft auch in Friedenszeiten an den Fürsten gebundener, militärischer Verbände. Es entstand ein allgemeiner Rüstungswettlauf, an dem nicht nur alle größeren deutschen Territorien, sondern auch nahezu alle europäischen Staaten beteiligt waren. Um 1700 verfügten etliche Länder über Armeen von mehr als 100 000 Mann Truppenstärke. Mit ihren bald einheitlich eingekleideten und ausgerüsteten Soldaten besaßen die Landesherrn ein wirkungsvolles Machtinstrument, das sich nicht nur für Kriege und Bündnisverhandlungen, sondern auch als innenpolitischer Faktor zur Durchsetzung des fürstlichen Willens gegenüber den aufmüpfigen Untertanen einerseits, aber auch zur Sicherung des inneren Friedens andererseits eignete. Wenn sich auch das Verhältnis von Söldner und Fürst allmählich wandelte und nicht mehr nur auf einem privatrechtlichen Vertrag basierte, blieb doch bis ins 19. Jahrhundert hinein, als Vorstufen einer allgemeinen Wehrpflicht eingeführt wurden, der Typus des angeworbenen Söldners noch durchaus dominierend. Daher setzten sich die Heere aus Freiwilligen zusammen, die durch gezielte Werbung rekrutiert wurden. Gerade in Kriegszeiten, wenn der Solddienst verständlicherweise nicht besonders verlockend war, oder in Aufrüstungsphasen, wenn die Werber besonders viel Nachwuchs benötigten, wurde das Prinzip der Freiwilligkeit jedoch zur Fiktion. Die Offiziere schickten einzelne, aus wenigen Männern bestehende Werbetrupps, zuweilen aber auch einen einzelnen Mann quer durch Europa, um geeignete Kandidaten aufzugreifen. Nicht immer wurde der legale Weg beschritten, also in Uniform und mit Werbetrommel gebuhlt; insbesondere in Ländern, mit denen keine entsprechenden Abmachungen bestanden, waren die Werber als harmlose Zivilisten verkleidet und arbeiteten verdeckt mit einem Netz von Mittelsmännern und Agenten. Junge männliche Reisende waren ein besonders lohnendes Objekt, hielten sie sich doch in der Regel viele Kilometer von ihrem Heimatort entfernt auf und waren also ohne helfenden Rat und Schutz. Außerdem wußte man, daß nicht wenige von ihnen in keinem festen Dienst- und Arbeitsverhältnis standen, also auch keinen Rechtsschutz genossen, knapp bei Kasse waren und ein gewisses Quantum an Risikobereitschaft und Abenteuerlust mitbrachten. Mit einem Wort, die Zielgruppe setzte sich vornehmlich aus Handwerksgesellen auf Wanderschaft, umherziehenden Studenten und Schülern, entlaufenen Lehrlingen und Ackerknechten, aber auch Landstreichern zusammen. War jedoch der Rekrutierungsdruck besonders groß, oder hatte der potentielle Kandidat das begehrte ›Gardemaß‹ von 175 cm und mehr, blieben auch Personen der bessergestellten Kreise in festen sozialen und beruflichen Einbindungen nicht mehr vor den Zudringlichkeiten der Werber verschont.

Die Anwerbung folgte zwei Grundmustern. Hatte man ein Opfer ausgespäht, erfolgte der Zugriff gezielt und geplant an einem Ort, wo der junge Mann ohne Zeugen überrumpelt und mit Androhung oder Anwendung physischer Gewalt zur Eidesleistung und in die Uniform gezwungen werden konnte. Dieses Schicksal teilte der Schuhmachergeselle Carl Friedrich Johann mit vielen seiner Zeitgenossen. Johann, der sich auf den Weg nach Göttingen gemacht hatte, um dort eine neue

Arbeit zu finden, wurde im Jahre 1750 *auf öffentlicher Heerstraße zwischen Weende und Göttingen von zwei Soldaten gewaltsamer Weise überfallen. Er erhielt von denselben mehrere Hiebe, wurde nach Göttingen geschleppt und dort aus einem Wirtshause ins andere geschleppt und ist schließlich forciert worden, Soldat zu werden.* (L 109) Bei der anderen Methode wurde Öffentlichkeit geradezu gesucht, galt es doch, vor Zeugen die scheinbar freiwillige Annahme von Kriegsdienst zu suggerieren. Beinahe klassischer Tatort war das Wirtshaus, konnten die Werber doch dort nicht nur zwanglos mit den Opfern in Kontakt treten, sondern mittels Alkohol die Entschlußfreude der zukünftigen Rekruten stimulieren. Es reichte eine im Überschwang der ausgelassenen Stimmung gemachte Bemerkung oder schlicht die Bezahlung der Zeche durch die Werber, um ein rechtsrelevantes, vor Zeugen an den Tag gelegtes stillschweigendes Einverständnis des Rekruten als Annahme des sogenannten Handgeldes und damit des Dienstes zu dokumentieren. Die Werber arbeiteten meist nicht allein, sondern oft mit dem Wirt, Prostituierten, aber auch mit Agents provocateurs zusammen. Ein solcher führte den Studenten Friedrich Christian Laukhard, der sich Ende der 1770er Jahre auf seiner Reise von Gießen nach Mainz in Frankfurt aufhielt, um hier das Marktschiff zu besteigen, in die Fänge eines österreichischen Rekrutierungstrupps. *Der Kerl führte mich in ein Weinhaus, welches, wie ich hernach erfuhr, der ›Rote Ochse‹ hieß und das österreichische Werbhaus war. Wir kamen in eine artige Stube, wo allerlei Leute waren, meistens österreichische Soldaten und Musik. Mein Begleiter ging sogleich zur Tür hinaus, um, wie er sagte, etwas Nötiges auszuführen, kam hernach zurück und trank mit mir einen Schoppen nach dem andern. Endlich, als er merkte, daß es mir im Kopf warm war, fragte er, ob ich nicht tanzen wollte. Ich schlug es ab. »So wollen wir«, erwiderte er, »uns wenigstens dort oben an den Tisch setzen, da ist Gespräch.« Damit war ich zufrieden, und wir veränderten unseren Platz.*

Ich kam wie zufällig neben einem Unteroffizier zu sitzen, welcher ganz artig von gleichgültigen Dingen sprach. Er trank mir einige Male zu und ich tat Bescheid. Der Wein stieg mir endlich so stark in den Kopf, daß ich Brüderschaft mit dem Unteroffizier und meinem Begleiter und wer weiß, mit wem noch mehr, trank, daß ich tanzte und bei den anwesenden Mädchen herumschäkerte. Das Ding mag bis nach Mitternacht gedauert haben; denn bis halb zwölf Uhr hatte ich meine Besinnungskraft, was aber hernach mit mir vorgegangen ist, weiß ich nicht. Den anderen Morgen erwachte ich erst um zehn Uhr und hatte schrecklichen Durst. Ich lag noch völlig gekleidet im Bette, außer daß man mir den Überrock ausgezogen hatte. Doch war ich ordentlich zugedeckt und hatte ein Tuch um den Kopf. Das Zimmerchen, wo ich lag, war sehr klein, doch reinlich. Ich wußte nicht, wo ich mich befand; ging also nach der Tür. Aber wie erschrak ich, als diese verschlossen war. Ich pochte stark an. Endlich erschien ein Unteroffizier mit einem Mädchen, welches Kaffee herauftrug. »Guten Morgen, Herr Bruder«, sagte er, »wie hast Du geschlafen?« Ich: Gut, aber mir tut der Kopf weh, und Durst habe ich wie ein Pferd. Er: Glaube ich gern. Trink Du nur Kaffee, es wird schon vergehen. Ich: Ja, ja. Was kostet der Kaffee? Will gleich bezahlen, auch das Logis. Er: Ist schon alles bezahlt, Herr Bruder. Trink Du nur! Das Mädchen: Je nun, mein Herzchen, Du warst gestern abend recht seelig. Schäm Dich, Du hast bei mir schlafen sollen, aber da warst Du besoffen wie ein Kater. Der Unteroffizier: Kann ja noch geschehen, will hinuntergehen. Ich: Bleiben Sie nur und sagen mir, wo ich bin. Der Unteroffizier: Im ›Roten Ochsen‹, Herr Bruder. Ich: Dann muß ich fort. Der Unteroffizier: Haha, daraus wird nichts, Du bist jetzt Soldat, dienst dem Kaiser! Ich mußte mit ihm hinabgehen. In der großen Stube fanden wir eine Menge Leute, aber mein sauberer Begleiter war nicht darunter. »Hören Sie, meine Herren«, fing mein Unteroffizier an, »ist der Herr da nicht Soldat?« Alle bejahten dies. »Hat er nicht Handgeld genommen?« Auch diese Frage wurde bejaht. Ich leugnete das alles, aber man befahl mir, meine Börse zu untersuchen. Ich tat es und fand außer meinem Gelde noch vier Kremnitzer Dukaten. Ich erschrak zu Tode, da ich den Beweis sah von dem, was der Unteroffizier mir gesagt hatte. Laukhard hatte jedoch Glück im Unglück. Da er sich als Student ausweisen konnte und überdies mehrere angesehene Bürger in der Stadt kannte, die für ihn sprachen und eine Kaution stellten, kam er, sehr zum Ärger des Unteroffiziers, wieder frei. Um solche und ähnliche Pannen, bei denen die sicher geglaubte Beute wieder freikam, zu vermeiden, bemühten sich viele Werber, vor ihrem Zugriff verläßliche Informationen über das Opfer zu beschaffen und ihnen das Soldatenhandwerk schmackhaft zu machen. Der wandernde Schüler Anton Reiser erlebte auf seinem Weg durchs Eichsfeld nach Mühlhausen eine solche Befragung. *Noch kurz vor der Begegnung wurde Reiser gewarnt, daß hier in dem Grenzgebiet mehrere Werbetrupps ihr Unwesen treiben. Ein Bekannter warnte ihn, sich vor den kaiserlichen und preußischen Werbern in acht zu nehmen, und sich durch keine Drohungen schrecken zu lassen, wenn sie etwa äußerten, daß sie ihn mit Gewalt nehmen wollten. Wegen schlechten Wetters kehrte er in ein Wirtshaus ein. Nun kam schon in aller Frühe ein kaiserlicher Unteroffizier in die Gaststube, der in diesem Orte auf Werbung lag, sich mit seinem Krug Bier ganz vertraulich neben Reiser an den Tisch setzte und erst vom Soldatenleben vom weitem mit ihm zu sprechen anfing, bis er nach und nach immer zudringlicher wurde und ihm endlich geradezu versicherte, daß er doch sowieso wegen der preußischen und kaiserlichen Werber nicht über Mühlhausen hinaus kommen würde und sich also lieber nur gleich von ihm für sieben Gulden Handgeld anwerben lassen möchte. Als nun Reiser sich ankleidete, um seinen Weg fortzusetzen, und sein Haar zu einem Zopf flocht, fing der Kriegsmann wieder an, ihm über seine Größe und über die Länge seines Haars sehr viele Komplimente zu machen. Zu seinem Schrecken beglei-*

tete der Soldat Reiser auf seinem Weg. Kurz vor der Grenze stand der Soldat jedoch still und hielt an Reiser eine ordentlich pathetische Ansprache, er sollte sich noch einmal prüfen, ob er sich wirklich getraute, nicht in die Hände anderer Werber zu fallen, denn das würde ihn ärgern. Hiermit ging er fort und Reiser traute sich erst nach einer ganzen Weile, seinen Weg fortzusetzen. (Q 55)

Waren die Gasthöfe wegen des hier angedeuteten Gemisches von Werbern, Prostituierten und Dunkelmännern sowie die Wirte wegen ihrer nicht uneigennützigen Kooperationen bei diesen verschiedenen halb- oder illegalen Praktiken berüchtigt, so litt der Ruf des Gastgewerbes durch die Übervorteilung der Reisenden durch unehrliche Wirte, ja durch von ihnen verübte Betrügereien und Diebstähle wohl noch größeren Schaden.

Vorprogrammiert war der Ärger, wenn der Reisende ›die Rechnung ohne den Wirt gemacht hatte‹ und die Kalkulation des letzteren dann erheblich divergierte. Die Lithographie aus dem nicht ganz ernst gemeinten Reisetagebuch des Doktor Syntax vom Anfang des 19. Jahrhunderts hält das große Geschrei zwischen einer Wirtin und dem abreisefertigen Gast über die Rechnungssumme fest.

Knigge versuchte deshalb, einige Ratschläge zu geben, wie sich der distinguierte Reisende aus solchen Unannehmlichkeiten mit möglichst geringem Verlust und mit Anstand retten konnte. *Wenn der Gastwirt übermäßig viel für die Zehrung fordert und sich nicht auf einen starken Abzug einlassen will, so tut man doch nicht wohl, ihm schriftliche Rechnung und genaue Spezification jedes einzelnen Punkts abzufordern. Fängt er an aufzuschreiben, so rechnet er immer noch mehr heraus, als er anfangs gefordert hatte. Um überhaupt hohe Rechnungen zu vermeiden, soll man bereits beim Bestellen aufpassen. Die Wirte fragen uns nämlich gemeiniglich: was wir zu essen befehlen? Das ist ein Kunstgriff, durch den man sich nicht zu fangen lassen braucht; denn man bestellt nun etwas, zum Beispiel ein Huhn, einen Pfannkuchen oder dergleichen, so muß man dieses Gericht und noch obendrein eine gewöhnliche Mahlzeit bezahlen. Man tut da am besten zu antworten: man verlange nichts, als was gerade im Hause oder schon zubereitet sei. Auch rate ich – ausgenommen in so großen Gasthöfen, als etwa in Frankfurt am Main bei meinem ehrlichen Krug, Herrn Dick Fritsch, und in anderen solchen Häusern – keine fremden Weine, sondern nur gemeinen Tischwein zu begehren. Es kommt doch alles aus dem selben Fasse, nur mit dem Unterschiede, daß das, was man uns als alten oder fremden Wein verkauft, kostbareres Gift ist, als das, womit man uns am allgemeinen Wirtstische versorgt. Manche Postmeister, die zugleich Gastwirte sind, benutzen folgenden Kunstgriff zu ihrem ökonomischen Vorteile: wenn man Pferde wechselt und indes eine kleine Mahlzeit bestellt, so dauert es ungebührlich lange, ehe diese fertig wird. Indes werden die Pferde gefüttert und angeschirrt. Kaum aber steht unser Essen auf dem Tische, so meldet schon der Postillion mit dem Horn, daß er fertig sei und fort wolle. Man soll also in Eile wenig essen und dennoch eine ganze Mahlzeit bezahlen. Ich rate aber, wenn man nicht sehr eilig ist, sich nicht irremachen zu lassen, sondern mit voller Muße zu speisen.* (Q 39)

So unangenehm und nervenaufreibend diese Querelen mit den Wirten und der daraus resultierende Zeitverlust auch gewesen seien mögen, ökonomisch tiefer getroffen wurde der Reisende selbstverständlich durch einen Diebstahl seiner Kleidung, Ausrüstung oder gar seiner Barschaft. In der Nähe des französischen Montlhéry quartierten sich Platter und seine Begleiter in dem Wirtshaus ›Zum Delphin‹ ein. *Als wir beim Abendmahl waren, kam ein einzelner Geiger, als Harlekin angezogen, in die Stube und machte uns Kurzweil, tat auch seltsame Gaukelsprünge und trieb wunderbare Possen. Nach dem Essen gingen wir nach oben und baten zuvor den Hausknecht, er möge uns um Mitternacht wecken, da wir sehr früh weiterziehen wollten. Aus diesem Grund ließen wir die Tür zu unserem Zimmer unverschlossen. Nachdem der Hausknecht uns geweckt hatte und ich mich angezogen hatte, kontrollierte ich meine beiden Geldsäckel. Ich mußte feststellen, daß in dem schwarzen Samtsäckel mehrere Silbermünzen und ein türkisches Goldstück fehlten. In dem anderen Säckel, aus dem ich die laufenden Kosten bestritt, konnte ich zunächst keinen Verlust feststellen. Doch hatte der Dieb auch hier zwei Münzen herausgenommen. Ebenso waren meine Begleiter bestohlen worden.* (Q 66)

Versäumte hier Platter ja nur die Tür abzusperren, so fehlten gelegentlich Schloß und Riegel an den Zimmertüren, und viele Reisehandbücher erinnerten ihre Leser immer wieder eindringlich, Kette und Vorhängeschloß mitzunehmen, um hier gegebenenfalls selbst Abhilfe und Sicherung von Hab und Gut zu schaffen. Es ist klar, daß diese Vorkehrungen nur griffen, wenn man ein Zimmer für sich alleine oder seine engen Reisegefährten hatte. Da man in den überfüllten Gasthöfen aber immer wieder das Zimmer, wenn nicht gar das Bett, mit anderen, wildfremden Gästen teilen mußte, half nur der Schlaf mit einem wachen Auge bzw. Ohr. Eine weitere Abbildung aus dem Reisetagebuch des Doktor Syntax hält den Moment fest, als der diebische Zimmergenosse sich mit Syntax'

Gepäck, Geld und Teilen der Kleidung aus dem Staub machen wollte. Allerdings weckte die knarrende Tür den skurrilen Doktor, dem es dann gerade noch gelingt, den Übeltäter mit einem kühnen Sprung aus dem Bett zu überrumpeln.

Die bisher erwähnte Ausweitung der obrigkeitlichen Tätigkeitsfelder im Zusammenhang mit der frühmodernen Staatsbildung – Straßen-, Brücken- und Kanalbau, Aufbau von Postverbindungen, Einrichtung eines dichter werdenden Netzes von Unterkunftsmöglichkeiten sowie die Sicherung des Verkehrs durch Bekämpfung von Straßen- und Wegelagerei – hatte für den Waren- und Personenverkehr insgesamt erhebliche Vorteile erbracht. Darüber hinaus darf allerdings nicht unerwähnt bleiben, daß das Eingreifen und das Engagement der Fürstenstaaten in die Infrastruktur im Einzelfall von dem Reisenden oder Fuhrmann auch durchaus als zeitraubendes und unangenehmes Hindernis, wenn nicht gar als Gefahr erlebt werden konnte. An erster Stelle ist hierbei selbstverständlich an die immer zahlreicher und dichter werdenden Zoll- und Grenzbarrieren zu denken, die ja erst in jüngster Zeit, zumindest in Mittel- und Westeuropa, abgebaut werden.

Entsprechend der rudimentär entwickelten Staatlichkeit wurden Zölle und Abgaben während des Spätmittelalters und der beginnenden Frühneuzeit zunächst punktuell an Stadttoren oder Brücken kassiert. Mit der Herausbildung des neuzeitlichen Flächenstaates kamen die Kontrollen an der Landesgrenze hinzu, die schließlich die älteren Formen im Laufe des 19. Jahrhunderts ablösten. Ein Blick auf die buntscheckige politische Landkarte des frühneuzeitlichen Europa – immerhin bestand bereits das Alte Reich aus einigen hundert territorialen Gewalten – läßt die Behinderung durch unzählige Kontrollen und eben auch Schikanen erahnen. Selbst in dem Gebiet der Schweizer Eidgenossenschaft existierten bis weit ins 19. Jahrhundert rund 500 Zölle. Die Radierung von Leontius Wyss aus dem Jahre 1792 zeigt die Zollstation an der Zihlbrücke an der Grenze zwischen Bern und Neuenburg. Ein Wanderer zeigt gerade in demutsvoller Haltung seine Reisepapiere vor, ein Zöllner bedeutet einer ankommenden Kutsche zu halten.

Eine anschauliche Schilderung dieser Durchsuchungen, deren Gründlichkeit nicht nur die Vorurteile über den preußischen Bürokraten zu bestätigen scheinen, sondern auch an die Penetranz der deutsch-deutschen Grenzkontrollen erinnert, liefert uns der in Dänemark aufgewachsene Henrich Steffens. Steffens, der Ende des 18. Jahrhunderts erstmals preußischen Boden betrat, wurde bald als Professor für Physik in Halle, später in Breslau und Berlin bekannt. *Ich war in dem unbequemen Postwagen eingesperrt und mürbe gestoßen; die Gegend, als wir uns Halle näherten, schien mir öde. Wir kamen auf den Packhof; Frachtwagen und Extra-Wagen mit Reisenden hielten dort; die Meßzeit fing an, und die Passage durch Halle war sehr lebhaft. Der Postwagen ward ausgeleert, die Koffer der Passagiere nebeneinander gestellt; aber wir sahen die Zollbeamten mit den Frachtwagen, mit den Sachen der übrigen Reisenden so beschäftigt, daß wir kaum die Aussicht hatten, nach einigen Stunden an die Reihe zu kommen. Ich*

nahm mir zwar vor, stillschweigend zu warten, fühlte aber doch, wie eine tiefe Erbitterung, die ich nur mühsam zu unterdrücken vermochte, allmählich in mir zu kochen anfing. Ich biß die Lippen zusammen und ging stillschweigend auf und nieder. Die Zollbeamten mögen meine Gemütsstimmung bemerkt haben. Nach einiger Zeit, die mir wenigstens unendlich lang schien, kam nun die Reihe an die Koffer des Postwagens. Ich hatte mich indessen zusammengefaßt, ging höflich auf den einen Zollbeamten zu und bat ihn, mich womöglich bald abzufertigen. Er sah mich mürrisch an, antwortete gar nicht und kehrte mir den Rücken. Ich war wirklich der Letzte, der an die Reihe kam. Jetzt hatte nun meine innere Erbitterung den höchsten Gipfel erreicht. Der Zollbeamte forderte mich auf, den Koffer zu öffnen, und fragte gebieterisch, ob verzollbare Waren darin wären. Ich antwortete gar nicht. Er wiederholte die Frage barsch, fast drohend. Ich beharrte bei meinem Stillschweigen und schloß den Koffer auf. Die Sachen wurden nun mit einer offenbar feindseligen Gründlichkeit durchsucht, Kleider, Wäsche, Bücher auf nahe liegende Kisten gelegt, und die Untersuchung meiner Sachen nahm eine längere Zeit weg, als die aller übrigen Passagiere. Mein Trotz war dem Beamten aufgefallen, er wollte mich strafen. Ich ließ alles mit äußerer Ruhe geschehen, man fand nichts. Als nun die Untersuchung zu Ende war, fing ich an, meine Sachen langsam und mit Sorgfalt wieder einzupacken. »Eilen Sie«, rief der Zollbeamte verdrießlich, »Sie sehen ja, daß Sie uns hier im Wege sind.« »Ich habe mich nicht dazu gedrängt«, erwiderte ich kaltblütig. »Sind Sie noch nicht fertig«, rief er drohend. »Mein Herr«, sagte ich nun, »Ich bin ein Reisender aus fernen Landen, ich reise unter dem Schutze meines Königs, ich habe kein Wort gesagt, das Sie beleidigen könnte, ich führe keine Konterbande, meine Persönlichkeit kann keinen Verdacht erregen, und dennoch haben Sie mich unfreundlich, unhöflich, ja feindselig behandelt, Sie haben mir Stunden geraubt, die ich als Reisender besser anwenden konnte, Sie haben alle meine Sachen aus dem Koffer gerissen, – jetzt ist die Reihe an mir. Ich nehme das Recht in Anspruch, für mein Eigentum zu sorgen, ich muß sorgfältig untersuchen, ob nicht durch das eilige Auspacken irgendetwas hier und da zwischen Kisten und Pakete hineingefallen ist, Wäsche und Kleider müssen faltenlos hingelegt werden; jetzt habe ich Zeit, und behaupte meinen Platz, bis ich fertig bin.« Der Beamte schien nicht geringe Lust zu verspüren, Gewalt zu gebrauchen; ich versicherte ihm kaltblütig, daß ich's auf's äußerste ankommen lassen wollte und daß die geringste Gewalt gegen meine Person durch den Gesandten dem Könige bekannt werden sollte. Einige Passagiere waren noch da, ich kannte sie von der Reise her und forderte sie zu Zeugen auf. Der Beamte ging brummend auf und ab, und mich durchdrang, als ich nun endlich den Packhof verließ, ein unheimliches Gefühl. So unfreundlich trat mir das Land entgegen, dem ich die besten Kräfte meines Lebens widmen sollte. (Q 82)

Daß diese Schikanen keine Spezialität der berüchtigten Preußen waren, belegen die Erfahrungen Seumes, der von österreichischen Zöllnern zwar charmanter und freundlicher behandelt, jedoch nicht weniger penibel abgefertigt wurde. *Den zweiten Weihnachtsfeiertag 1801 kamen wir in Wien an, nachdem wir die Nacht vorher in Stockerau schon echt Wienerisch gegessen und geschlafen hatten. An der Barriere wurden wir durch eine Instanz angehalten und an die andere Visitation gewiesen. Ich armer Teufel wurde hier in bester Form für einen Hebräer angesehen, der wohl Juwelen oder Brabanter Spitzen schmuggeln könnte. Mein ganzer Tornister wurde ausgepackt, meine weiße und schwarze Wäsche durchwühlt, mein Homer beguckt, mein Theokrit herumgeworfen und mein Vergil beschaut, ob nicht vielleicht etwas französischer Konterband darin stecke; meine Taschen wurden betastet und selbst meine Beinkleider fast bis an das heilige Bein durchsucht. Alles sehr höflich, soviel nämlich Höflichkeit bei einem solchen Prozesse stattfinden kann. Meine Briefe wurden mir aus dem Taschenbuche genommen, und dazu mußte ich einen goldenen Dukaten eventuelle Strafe hinterlegen, weil ich gegen ein Gesetz gesündigt hatte, dessen Existenz ich gar nicht wußte. Aus besonderer Güte, und da man doch am Ende wohl einsah, daß ich weder mit Brüssler Kanten handelte noch die Post betrügen wollte, erhielt ich Briefe nach drei Tagen wieder zurück; statt des schönen vollgewichtigen Dukaten allerdings nur blecherne Zwölfkreuzerstücke. Übrigens ging alles recht freundlich und höflich her, an der Barriere, auf der Post und auf der Polizei.* (Q 77)

Der Bericht Thomas Platters über eine vergleichbare Situation im südfranzösischen Perpignan rund zweihundert Jahre zuvor zeigt, daß penible und schikanöse Kontrollen keine Erfindung des aufsteigenden militarisierten Obrigkeitsstaates in Deutschland waren. *Als wir die Stadt verließen, stand auf der Brücke ein Soldat, der uns fragte, ob wir alle unsere Habe angegeben und verzollt hätten. Als wir ihm unsere Zollerklärungen zeigten und sagten, dieses hätten wir gemacht, las er sie durch und meinte, wir hätten vielleicht etwas verschwie-*

gen. Er begann bereits uns ausziehen und die Kleider zu durchsuchen, als er gewahr wurde, wir könnten dies für eine große Schmach halten, weil wir wie ehrliche Ritter und Edelleute aussehen würden. Er schlug deshalb vor, ihm einige Münzen zu geben, damit er uns ohne Leibesvisitation gehen lassen könne. (Q 66)

So unangenehm und ärgerlich diese Situation und unfreiwillige Trinkgeldzahlung gewesen seien mag, so kamen Platter und seine Gefährten noch recht glimpflich davon, konnten sie sich doch grundsätzlich auf ihre Zollerklärung stützen. Fehlte nämlich ein solches Schriftstück, war der Willkür der Zöllner gegenüber dem Reisenden mehr oder weniger Tür und Tor geöffnet. Daher besorgte Platter sich stets die notwendigen Papiere, um dem Diensteifer der Zöllner keinen zusätzlichen Vorschub zu leisten. Damit wurde er auch nur Zeuge und nicht Opfer eines wohl alltäglichen Grenzzwischenfalles, als er im Roussillon die spanisch-französische Grenze überschritt. *Als wir den Zoll- und Gesundheitspaß bezahlt hatten, reisten wir aus, denn wir hatten keine Waren oder neue Kleidungsstücke bei uns, die wir hätten verzollen müssen. Anders erging es einem Franzosen, der sechs neue Weiberhemden zum Geschenk für seine Base mit nach Spanien nehmen wollte. Er hatte keine Zollerklärung dabei, und die Hemden wurden ihm von den Zöllnern genommen und konfisziert.* (Q 66)

Die beschriebenen Gefahren und Hindernisse, mit denen die Menschen unterwegs rechnen mußten, zeigen einmal mehr, daß die Frühe Neuzeit, also jene Jahrhunderte des Übergangs zwischen Mittelalter und industrieller Moderne, auch im Bereich des Reisens und des Warenverkehrs als eine herausgehobene Epoche mit bestimmten Charakteristika begriffen werden muß. Zwar war der Mensch unterwegs noch immer mehr als in seiner Behausung der unmittelbaren ›Herrschaft der Natur‹ ausgeliefert. Es kündigte sich aber bereits in vielen Bereichen immer stärker die ›Herrschaft des

Staates‹ an, der im Guten wie im Schlechten massiv in den Verkehr eingriff. Einerseits wurde dadurch das Reisen sicherer und kalkulierbarer, andererseits konnten staatliche Amtsträger und Institutionen den freien Verkehrsfluß auch empfindlich behindern.

Zeit, Raum und Geschwindigkeit

Die skizzierten Wandlungen in der Organisation des Verkehrs, der Ausbau der Verkehrswege und schließlich die Zunahme und Verdichtung des Verkehrsaufkommens insgesamt waren untrennbar mit einem oft unterschätzten, kaum wahrgenommenen und langfristigen Mentalitätswandel verbunden. Dieser betraf zunächst vor allem das Zeitempfinden der Menschen. Die Eckpunkte der Entwicklung bilden die natürliche Zeiteinteilung des Mittelalters auf der einen, die künstlich-mechanische Zeitmessung der industriellen Welt auf der anderen Seite. Bis weit in die Neuzeit hinein wurde der Tagesablauf fast ausschließlich durch den Rhythmus von Auf- und Untergang der Sonne, von Tag und Nacht bestimmt; der Jahresablauf richtete sich nach dem agrarisch geprägten Wechsel von Aussaat und Ernte sowie dem kirchlichen Festkalender. Auf dem Land erlangte die künstlich-mechanische Zeitmessung deshalb noch bis weit in das 20. Jahrhundert hinein nur wenig Bedeutung. Auch in den Städten, wo Rathaus- und Kirchturmuhren zwar seit dem 14. Jahrhundert den Bewohnern die Stunde schlugen, hielt man sich noch lange an den Wechsel von Tag und Nacht. Das Leben in den Städten erwachte mit Sonnenaufgang und kam mit Sonnenuntergang zur Ruhe; nach Einbruch der Dämmerung wurden die Stadttore geschlossen, und außer den Nachtwächtern und Torposten war kaum mehr jemand auf den Beinen.

In unserer modernen, leistungsorientierten Welt, in der ›Zeit‹ gleichsam ›Geld‹ zu sein scheint, in der sich die soziale Anerkennung wesentlich über den materiellen Besitz und finanziellen Reichtum definiert, in der ein voller Terminkalender immer mehr zur Prestigefrage wird, in der selbst die Nichtarbeits*zeit* als Frei*zeit* verplant wird, um nicht als vertane *Zeit* zu gelten, erscheint dieser Umgang mit ›Zeit‹ kaum noch nachvollziehbar. Die statische Wirtschafts- und Gesellschaftsstruktur der Frühen Neuzeit, in der jeder Mensch seinen festen und angeborenen Platz in einer Sozial- und Berufskorporation einnahm, ließ sozialen Aufstieg über einen ökonomischen Erfolg entsprechend dem modernen Leistungsprinzip nur in den wenigsten Ausnahmen zu. Von daher blieb den meisten Menschen die Idee einer möglichst effektiven und rationellen Zeiteinteilung und -ausnutzung fremd. Selbst im Bereich der rechenhaften Welt der Finanzgeschäfte und der Steuerangelegenheiten blieb man noch lange den heute üblichen sachlichen Terminierungen fern. Abgaben wurden nicht monatlich, sondern an bestimmten Heiligentagen (am gebräuchlichsten waren etwa Michaelis: 29.9.; oder Trinitatis: der erste Sonntag nach Pfingsten) erhoben, Kreditlaufzeiten und Zahlungsziele richteten sich nach den über das Jahr verteilten Messen.

Dieser fundamentale Wandel hin zur Herrschaft der künstlich-mechanischen Zeit stand in enger Wechselwirkung mit der zunehmenden Verdichtung und Professionalisierung des Reiseverkehrs und Transportwesens. Dabei ist es müßig zu fragen, ob die immer pünktlicher und regelmäßiger verkehrenden Transportmittel diesen Mentalitätswandel anzeigen oder befördern, ob sie also eher Indiz oder Motor der Veränderung gewesen waren. Es gilt aber festzuhalten, daß auf der einen Seite die spezifischen Bedingungen einer ständig komplexer werdenden Mobilisierung, das Zusammenspiel verschiedener Transportmittel zu Lande und zu Wasser, die ein Umsteigen erleichterten, dem Bedürfnis nach rationeller Zeitplanung und vor allem Zeitersparnis in besonderer Weise Rechnung trugen. Damit fand auf den europäischen Verkehrswegen die gewissermaßen in Mechanikerwerkstätten und Gelehrtenstuben geborene künstliche Zeit ihre erste breite praktische Anwendung und bestand ihre Bewährungsprobe. Auf der anderen Seite führten nunmehr stundengenaue Fahrpläne und fixierte Anschlußzeiten zu einer raschen Gewöhnung und bereitwilligen Aufnahme der neuen Zeiteinteilung auf seiten der Passagiere.

Für Reisende des Mittelalters und zu Beginn der Frühen Neuzeit waren Termine noch relativ unwichtig; vielmehr stand das Gesundankommen im Vordergrund. Zudem ließ das noch wenig entwickelte Verkehrssystem ohnehin keine exakte zeitliche Planung zu. Einen Eindruck vermitteln die Eintragungen in Dürers Tagebuch aus dem Jahre 1520 über dessen Reise in die Niederlande; über exakte Zeiten erfährt man hier so gut wie nichts, dafür aber von den eingenommenen Mahlzeiten um so mehr. Nur an ganz wenigen Stellen vermerkt er die Tageszeit seines Aufbruches, etwa *am Montag waren wir früh auf und fuhren nach Dettelbach und kamen nach Kitzingen,* und *am Freitag früh fuhren wir von Steinheim nach Kesselstadt.* In den weitaus meisten Fällen werden nur lapidar der, oft nach dem Tagesheiligen benannte, Tag mit der jeweils zurückgelegten Etappe notiert. *Also schied ich von Mainz, wo der Main in den Rhein läuft, am Montag nach Magdalenae. Auch zahlte ich für Fleisch, Eier und Birnen, die ich mit auf das Schiff nahm, 19 Heller, und der Mainzer Goldschmied Leonhard schenkte mir Wein und Geflügel, die ich auf dem Weg nach Köln kochen ließ.* Bei Stockheim *waren wir über die Maas gefahren und machten uns am Erichtag* (Dienstag) *auf und kamen gen Mertenslinden. Da aßen wir zu Morgen und verzehrten ein junges Huhn.* (Q 14)

Von dieser hier greifbaren Haltung gegenüber der Zeit, das Rechnen der Reisezeit in ganzen Tagen, die Lässigkeit angesichts von Verspätungen und Verzögerungen auf der Reise, war rund zweihundertfünfzig Jahre später in den Betrachtungen des bayerischen Beamten Karl Ritter von Lang nichts mehr zu spüren. Lang war einerseits bestrebt, jede Stunde auszunutzen, andererseits ließen zugleich die nun regelmäßig verkehrenden Transportmittel eine dichtere Zeitplanung überhaupt erst zu. *An einem dieser Tage in Frankfurt/Main wollte ich die Mittagstafel im ›Weidenhof‹ besuchen, vernahm aber, daß ich mich um eine ganze Stunde in der Zeit geirrt und zu früh gekommen wäre. Diese Zeit auszufüllen schlenderte ich den Main hinab, und da eben das Mainzer Marktschiff im Begriff abzufahren fand, dachte ich: willst da mitfahren, kannst in Höchst Mittag halten und abends wieder heimkehren.* (Q 42)

Ein Indiz für den Wandel bilden auch die zunehmend gebräuchlicheren Fahrpläne, die immer genauere Abfahrts- und Ankunftszeiten enthalten. Im 16. oder in der ersten Hälfte des 17. Jahrhunderts waren solche Pläne noch wenig verbreitet, die zudem mit relativ vagen Zeitangaben, die meist nicht mehr als den Ankunfts- bzw. Abfahrtstag vermerkten, versehen waren. Selbst die als Eilbotenordnung veröffentlichte Liste mit den in Nürnberg ankommenden und abgehenden Kurieren aus dem Jahre 1610 (vgl. S. 191) beinhaltet lediglich eine Tagesangabe. Demgegenüber hat sich bis zum Beginn des 19. Jahrhunderts ein erstaunlich genauer fahrplanmäßiger Verkehr auf den europäischen Postrouten herausgebildet. So wurde die 1823 eröffnete Eilpostlinie *von Chur über Chiavenna & Como nach Mailand & viceversa in 36 Stunden* bewältigt. Die Abfahrt erfolgte von Chur Sonntagmorgen um vier Uhr, die Ankunft in Mailand Montagabend um sechzehn Uhr. Der Weg zu derart exakten Fahrplänen und vor allem deren Einhaltung war jedoch lang und erforderte das Zusammenspiel besserer Verkehrswege, zuverlässigerer und schnellerer Transportmittel sowie diszipliniertes Personal, aber natürlich auch den Zuspruch der Passagiere. Zweifellos die wichtigste Kraft hinter diesen Entwicklungen war der frühmoderne Verordnungsstaat, der mit detaillierten Erlassen und Edikten hier reglementierend eingriff. Im *Patent, daß die*

Posten sollen geschwind abgefertigt und von den Postillions die Stunden eingehalten werden, das der preußische König Friedrich Wilhelm I. 1719 verkündet hatte, drückt sich dieser Wille handgreiflich aus. Allen *Postmeistern und Postwärtern* wurde *mit großem Nachdruck und ernstlicher Ermahnung befohlen, ihre unterstehenden, sowohl reitenden als fahrenden Postillione zu genauer Einhaltung ihrer Stunden zu verpflichten, die jenen gesetzt und von ihnen im Eide übernommen worden sind. Alle Postkurse sollen nämlich in richtigem Gange sein und Postkutschen schleunigst abgefertigt werden. Die untergebenen Postillione, die ihre Stunden nicht einhalten, da entweder ihre Pferde untüchtig oder sie selbst dem Trunk ergeben oder sonst nachlässig sind, sollen dem Generalpostmeister angezeigt und andere tüchtigere Leute angestellt werden. Die entlassenen Postillione sollen mit Gefängnis und Zwangsarbeit, die Postamtsleiter aber mit einer Geldstrafe und bei wiederholter Nachlässigkeit mit dem Verlust ihres Amtes bestraft werden.* (Q 59)

Zur Durchsetzung dieser drastischen Anordnungen und der tiefgehenden Einübung von Pünktlichkeit und Rationalität bei dem Post- und Fuhrpersonal war natürlich eine dauerhafte Kontrolle nötig. Die sogenannte *Circular-Verordnung wegen den Stundenzetteln des königlich-preußischen Generalpostamtes von 1732* sollte diese Überwachung mit Stundenzetteln, gewissermaßen Vorläufer der heutigen Fahrtenschreiber, sicherstellen. *Es wird allen Postämtern hierdurch befohlen, bei Ankunft und Abgang der reitenden sowohl als der fahrenden Post die Stundenzettel sofort zu überprüfen: 1. Ob der Fahrplan eingehalten wird; 2. Falls nicht, ist zu prüfen, wieviele Stunden sie versäumt, und wo diese Versäumnis entstanden ist; 3. Hat ein jedes Postamt dem nächst zurückgelegenen Amt die Versäumnis in einem besonderen Zettel zurück zu melden; 4. Und mit selbigem Postamt fleißig zusammenzuarbeiten, wie dem Retardement (Verspätung) abzuhelfen sei.* (Q 59)

Das Funktionieren eines weiträumigen, aufeinander abgestimmten Post- und Verkehrssystems mit festen Umsteigezeiten und Fahrplänen verlangte aber vor allem die allgegenwärtige Verfügbarkeit der präzisen Uhrzeit – eine uns heute selbstverständliche und praktisch ständig präsente Information. Sicherlich gab es bereits seit dem späten Mittelalter Räderuhren mit Gewichtsantrieb, doch waren diese Uhrwerke aufgrund ihrer Mechanik, aber auch ihres Gewichtes, nur stationär, also in Turm- oder Standuhren einsetzbar. Erste transportable Uhren mit Spiralfederantrieb baute der Nürnberger Uhrmachermeister Peter Henlein in der ersten Hälfte des 16. Jahrhunderts, die bald als ›Nürnberger Eierlein‹ berühmt wurden. Diese Produkte des mechanischen Kunsthandwerks konnten sich zunächst allerdings nur ganz wenige Zeitgenossen leisten. Erst im 18. Jahrhundert erlaubte die weitere Entwicklung der bis zu Beginn unseres Jahrhunderts üblichen Taschenuhr eine weite Verbreitung bis zu den bürgerlichen Mittel- und sogar Unterschichten. Schrittmacher war hierbei, wie in vielen anderen Bereichen, das frühindustrialisierte England. 1776 notierte der englische Wirtschaftstheoretiker Adam Smith, daß eine Uhr nur noch fünf Prozent dessen koste, was man ein Jahrhundert zuvor dafür hätte zahlen müssen. Allein in London wurden am Ende des 18. Jahrhunderts pro Jahr rund 80 000 Uhren für den Export und 50 000 für den Inlandsbedarf produziert. Daß dies kein Phänomen des urbanisierten Lebens in der Metropole war, belegt die Niederlassung von zahlreichen Uhrmachern in ländlichen Kleinstädten, ja sogar Dörfern im georgianischen England. In der mittelenglischen Grafschaft Leicestershire arbeiteten beispielsweise zwischen 1730 und 1830 mehr als 130 Uhrmacher. Daß die Taschenuhr im 18. Jahrhundert zum üblichen und notwendigen Reiseutensil geworden war, zeigt die auffällige Konzentration von acht Uhrmachern in Market Harborough. Deren Kunden rekrutierten sich nämlich nicht aus der kleinstädtischen Bevölkerung von nur rund 1500 Einwohnern, sondern vielmehr aus den Reisenden und Passagieren, die diese Stadt an der bedeutenden Great Northern Road als Relaisstation nutzten und hier ihren Reisebedarf deckten.

Vergegenwärtigt man sich die technischen Unzulänglichkeiten jener Zeit, ist es erstaunlich, wie genau die Uhren gingen. Natürlich konnten die Abweichungen bis zur Mitte des 17. Jahrhunderts bei durchschnittlich 10–20 Minuten pro Tag liegen, allerdings spielte das kaum eine Rolle, beschränkte man sich doch ohnehin bei den öffentlichen Uhren im allgemeinen nur auf einen Stundenzeiger. Insbesondere auf Reisen griff man überdies bis weit in die Frühe Neuzeit auf Sonnenuhren zurück. In Verbindung mit einem Kompaß und einem Kalendarium erlaubten diese Instrumente die exakte Ermittlung der astronomischen Zeit. Die Nürnberger Horologia, eine mit Kompaß versehene Taschensonnenuhr von 1513, war als adäquates Zeitmeßinstrument durchaus beliebt.

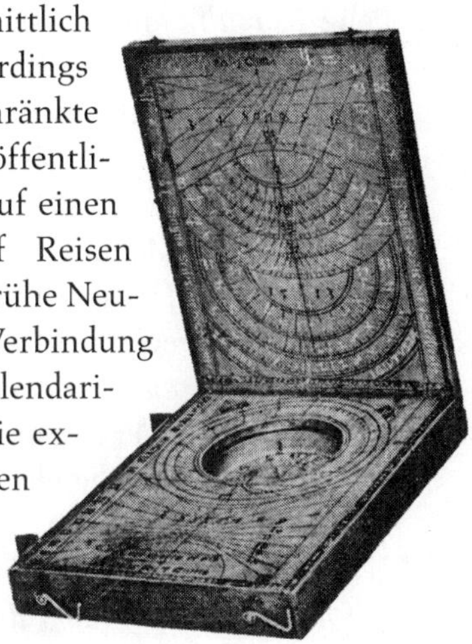

Allerdings setzte sich diese Form der Zeitmessung gegenüber den mechanischen Uhren aus zweierlei Gründen nicht durch. Zum einen war man – was auf der Hand liegt – auf Sonnenschein angewiesen, zum anderen nutzte dem Reisenden die Kenntnis der natürlichen Zeit nur wenig, da er nur den astronomisch-physikalischen Wert, nicht jedoch die jeweils ortsübliche, teils willkürlich festgelegte Zeit ermitteln konnte. Immerhin hatte praktisch jedes Dorf mit einer Kirchturmuhr eine eigene ›Ortszeit‹ entwickelt, so daß dem Reisenden eine Vielzahl von Uhrzeiten begegnete. Bereits vor dem Eisenbahnbau machte die Einrichtung der staatlichen Langstreckenpostrouten dieses Problem bewußt. Noch zu Beginn des 19. Jahrhunderts mußte sich der Reisende auf dem gut vierzehn Stunden langen Weg von Koblenz nach Düsseldorf nach drei verschiedenen Ortszeiten richten. In Koblenz fiel die Abfahrtszeit der Kutsche mit dem Glockenschlag der Stadtuhr in der Nähe des Postamtes zusammen, in Köln mit der Domuhr und in Düsseldorf mit der Uhr der Franziskanerkirche. Dem Kutscher wurde deshalb am Ausgangsort eine versiegelte *Kursuhr* mitgegeben, mit der die tatsächliche Fahrtzeit kontrolliert wurde: So konnte sich das Personal bei etwaigen Verspätungen nicht mit dem abweichenden Gang der verschiedenen Stadtuhren entschuldigen.

Nur in größeren Flächenstaaten hatten die jeweiligen Landesherren die Möglichkeit, eine einheitliche, gesetzliche Zeit zu verordnen. Der preußische König bestimmte zum Beispiel bereits 1719 *wegen richtiger Stellung der Uhren, daß sich die Postillione darauf verlassen können, daß alle Steuerräte und Kommissare in der Kurmark Brandenburg, die Magistrate in den ihnen unterstehenden Städten veranlassen, die Tüchtigkeit der Uhren und die richtige Stellung derselben zu besorgen. Denn Seine königliche Majestät hatte vernommen, daß auf den Postkursen über die Unrichtigkeit der Uhren sehr geklagt worden war.* (Q 59) Trotz dieser energisch klingenden Verordnung und dem daraus spürbaren Problembewußtsein sollte es allerdings noch bis zum Jahr 1893 dauern, ehe im Deutschen Reich alle lokalen und territorialen Zeiten abgeschafft und die Uhren auf die mitteleuropäische Zeit (GMT) umgestellt wurden.

Im frühneuzeitlichen Europa hatte der Reisende jedoch nicht nur mit der unüberschaubaren Vielfalt der Lokal- und Ortszeiten zu kämpfen, sondern er mußte sogar mit verschiedenen Kalendern rechnen. So wurde in katholischen Ländern seit 1582 der Gregorianische Kalender eingeführt, der die julianische, auf Cäsar zurückgehende Zeitrechnung ablöste. Dabei wurden zehn Tage übersprungen, um die Abweichung des Kalenders vom Sonnenjahr zu korrigieren. Die Kalenderreform des Papstes Gregor XIII. wurde jedoch aus politischen

Gründen in protestantischen und griechisch-orthodoxen Ländern nur zögernd angenommen; über hundert Jahre später folgten 1700 die Protestanten im Reich, 1752 bzw. 1753 Großbritannien und Schweden und erst im 20. Jahrhundert auch Rußland 1918, wo die Oktoberrevolution nach heutigem Kalender eigentlich im November stattgefunden hatte. Für den frühneuzeitlichen Reisenden konnte dieser ›Kalenderkrieg‹ praktisch bedeuten, daß er am 5. Januar 1600 im katholischen München abreiste und nach zwei Reisetagen am 28. Dezember 1599 im protestantischen Stuttgart ankam. Diese Divergenz führte nicht nur zu persönlichen Irritationen, sondern beschäftigte auch den bürokratischen Apparat. Als der hannoversche Kurfürst im Jahre 1714 zugleich englischer König wurde, herrschte er über Länder mit verschiedenen Kalendern und mußte jede offizielle Verlautbarung mit zweierlei Datum versehen. Gebräuchlich war eine Bruchstrichangabe, die oben das alte und unten das neue Datum enthielt.

N. CCXLI.

Erneuertes Müntz-Edict wegen verruffener Geld-Sorten und deren Wechseley, vom

$\frac{\text{29. Martii}}{\text{9. April.}}$ 1737.

Dieses neue, abstrakte und genormte Zeitempfinden der Menschen am Ende der Frühen Neuzeit fand seine Entsprechung in einer sich ebenfalls verändernden Raumerfahrung. Auch der bessergestellte Reisende mußte sich bis weit in die Frühe Neuzeit auf mündliche Nachrichten oder ungenaue Karten verlassen und wußte nie so recht, was ihn jenseits des heimatlichen Horizontes erwartete. Zudem blieben die Grenzen zwischen dem benutzten Weg und der mehr oder weniger als lebensfeindlich empfundenen Natur fließend. Die dadurch gesteigerte Sorge vor einer Verirrung, die Furcht vor diversen natürlichen Gefahren und die Bedrohung durch Räuber abseits der dichter frequentierten Routen verdichtete sich zu einem Syndrom latent vorhandener Verunsicherung, das den Reisenden ›unterwegs‹ außerordentlich zusetzte. Im Laufe der Frühen Neuzeit trugen eine Reihe disparater Entwicklungen zur Herausbildung einer neuen Raumerfahrung bei. Initiator und treibende Kraft war wiederum vor allem der frühmoder-ne Staat, der mit Hilfe statistischer Landesaufnahmen und geodätischer Vermessungen seinen Herrschaftsbereich zu erfassen und zu erschließen suchte. Gehörte es zur Aufgabe landesherrlicher Verwaltungsbeamter, die gesamten Landeseinkünfte und Vermögenswerte zu katalogisieren, so zogen seit dem frühen 18. Jahrhundert Trupps von Vermessungsingenieuren in jahrzehntelanger Arbeit durch das Land und schufen die Grundlagen zu den ersten im eigentlichen Wortsinn topographischen Karten. Zwar hatte zu diesen Kartenwerken, die zunächst noch zum militärischen Sicherheitsbereich zählten, die Öffentlichkeit nur in beschränktem Maße Zugang, doch setzte sich sukzessive auch eine zivile Nutzung durch. Diese stetig genauer und detaillierter gezeichneten Karten, die bald in relativ hoher Auflage gedruckt wurden, aber auch die stetig verläßlicher werdenden Reiseführer lieferten immer mehr Informationen über den Straßenverlauf, über topographische Hindernisse, wie überhaupt über die Oberflächengestalt auf dem Reiseweg. Man war also vorbereitet und konnte sich eine Vorstellung von den bevorstehenden Strapazen und Unwägbarkeiten machen, die dadurch einen Gutteil ihrer Schrecken verloren.

Im Zusammenhang mit der Landesvermessung wurden nun auch Wälder, Sümpfe und Ödflächen auf dem Papier mit Zirkelschlägen und Winkelmeßgeräten parzelliert und somit Grundlagen für eine zukünftige Urbarmachung und Nutzungserschließung geschaffen. Wenn auch die landesweite Melioration größerer Gebiete dann erst im 19. Jahrhundert

einsetzte, hatte man sich damit doch bereits im 18. Jahrhundert des Raumes als erfaßbare, beherrschbare und damit endliche Größe vergewissert.

Ein weiterer wesentlicher Faktor der mentalen und realen Raumerschließung war der Aufbau einer komplexen und flächendeckenden Infrastruktur, also vor allem die Anlegung von Kunststraßen und Kanälen, mit denen quasi eine Fortsetzung des menschlichen Lebens- und Kulturraumes geschaffen wurde. Verließ der Reisende ehemals seinen Heimatort und mußte unbekannten, oft unbewohnten lebensfeindlichen Raum überwinden, um seinen Zielort zu erreichen, konnte er nun auf seiner Reise von der Kutsche und dem Kanal aus die vorbeiziehende, gezähmte Landschaft beobachten. In dem Maße, wie der Reisende sich also immer weniger mit den topographischen Hindernissen und Gefahren auseinandersetzen mußte, begann er, sich mit der Distanz zwischen Abfahrts- und Ankunftsort an sich zu beschäftigen. Wie die meisten der weitverbreiteten Meilenscheiben begnügte sich etwa auch das Raißbüchlein von Jörg Gail 1563 noch mit bloßen und gerundeten Meilenangaben zwischen den einzelnen Reiseetappen. Immerhin umfaßte jene alte deutsche Meile etwa 7,4 km, für

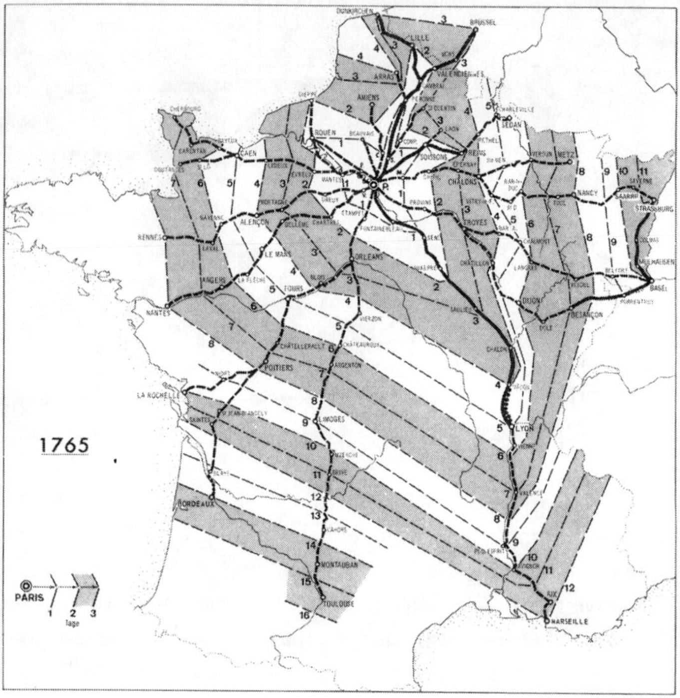

einen Fußgänger oder ein Fuhrwerk also eine beträchtliche Strecke, die in kaum weniger als zwei Stunden zurückgelegt werden konnte. Auch die persönlichen Einschätzungen über den zurückgelegten Weg wichen zum Teil erheblich von der tatsächlichen Kilometerleistung ab. Auf seinem Fußmarsch von Hannover nach Borghetto im Jahre 1685 gab der hannoversche Söldner Joachim Dietrich Zehe die zurückgelegte Etappe von Sontra nach Heimboldshausen mit zweieinhalb Meilen an (18,5 km), in Wirklichkeit jedoch eine Strecke von 35 Kilometern. Wie akribisch mutet dagegen die penible Streckenmessung des Berliners Aufklärers und Verlegers Friedrich Nicolai an, der knapp einhundert Jahre nach Zehe das Reich bereiste. An seiner Kutsche hatte er einen Entfernungsmesser anbringen lassen, der entsprechend den heu-

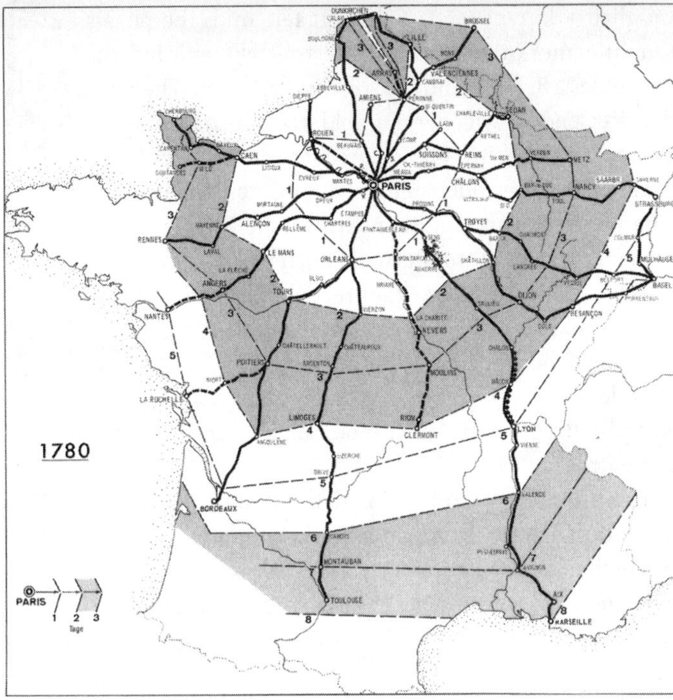

tigen Kilometerzählern die Radumdrehungen registrierte, so daß er exakte Daten über den zurückgelegten Weg erhielt. Bereits in den 1720er Jahren entwickelte der kursächsische Pfarrer Adam Friedrich Zürner einen sogenannten Geometrischen Wagen. Mit dem daran angebrachten sprichwörtlich gewordenen fünften Rad am Wagen und einem aufwendigen Zählapparat wurden die Straßen in Sachsen vermessen. (Siehe Abb. S. 253)

Dieses veränderte Raumempfinden, dieses Abzirkeln von Flächen und Abmessen von Distanzen war zusammen mit der immer exakter gemessenen und allgemein gültigen, weil verordneten Zeit Ausgangspunkt einer neuen Kategorie des Reisens: der Geschwindigkeit. Es reichte nicht mehr aus, ›nur‹ bequem und sicher ans Ziel zu kommen, sondern auch in

möglichst kurzer Zeit. Schnelligkeit und Tempo als Qualitätsmerkmal von Transportmitteln wurden im Laufe des 18. Jahrhunderts zu den beliebten Themen der Reisenden wie der aufgeklärten Beamten und Gelehrten. Diesem Wandel trugen die zahlreichen sogenannten Stundensteine entlang der wichtigen Chausseen Rechnung, die nicht wie die Meilensteine die Entfernung, sondern die noch bevorstehende Reisezeit angaben. So konnte der Reisende von Frankfurt am Main nach Koblenz dem bei Oberbrechen 1789 aufgestellten Stundenstein entnehmen, daß seine Kutschfahrt noch neun Stunden dauern würde.

Es gilt hier festzuhalten, daß die damaligen Bemühungen ab der Mitte des Jahrhunderts zumindest im westlichen Europa zu einer wahren Verkehrsrevolution führten. Die Faszination der Geschwindigkeit und die infrastrukturellen und technischen Innovationen zeitigten hier beachtliche Fortschritte. In Frankreich gelang es mittels forciertem Chausseebau, moderner Fahrzeuge und besserer Organisation der Relaisstationen, die Reisedauer binnen weniger Jahre erheblich zu verkürzen. Benötigte zum Beispiel die Kutsche von Paris nach Toulouse im Jahre 1765 noch fast sechzehn Tage, so konnte die Fahrtzeit bis 1780 auf nur knapp acht Tage halbiert werden. Der Weg von Paris nach Sarrebourg betrug im gleichen Jahr nur noch knapp vier Tage, während ein Passagier fünfzehn Jahre zuvor für die gleiche Strecke noch zehn Tage hatte veranschlagen müssen. (Siehe Abb. S. 254/255)

Ausblick

Das Verkehrswesen war in der Frühen Neuzeit fundamentalen Veränderungen unterworfen. Vergleicht man die Ausgangssituation um 1500 mit der Lage am Vorabend der industriellen Revolution, fallen massive Veränderungen im Bereich der Infrastruktur, des Beherbergungswesens, der Verkehrswege und Fahrzeuge sowie der technischen Hilfsmittel auf. Für den Zeitgenossen besaß dieser grundlegende Wandel insgesamt, aber auch die Konfrontation mit jeder einzelnen Neuerung, also jeder Chaussee, jeder Kutsche oder jedem exakten Fahrplan durchaus den Charakter einer Revolution, die in seinen Alltag hineinreichte. Freilich, aus der Perspektive des ausgehenden 20. Jahrhunderts scheinen jene Veränderungen vergleichsweise gemächlich und kaum revolutionär.

Diese Sichtweise hat durchaus ihre Berechtigung und ist angesichts der mannigfaltigen Umbrüche im 19. Jahrhundert, im Zusammenhang mit der sogenannten Doppelrevolution (Hans-Ulrich Wehler) von Staat und Gesellschaft auf der einen, von Technik und Ökonomie auf der anderen Seite nicht von der Hand zu weisen. Davon war auch und insbesondere das Verkehrs- und Transportwesen betroffen. Bauernbefreiung, Auflösung der Zünfte, überhaupt Freizügigkeit und Wirtschaftsliberalismus lösten die Menschen aus ihren berufsständischen Bindungen, machten eine Massenmobilität in bisher unbekannten Dimensionen möglich und auch nötig. Aus überbevölkerten ländlichen Regionen wanderten Hunderttausende in die entstehenden Industriereviere und Ballungszentren, zu schweigen von der Auswanderung nach Übersee; Berufspendler waren täglich, oft stundenlang zwischen Wohn- und Arbeitsplatz unterwegs. Abertausende folgten als Tagelöhner den großen Brücken-, Tunnel-, Kanal- und Verkehrswegebauvorhaben. Ohne die auch für die industrielle Revolution so wichtige Ausnutzung neuer Energien, vor allem Kohle und bald Elektrizität sowie Öl, wäre die explosionsartige Ausdehnung des Verkehrsaufkommens und Transportvolumens kaum denkbar gewesen. Damit war der Weg für neue Geschwindigkeits- und Streckenrekorde bisher ungekannten Ausmaßes geebnet, war doch die Steigerung des Tempos keine Frage mehr von Organisation und Logistik an den Relaisstationen der Postkurse, sondern ein Problem des technischen Fortschritts. Entscheidende Funktion kam der Eisenbahn zu, die sich seit den 1840er Jahren flächendeckend durchsetzte. Sie war nicht nur Schrittmacher der industriellen Entwicklung und wichtiger Abnehmer der Produkte von Hochöfen und Gießereien, sondern sie ermöglichte überhaupt erst den zügigen und relativ kostengünstigen Transport von Rohstoffen und billigen Massenprodukten. Die Eisenbahn, deren Schienenstränge bald den gesamten Kontinent durchzogen, geriet aber auch zum zentralen Beförderungsmittel, das jetzt vor allem auch den unteren Schichten eine bequeme und schnelle Reise ermöglichte.

Nicht minder revolutionär war neben der Eisenbahn die Entwicklung des Fahrrades, das als relativ billiges, quasi privates Verkehrsmittel seit den 1880er Jahren die individuelle Mobilität erstmals in voller Breite zuließ. Das sich selbst ohne Muskelkraft bewegende Fahrzeug, das Auto-Mobil, trat dagegen erst im 20. Jahrhundert seinen Siegeszug als Massenverkehrsmittel an. Mit der Erfindung einer speziellen Telekommunikation, also zunächst dem optischen Telegraphen, schließlich der elektrischen Telegraphie und endlich des Telefons, wurde schließlich die Übermittlung von Nachrichten getrennt von Menschen und Gütern vollzogen.

Es gilt allerdings festzuhalten, daß unbelassen dieser, die industrielle Gegenwart generierenden Umbrüche im Verkehrswesen die Frühe Neuzeit durchaus als distinkte Epoche des Wandels und der Modernisierung begriffen werden muß. Demgegenüber waren die Jahrhunderte des Mittelalters – also verkehrsgeschichtlich jene Zeit zwischen Spätantike und der Blüte der Römerstraßen einerseits sowie dem Ausbau des frühmodernen Staates andererseits, der zunehmend reglementierend in das Verkehrs- und Transportwesen eingriff und bald auch als Bauherr von Chausseen, Kanälen und Brücken in Erscheinung trat – im Bereich von Transport und Verkehr von einem hohen Maß an Statik, wenn nicht sogar von Verfall geprägt.

Bereits in den beiden Jahrhunderten vor der Dampfmaschine sind also strukturelle und mentale Entwicklungen auszumachen, die auf breiter Basis das Fundament für den großen Aufbruch bildeten. Gerade die im 18. Jahrhundert beschriebenen Ansätze zu einer Verkehrsrevolution durch den Chaussee- und Kanalbau zeigen, daß die industrielle Revolution diesen Anstrengungen lediglich noch die Lokomotive vorspannen mußte.

Abbildungsnachweise

Die vollständigen bibliographischen Angaben finden sich im Quellen- bzw. im Literaturverzeichnis.

S. 18: Hürkey, Kunst
S. 22: Mummenhoff, Handwerker
S. 25: Museum für Post und Kommunikation, Frankfurt/Main
S. 26: Geisberg, Woodcut
S. 66: Burgerbibliothek, Bern
S. 67: Callot, Werke
S. 69: Wickram, Rollwagenbüchlein
S. 72: Hauptstaatsarchiv Wiesbaden
S. 73: Dreier, Winkelmeßinstrumente
S. 74: Krüger, Meilenscheiben
S. 83: Staatsarchiv Bern
S. 92: Treue, Achse 1965
S. 97: Flemming, Soldat
S. 101: Autorenarchiv
S. 102: Münster, Cosmographey
S. 103: Merian, Topographia
S. 105: Autorenarchiv
S. 107: Zonca, Teatro
S. 112: Institut der Englischen Fräulein, Altötting
S. 115: Heumann, Göttingen
S. 116: Hanke, Alpenpässe
S. 117: British Library, Mss.
S. 118: Callot, Werke
S. 120: Rijksmuseum-Stichting Amsterdam
S. 121: Rosenow, Pfaffenherrschaft
S. 123: Stadtmuseum Köln
S. 125: Diderot, Encyclopédie
S. 132: Ginzrot, Wagen
S. 133: Bibliothèque Nationale Paris
S. 135: Hanke, Alpenpässe

S. 137: Musee Carnavalet, Paris
S. 141: Atlas Van Stolk, Rotterdam
S. 142: Valvasor, Ehre
S. 145: Rheinisches Bildarchiv
S. 146: Treue, Achse, Rad und Wagen
S. 159: Flemming, Soldat
S. 167: Peters, Postgebäude
S. 169: Kinsey, Portugal
S. 174: Autorenarchiv
S. 184: Amman, Ständebuch
S. 191: Mummenhoff, Handwerker
S. 201: Valvasor, Ehre
S. 202: Zentralbibliothek Zürich
S. 204: Historisches Museum Rotterdam
S. 207: Carlen, Kultur
S. 212: Steinhausen, Kaufmann
S. 216: Santa Clara, Centi-Folium
S. 218: Heinemann, Richter
S. 219: Steinhausen, Kaufmann
S. 224: Callot, Werke
S. 232: Doktor Syntax Reise
S. 235: Doktor Syntax Reise
S. 237: Zentralbibliothek Zürich, Graph. Sammlung
S. 249: Krüger, Meisters
S. 251: Chur-Braunschweig-Lüneburgische Landes-Ordnungen
S. 253: Caspari, Postsäulen
S. 254 f.: Droemer Knaur Verlag
S. 256: Autorenarchiv

Quellenverzeichnis

1 AMMAN, JOST, *Ständebuch,* hg. von Georg Hirth, Leipzig 1880

2 BAGGESEN, JENS, *Das Labyrinth oder Reise durch Deutschland in die Schweiz 1789,* Leipzig 1985

3 BECKER, SOPHIE, *Vor hundert Jahren.* Elise von der Reckes Reisen durch Deutschland, 1784–1786 ..., Stuttgart o.J.

4 BRÄKER, ULRICH, *Lebensgeschichte und natürliche Abenteuer des armen Mannes im Tockenburg,* hg. von Werner Günther, Stuttgart 1965 [1789]

5 CALLOT, JACQUES, *Das gesamte Werk,* 2 Bde., München o.J.

6 *Chur-Braunschweig-Lüneburgische Landes-Ordnungen und Gesetze.* Zum Gebrauch der Fürstenthümer Graf- und Herrschaften Calenbergischen Theils, Dritter Theil, Göttingen 1740

7 COXE, WILLIAM, *Sketches of the Natural, Civil, and Political State Swisserland,* London 1779

8 CRAMER, SILKE (Hg.) *Das Reisejournal des Ulrich von Werdum* (1670 bis 1677). Kritische Edition eines Reiseberichtes, Frankfurt/Main 1990 (Helicon-Beiträge zur deutschen Literatur, 11)

9 DALLMEIER, MARTIN (Hg.), *Quellen zur Geschichte des europäischen Postwesens 1501–1806,* 3 Bände, Kallmünz 1978–1987

10 *Der warhaffte Burattin,* o.O. 1687

11 *Des Doktor Syntax Reise.* Ein Gedicht in sechsundzwanzig Gesängen nebst dreißig kolorierten Steinstichen, herausgegeben zum Besten der Königlich Preußischen General-Post-Armen-Kasse, Berlin 1822

12 DICKMANN, FRITZ, (Bearb.), *Geschichte in Quellen,* Bd. 3, München ³1982

13 DIDEROT, DENIS u. JEAN BAPTISTE D'ALEMBERT (Hg.), *Encyclopédie raisonné des sciences, des arts et des métiers,* 17 Bände, Paris 1751 bis 1780 (ND Stuttgart-Bad Cannstatt 1966)

14 DÜRER, ALBRECHT, *Schriften und Briefe,* Leipzig 1982

15 EBEL, JOHANN GOTTFRIED, *Anleitung auf die nützlichste und genussvollste Art in der Schweitz zu reisen,* 2 Bände, Zürich 1793

16 ERNSTBERGER, ANTON, *Plünderung des Leipziger Messegeleites*

Nürnberger und Augsburger Kaufleute am 26. Januar 1638, Neustadt an der Aisch, in: Jahrbuch für fränkische Landesforschung, 22 (1962), S. 101–120

17 EVERS, JOHANN, *Chursächsische Post-Cours*, in welchem enthalten, wie alle reitende und fahrende Ordinair-Posten, sowol in der berühmten Handels-Stadt Leipzig, als auch anderen Orten dieser Sächsischen Lande, ietzo ankommen, und abgehen ..., samt Extendirung dieser Posten in die angrentzenden Reiche und Länder, mit beygefügtem Register und Post-Charte, Leipzig 1703

18 FABER, FELIX, *Brenner 1483/84, Fernpaß 1484*. Reisebuch, Innsbruck 1923 (Schlernschriften, 3)

19 FLEMMING, HANNS FRIEDRICH VON, *Der vollkommene Teutsche Soldat ...*, Leipzig 1726 (ND Osnabrück 1967)

20 GAIL, JÖRG, *Ein neues nützliches Raißbüchlin*, Augsburg 1563

21 GEISBERG, MAX, *The German Single-Leaf Woodcut: 1500–1550*, 4 Bände, hg. von Walter L. Strauss, New York 1974

22 GINZROT, JOHANN CHRISTIAN, *Die Wagen und Fahrwerke der verschiedenen Völker des Mittelalters und der Kutschen-Bau neuester Zeiten nebst der Bespannung, Zäumung und Verzierung ihrer Zug-, Reit- und Last-Thiere*, 4 Bände, München 1830 (ND Hildesheim 1979)

23 GOETHE, JOHANN WOLFGANG VON, *Tagebuch der ersten Schweizer Reise 1775*, hg. u. erläutert von Hans-Georg Dewitz, Frankfurt/Main 1980

24 GOETHE, JOHANN WOLFGANG VON, *Tagebuch der Italienischen Reise 1786*, Frankfurt/Main 1982

25 GRASS, CARL, *Tagebuch einer Wanderung von Chur auf den Gothard, Furka, Grimsel, Gemmi bis zum Montblanc. Im Jahre 1790*, in: Ders., Fragmente von Wanderungen in der Schweiz, Zürich 1797, S. 39–166

26 *Die Große Nordische Expedition von 1733 bis 1743*. Aus Berichten der Forschungsreisenden Johann Georg Gmelin und Georg Wilhelm Steller, Leipzig 1990

27 GUNZERT, WALTER, *Skizzen- und Reisetagebuch eines Arztes* (Georg Faber) *im Dreißigjährigen Krieg*, Darmstadt 1952

28 HASSEN, MARTIN, *Europäisches historisches Reise-Lexikon*, ... Leipzig 1744

29 HERBERSTEIN, SIGMUND FREIHERR VON, *Moscovia*, Wien 1577

30 HEUMANN, GEORG DANIEL, *Dei in Göttingen herümschriende Lühe oder Der Göttingische Ausruff*, Göttingen 1744

31 JANSSON, MAIJA UND NICOLAI ROGOZKIN (Hg.), *England and the North: The Russian Embassy of 1613–1614*, Philadelphia 1994

32 JUNG-STILLING, JOHANN HEINRICH, *Heinrich Stillings Jugen.*, Jünglingsjahre und Wanderschaft, Leipzig 1982
33 KARAJAN, THEODOR G. (Hg.), *Sigmund von Herberstein.* Selbstbiographie, in: Scriptores, Bd. 1, Wien 1855 (Fontes Rerum Austriacarum), S. 69–396
34 KELLER, KATRIN (Bearb.), »*Mein Herr befindet sich gottlob gesund und wohl …*«. Zwei sächsische Prinzen auf Reisen, Leipzig 1994
35 KIEFNER, THEO (Hg.), *Die Privilegien der nach Deutschland gekommenen Waldenser,* 2 Teile, Stuttgart 1990
36 KINSEY, WILLIAM M., *Portugal illustrated,* London 1828
37 KLEINLAUTH, BRIGITTE, *Der Schreibkalender des Jakob Röder 1598 bis 1618,* Würzburg 1988 (Veröffentlichungen zur Volkskunde und Kulturgeschichte, 28)
38 KLÖDEN, KARL FRIEDRICH VON, *Jugenderinnerungen,* bearb. von Karl Koetschau, Leipzig 1911
39 KNIGGE, ADOLPH FREIHERR VON, *Über den Umgang mit Menschen,* hrsg. von Gerd Ueding, Frankfurt/Main 1977
40 KRÜGER, HERBERT, *Das älteste deutsche Routenhandbuch.* Jörg Gails »Raißbüchlein«, Graz 1974
41 KUNKEL, WOLFGANG, GUSTAF KLEMENS SCHMELZEISEN U. HANS THIEME (Hg.), *Quellen zur Neueren Privatrechtsgeschichte Deutschlands,* Bd. II: *Polizei- und Landesordnungen,* Köln 1968/1969
42 LANG, KARL RITTER VON, *Memoiren,* 2 Bände, o.O. 1881
43 LAUKHARD, FRIEDRICH CHRISTIAN, *Leben und Schicksale von ihm selbst beschrieben,* hg. von Karl Wolfgang Becker, Leipzig 1989
44 LEDIARD, THOMAS, *Der deutsche Kundschafter …,* Lemgo 1764
45 LÜDER, CHRISTIAN FRIEDRICH, *Vorschlag wie Deutschland mit Chaussées durchkreuzt werden könnte,* Frankfurt/Main 1779
46 LÜDER, CHRISTIAN FRIEDRICH, *Vollständiger Inbegriff aller bei dem Straßenbau vorkommenden Fälle, samt einer vorausgesetzten Weeg-Geschichte und einem Verzeichnis der unentbehrlichen Weeg-Gesetze,* Frankfurt/Main 1779
47 LÜNIG, JOHANN CHRISTIAN, *Corpus Juris Militaris,* Leipzig 1723 (ND Osnabrück 1968)
48 MAGNUS, OLAUS, *Historia de gentibus septentrionalibus,* Basel 1507
49 MATTHISSON, FRIEDRICH, *Briefe,* 2 Bände, Zürich 1795
50 MEINERS, CHRISTOPH, *Briefe aus der Schweiz,* Wien 1791
51 MERIAN, MATTHÄUS, *Topographia Germaniae,* 16 Bände, Frankfurt/Main 1643–1675 (ND Kassel 1961)
52 MÖSER, JUSTUS, *Also ist es ratsamer die Wege zu flicken als neu zu machen,* in: Patriotische Phantasien, Bd. 2, hg. von Johanne Wilhelmine Juliane von Voigt, Berlin 1776, S. 417–422

53 Möser, Justus, *Umgekehrt: Es ist ratsamer die Wege zu bessern als zu flicken*, in: Patriotische Phantasien, Bd. 2, Berlin 1776, S. 422–430
54 Montaigne, Michel de, *Die Essais und das Reisetagebuch*, hg. v. Paul Sakmann, Stuttgart 1939
55 Moritz, Karl Philipp, Anton Reiser, *Ein pyschologischer Roman*, Stuttgart 1980
56 Moryson, Fynnes, *An Itinary*. Containing his Ten Yeeres Travell ..., 4 Bände, Glasgow 1907/08
57 Müller, Johann David, *Notizen aus meinem Leben*, hg. von Ilja Mieck, Berlin 1973 (Schriften des Vereins für die Geschichte Berlins, 59)
58 Münster, Sebastian, *Cosmographey oder Beschreibung aller Länder, Herrschafftenn und fürnemesten Stetten des gantzen Erdbodens, sampt ihren Gelegenheiten, Eygenschafften, Religion, Gebreuchen, Geschichten und Handthierungen* ..., Basel 1588
59 Mylius, Christian Otto (Hg.), *Corpus Constitutionum Marchicarum* ..., Berlin 1736 ff.
60 Nettelbeck, Joachim, *Lebensbeschreibung des Seefahrers, Patrioten und Sklavenhändlers*. Von ihm selbst aufgezeichnet und herausgegeben von Johann Christian Ludwig Haken, Nördlingen 1987
61 *Neueste Erfindung zur bequemen und zweckmäßigen Feldequipage für Officiere auch zum Theil für Reiseliebhaber eingerichtet*, 1794
62 *Neuvermehrtes Hamburgische Reise- und Handbüchlein* ..., Hamburg 1675
63 Nicolai, Friedrich, *Beschreibung einer Reise durch Deutschland und die Schweiz im Jahre 1781*. Nebst Bemerkungen über Gelehrsamkeit, Industrie, Religion und Sitten, 12 Bände, Berlin 1783–1796
64 Nöldecke, Ingeborg (Übers. u. Bearb.), *Einmal Emden – Berlin und zurück im Frühjahr 1683*. Die Reise des Reichsfreiherrn Dodo II. zu Innhausen und Knyphausen ..., Berlin 1989
65 Peters, Jan (Hg.), *Ein Söldnerleben im Dreißigjährigen Krieg*. Eine Quelle zur Sozialgeschichte, Berlin 1993 (Selbstzeugnisse der Neuzeit. Quellen und Darstellungen zur Sozial- und Erfahrungsgeschichte, 1)
66 Platter, Thomas d. Jüngere, *Beschreibung der Reisen durch Frankreich, Spanien, England und die Niederlande (1595–1600)*, hg. von Rut Keiser, 2 Bände, Basel 1968
67 Reddig, Wolfgang F., *Reise zum Erzfeind der Christenheit*. Der Humanist Hans Dernschwam in der Türkei (1553–1555), Pfaffenweiler 1990 (Weltbild und Kulturbegegnung, 1)
68 Riesbeck, Johann Kaspar, *Briefe eines reisenden Franzosen an seinen Bruder in Paris*, 2 Bände, o.O. 1783

69 RÖHRICHT, REINHOLD, *Die Jerusalemfahrten der Grafen Philipp, Ludwig (1484) und Reinhard von Hanau (1550)*, in: Zeitschrift des Vereins für hessische Geschichte und Landeskunde 16 (1891), S. 85–188

70 RÖHRIG, HERBERT (Hg.), *Hannoversche Rotröcke in Griechenland.* Das Tagebuch des Fähnrichs Zehe 1685–1688, Hildesheim 1975 (Quellen und Darstellungen zur Geschichte Niedersachsens, 84)

71 ABRAHAM A SANTA CLARA, Centi-Folium Stultorum In Quarto …, Wien 1709

72 SCHULTE, ALOYS, *Geschichte der großen Ravensburger Handelsgesellschaft 1380–1530*, 3 Bde., hier Bd. 3, Wiesbaden 1964 (Deutsche Handelsakten des Mittelalters und der Neuzeit, 3)

73 SCHWAGER, JOHANN MORITZ, *Bemerkungen auf einer Reise durch Westphalen, bis an und über den Rhein*, Leipzig 1804 (ND Bielefeld 1987)

74 SCHWARZWÄLDER, HERBERT UND INGE (Hg.), *Reisen und Reisende in Nordwestdeutschland.* Beschreibungen, Tagebücher und Briefe, Itinerare und Kostenrechnungen, Bd. 1: bis 1620, Hildesheim 1987 (Veröffentlichungen der Historischen Kommission für Niedersachsen und Bremen, 35)

75 SCHWEINITZ, BOLKO (Hg.), *Die Reise des Kronprinzen Wladyslaw Wasa in die Länder Westeuropas in den Jahren 1624/25*, München 1988

76 SCRIVER, CHRISTIAN, *Gottholds Zufällige Andachten*, Leipzig 1686

77 SEUME, JOHANN GOTTFRIED, *Spaziergang nach Syrakus im Jahre 1802*, Nördlingen 1985

78 SIMLER, JOSIAS, *De Alpibus Commentarius.* Die Alpen, Zürich 1574 (ND München 1931)

79 SMITH, ALEXANDER, *Leben und Taten der berühmtesten Straßenräuber, Mörder und Spitzbuben, so in den letzten fünfzig Jahren in dem Königreich England sind hingerichtet worden*, München 1987

80 SOLLEYSEL, JACQUES DE, *Le parfait mareschal …*, Paris ²1667

81 SPRECHER, JOHANNES ANDREAS VON, *Donna Ottavia*, Basel 1878

82 STEFFENS, HENRICH, *Was ich erlebte.* Aus der Erinnerung niedergeschrieben, Breslau 1841

83 STILLING siehe Jung-Stilling

84 STOLZ, OTTO, *Geschichte des Zollwesens, Verkehrs und Handels in Tirol und Vorarlberg von den Anfängen bis ins XX. Jahrhundert*, Innsbruck 1953 (Schlern-Schriften, 108)

85 STOLZ, OTTO, *Deutsche Zolltarife des Mittelalters und der Neuzeit*, Teil I: Quellen zur Geschichte des Zollwesens und Handelsverkehrs in Tirol und Vorarlberg vom 13. bis 18. Jahrhundert, Wiesbaden 1955 (Deutsche Handelsakten des Mittelalters und der Neuzeit)

86 STUMPF, JOHANNES, *Chronick*, Zürich 1548

87 SULZER, JOHANN GEORG, *Vermischte Beobachtung mit Anmerkungen auf einer Reise nach der Schweiz und aus der Schweiz nach Deutschland.* Aus dem Tagebuch eines deutschen Gelehrten, in: Deutsches Museum, Juli–November 1778, Achtes Stück

88 *Topographisches Reise-, Post- und Zeitungslexikon von Deutschland ...*, Leipzig 1782

89 VALVASOR, J.W. VON, *Die Ehre des Hertzogthums Crain*, Laibach 1689

90 WATZL, HERMANN (Hg.), *Flucht und Zuflucht.* Das Tagebuch des Priesters Balthasar Kleinschroth aus dem Türkenjahr 1683, Graz ²1983

91 WEKHRLIN, WILHELM LUDWIG, *Anselmus Rabiosus.* Reise durch Oberdeutschland, München 1988

92 WICKRAM, JÖRG, *Rollwagenbüchlein*, Straßburg 1555

93 WÜRTTEMBERG, HERZOG CARL EUGEN VON, *Tagbücher seiner Rayßen*, hg. von Robert Uhland, Tübingen 1968

94 WYSS, ARTHUR, *Die Post in der Schweiz*, Basel 1987

95 WYTTENBACH, JAKOB SAMUEL, *Reise durch die Alpen und das Wallisland*, in: Bernerisches Magazin der Natur, Kunst und Wissenschaften, Band 1, 2. Stück, Bern 1777, S. 67–134

96 ZEDLER, JOHANN HEINRICH, *Großes vollständiges Universal-Lexikon aller Wissenschaften und Künste*, 64 Bde., Leipzig 1732–1754 (ND Graz 1961–1964)

97 ZEILLER, MARTIN, *Fidus Achates*, Frankfurt 1650

98 ZEILLER, MARTIN, *Teutsches Reyßbuch*, Frankfurt 1632

99 ZESEN, PHILIPP VON, *Reise-Lieder zu Wasser und Lande/für Schif-Fuhr- und Handelsleute/ wie auch andere über Land und Wasser Reisende*, Hamburg 1677

100 ZILLHARDT, GERD (Hg.), *Der Dreißigjährige Krieg in zeitgenössischer Darstellung, Hans Heberles »Zeytregister« (1618–1672), Aufzeichnungen aus dem Ulmer Territorium*, Stuttgart 1975 (Forschungen zur Geschichte der Stadt Ulm, 13)

101 ZONCA, VITTORIO, *Novo Teatro*, Padua 1607

Literaturverzeichnis

1 Albert, William, *The Turnpike Road System in England, 1663 bis 1840*, Cambridge 1972

2 Allen, E. John B., *Post and Courier Service in the Diplomacy of Early Modern Europe*, Den Haag 1972 (Archives internationales D'histoire des idees, 3)

3 Allen, E. John B., *Les couriers diplomatiques à la fin du XVIe siècle (1560–1600)*, in: Revue d'Histoire diplomatique 86 (1972), S. 226 bis 236

4 Althoff, Gerd, *Vom Zwang zur Mobilität und ihren Problemen*, in: Ertzdorff 1992, S. 91–111

5 Arnold, Renato, *Die Anfänge des Tourismus im Wallis anhand ausgewählter Reiseliteratur des 18. Jahrhunderts*, Lizentiatsarbeit Univ. Freiburg i. Uechtland 1984

6 Arnold, Renato, *Gasthof- und Wirtshauswesen im Wallis des 18. Jahrhunderts*, in: Blätter aus der Walliser Geschichte 18 (1985)

7 Bade, Klaus J., *Altes Handwerk, Wanderzwang und Gute Policey: Gesellenwanderung zwischen Zunftökonomie und Gewerbereform*, in: Vierteljahresschrift zur Sozial- und Wirtschaftsgeschichte 69 (1982), S. 1–37

8 Bausinger, Hermann, Klaus Beyrer u. Gottfried Korff (Hg.), *Reisekultur*. Von der Pilgerfahrt zum modernen Tourismus, München 1991

9 Behringer, Wolfgang, *Bausteine zu einer Geschichte der Kommunikation*. Eine Sammelrezension zum Postjubiläum, in: Zeitschrift für historische Forschung 21 (1994), S. 92–112

10 Behringer, Wolfgang, *Thurn und Taxis*. Die Geschichte ihrer Post und ihrer Unternehmen, München 1990

11 Bei der Wieden, Brage, *Außenwelt und Anschauungen Ludolf von Münchhausens*, Hannover 1993 (Veröffentlichungen der Historischen Kommission für Niedersachsen und Bremen, 32)

12 Bepler, Jill, Ferdinand Albrecht Duke of Braunschweig-Lüneburg (1636–1687). *A Traveller and his Travelogue*, Wiesbaden 1988 (Wolfenbütteler Arbeiten zur Barockforschung, 16)

13 Bergmann, Klaus u. Solveig Ockenfuss (Hg.), *Neue Horizonte.* Eine Reise durch die Reisen, Hamburg 1984
14 Beyrer, Klaus, *Die Postkutschenreise,* Tübingen 1985 (Untersuchungen des Ludwig-Uhland-Instituts der Universität Tübingen, 66)
15 Beyrer, Klaus (Hg.), *Zeit der Postkutschen.* Drei Jahrhunderte Reisen 1600–1900, Karlsruhe 1992
16 Bitsch, Irmgard, *Ernährung auf Reisen,* in: Ertzdorff 1992, S. 495–505
17 Black, Jeremy, *The British Abroad.* The Grand Tour in the Eighteenth Century, New York 1992
18 Bräuer, Helmut, *Gesellen im sächsischen Zunfthandwerk des 15. und 16. Jahrhunderts,* Weimar 1989
19 Braudel, Fernand, *Sozialgeschichte des 15.–18. Jahrhunderts,* 3 Bde., München 1985/86
20 Brenner, Peter J. (Hg.), *Der Reisebericht.* Die Entwicklung einer Gattung in der deutschen Literatur, Frankfurt/Main 1989
21 Brilli, Attilio, *Reisen in Italien.* Die Kulturgeschichte der klassischen Italienreise vom 16. bis 19. Jahrhundert, Köln 1989
22 Brunner, Hugo, *Beiträge zur Geschichte der Schiffahrt in Hessen, besonders auf der Fulda,* in: Zeitschrift des Vereins für hessische Geschichte und Landeskunde 16 (1891), S. 202–243
23 Brunner, Walter, Martin Zeiller 1589–1661. *Ein Gelehrtenleben,* Graz 1990 (Steiermärkisches Landesarchiv, 4)
24 Busch, Helmut, *Reisen zum Gesundwerden: Badereisen,* in: Ertzdorff 1992, S. 475–494
25 Camusso, Lorenzo, *Reisebuch Europa.* Wege durch die Alte Welt, München 1990
26 Carlen, Louis, *Die Kultur des Wallis 1500–1800,* Brig 1984
27 Carlen, Louis, *Rechtsgeschichtliches aus Frankreich, Spanien, England und den Niederlanden in einem Reisebericht von 1595–1600,* Brig 1971 (Schriften des Stockalper-Archivs in Brig, 22)
28 Caspari, Artur, *Zur Geschichte der Postsäulen in Sachsen,* in: Archiv für deutsche Postgeschichte 2 (1957), S. 17–21
29 Csáky-Loebenstein, Eva-Marie, *Studien zur Kavalierstour österreichischer Adliger im 17. Jahrhundert,* in: Mitteilungen des Instituts für österreichische Geschichtsforschung 79 (1971), S. 401–434
30 Danker, Uwe, *Räuberbanden im Alten Reich,* 2 Bde. Ein Beitrag zur Geschichte von Herrschaft und Kriminalität in der Frühen Neuzeit, Frankfurt/Main 1988
31 Denecke, Dietrich, *Straßen, Reiserouten und Routenbücher (Itinerare) im späten Mittelalter und in der Frühen Neuzeit,* in: Ertzdorff 1992, S. 227–254

32 DIPPER, CHRISTOF, *Deutsche Geschichte 1648–1789*, Frankfurt/Main 1991 (Neue Historische Bibliothek)

33 DÖRFLINGER, JOHANNES, *Die österreichische Kartographie im 18. und zu Beginn des 19. Jahrhunderts, unter besonderer Berücksichtigung der Privatkartographie zwischen 1780 und 1820*, Wien 1984 (Veröffentlichungen der Kommission für Geschichte der Mathematik, Naturwissenschaften und Medizin, 42)

34 DOHRN-VAN ROSSUM, GERHARD, *Die Geschichte der Stunde*. Uhren und moderne Zeitordnung, München 1992

35 DREIER, FRANZ ADRIAN (Bearb.), *Winkelmeßinstrumente*. Vom 16. bis zum frühen 19. Jahrhundert. Ausstellungskatalog, Berlin 1979

36 DREYER-EIMBEKE, ERIKA, *Alte Straßen im Herzen Europas*, Frankfurt/Main 1989

37 DURIAN-RESS, SASKIA, *Schuhe*. Vom späten Mittelalter bis zur Gegenwart, München 1991

38 EBELING, DIETRICH, *Der Holländerholzhandel in den Rheinlanden*. Zu den Handelsbeziehungen zwischen den Niederlanden und dem westlichen Deutschland im 17. und 18. Jahrhundert, Wiesbaden 1992 (Vierteljahreschrift für Sozial- und Wirtschaftsgeschichte, Beiheft 101)

39 ERNSTBERGER, ANTON, *Plünderung des Leipziger Messegeleites Nürnberger und Augsburger Kaufleute am 26. Januar 1638*, Neustadt an der Aisch, in: Jahrbuch für fränkische Landesforschung 22 (1962), S. 101–120

40 ERTZDORFF, XENJA VON u. DIETER NEUKIRCH (Hg.), *Reisen und Reiseliteratur im Mittelalter und in der Frühen Neuzeit*, Amsterdam 1992 (Chloe, Beihefte zum Daphnis, 13)

41 FREITAG, WERNER, *Volks- und Elitenfrömmigkeit in der Frühen Neuzeit*. Mariawallfahrten im Fürstbistum Münster, Paderborn 1991

42 GASSNER, ERNST, *Zum deutschen Straßenwesen von den ältesten Zeiten bis zur Mitte des 17. Jahrhunderts*, Leipzig 1889

43 GERTEIS, KLAUS, *Das »Postkutschenzeitalter«*. Bedingungen der Kommunikation im 18. Jahrhundert, in: Karl Eibl (Hg.), Entwicklungsschwellen im 18. Jahrhundert, Hamburg 1989 (Aufklärung 4 [1990]), S. 55–78

44 GLASER, HERMANN u. THOMAS WERNER (Hg.), *Die Post in ihrer Zeit: eine Kulturgeschichte menschlicher Kommunikation*, Heidelberg 1990

45 GÖRES, JÖRN (Hg.), *»Was ich dort gelebt, genossen« – Goethes Badeaufenthalte 1785–1823*, Ausstellungskatalog, Königstein 1982

46 GRÄF, HOLGER THOMAS, *Konfession und internationales System*. Die Außenpolitik Hessen-Kassels im konfessionellen Zeitalter,

Darmstadt 1993 (Quellen und Forschungen zur hessischen Geschichte, 94)

47 GRAMULLA, SUSANNE, *Nürnberger Kaufleute im Italienhandel zwischen 1720 und 1740*, in: Mitteilung des Vereins für Geschichte Nürnbergs 73 (1986), S. 129–174

48 GRIEP, WOLFGANG (Hg.), *Sehen und Beschreiben*. Europäisches Reisen im 18. und frühen 19. Jahrhundert, Heide 1991

49 GRIEP, WOLFGANG u. HANS-WOLF JÄGER (Hg.), *Reisen im 18. Jahrhundert*, Neue Untersuchungen, Heidelberg 1986 (Neue Bremer Beiträge, 3)

50 GRIEP, WOLFGANG u. HANS-WOLF JÄGER (Hg.), *Reisen und soziale Realität am Ende des 18. Jahrhunderts*, Heidelberg 1983 (Neue Bremer Beiträge, 1)

51 HAMPE, THEODOR, *Die fahrenden Leute in der deutschen Vergangenheit*, Leipzig 1902 (Monographien zur deutschen Kulturgeschichte)

52 *Handwörterbuch des deutschen Aberglaubens*, hg. von Hanns Bächtold-Stäubli, 9 Bände, Berlin 1927–42

53 HANKE, GEORG (Hg.), *Die großen Alpenpässe*. Reiseberichte aus neun Jahrhunderten, München 1967

54 HAUSER, ALBERT, ANDREAS RYFF (1550–1603). *Der reisende Unternehmer aus Basel*, in: Louis Carlen und Gabriel Imboden (Hg.), Kräfte der Wirtschaft. Unternehmergestalten des Alpenraums im 17. Jahrhundert, Brig 1992, S. 177–189

55 HEIMANN, HEINZ-DIETER, *Neue Perspektiven für die Geschichte der Post* (mit Literaturbericht zum »Postjubiläum« 1490–1990, in: Historische Zeitschrift 253 (1991), S. 660–674

56 HEINEMANN, FRANZ, *Der Richter und die Rechtsgelehrten*. Justiz in früheren Zeiten, Leipzig 1900

57 HELBECK, GERD, *Tagebuchaufzeichnungen Friedrich Christoph Müllers über eine Reise im Jahre 1774*, in: Jürgen Reulecke u. Burkhard Dietz (Hg.), Mit Kutsche, Dampfroß, Schwebebahn. Reisen im Bergischen Land II (1750–1910), Neustadt an der Aisch 1987 (Bergische Forschungen, 19), S. 25–32

58 HENNIGS, ANNETTE, *Vom Hohlweg zum Chausseebau*. Der lippische Straßen- und Wegebau von 1750–1820, in: Neithard Bulst u. a. (Hg.), Die Grafschaft Lippe im 18. Jahrhundert. Bevölkerung, Wirtschaft und Gesellschaft eines deutschen Kleinstaates, Bielefeld 1993, S. 199–220

59 HENNING, FRIEDRICH-WILHELM, *Handbuch der Wirtschafts- und Sozialgeschichte Deutschlands*. Bd. 1: Deutsche Wirtschafts- und Sozialgeschichte im Mittelalter und in der frühen Neuzeit, Paderborn 1991

60 HERBERS, KLAUS (Hg.), *Der Jakobsweg.* Deutsche Jakobuspilger und ihre Berichte, Tübingen 1988

61 HERBORN, HELMUT, *Erreichbarkeit.* 250 Jahre Post in Limburg, Gießen 1989 (Hessische Postgeschichte, 34)

62 HERMAND, JOST, *Die touristische Erschließung und Nationalisierung des Harzes im 18. Jahrhundert,* in: Griep/Jäger, Reisen und soziale Realität, S. 169–187

63 *Hessen im Bild alter Landkarten.* Ausstellungskatalog, Marburg 1988

64 HOFFMANN, MORITZ, *Geschichte der deutschen Hotels.* Vom Mittelalter bis zur Gegenwart, Heidelberg 1961

65 HOFMANN, HANNS HUBERT, *Eine Reise nach Padua 1585.* Drei fränkische Junker »uff der Reiß nach Italiam«, Sigmaringen und München 1969

66 HÜRKEY, EDGAR J. (Hg.), *Kunst, Kommerz und Glaubenskampf.* Frankenthal um 1600, Worms 1995

67 IM HOF, ULRICH, Die Schweiz. *Illustrierte Geschichte der Eidgenossenschaft,* Stuttgart 1984

68 JARITZ, GERHARD u. ALBERT MÜLLER (Hg.), *Migration in der Feudalgesellschaft,* Frankfurt/Main 1988

69 JOHANEK, PETER u. HEINZ STOOB (Hg.), *Europäische Messen und Märktesysteme in Mittelalter und Neuzeit,* Köln 1996 (Städteforschung, A 39)

70 KACHEL, JOHANNA, *Herberge und Gastwirtschaft in Deutschland bis zum 17. Jahrhundert,* Stuttgart 1924 (Vierteljahrschrift für Sozial- und Wirtschaftsgeschichte, Beiheft 3)

71 KELLENBENZ, HERMANN, *Das Straßensystem in Mitteleuropa, besonders während des Mittelalters und der frühen Neuzeit,* in: Plötz. Wege, S. 27–39

72 KEWELOH, HANS-WALTER, *Flößerei in Deutschland,* Stuttgart 1985

73 KEWELOH, HANS-WALTER (Hg.), *Auf den Spuren der Flößer.* Wirtschafts- und Sozialgeschichte eines Gewerbes, Stuttgart 1988

74 KIENITZ, SABINE, *Unterwegs – Frauen zwischen Not und Norm.* Lebensweise und Mentalität vagierender Frauen um 1800 in Württemberg, Tübingen 1989

75 KINDERMANN, UDO, DANIEL PAPEBROCH, *Bericht über eine Studienreise durch Deutschland, Österreich und Italien 1660,* in: Ertzdorff , Reisen, S. 439–458

76 KLEIN, ULRICH, *Franz Wilhelm von Wartenbergs Reisetagebuch von 1641.* Zur Frage der Cavalierstour Illustrissimi im 17. Jahrhundert, in: Osnabrücker Mitteilungen 93 (1988), S. 48–68

77 KLICHE, WALTHER, *Die Schiffahrt auf der Ruhr und Lippe im achtzehnten Jahrhundert,* Elberfeld 1904

78 KROENER, BERNHARD R., *Les Routes et Les Etapes.* Die Versorgung der französischen Armeen in Nordostfrankreich (1635–1661), Münster 1980 (Schriftenreihe der Vereinigung zur Erforschung der Neueren Geschichte, 11)

79 KROENER, BERNHARD R., *Le dévelopement de reseau routier dans lés Nord-Est de la France a cours de l'ancien Régime.* Appartir de cartes de routes de des etappes des XVIIe et XVIIIe siècle, in: Actes du 104mé congrés national des sociétés savantes, Paris 1980, S. 41–61

80 KROHN, HEINRICH, *Welche Lust gewährt das Reisen! Mit Kutsche, Schiff und Eisenbahn,* München² 1987

81 KRÜGER, HERBERT, *Des Nürnberger Meisters Erhard Etzlaub älteste Straßenkarte von Deutschland,* Kallmünz 1958

82 KRÜGER, HERBERT, *Oberdeutsche Meilenscheiben des 16. und 17. Jahrhunderts als straßengeschichtliche Quellen,* in: Jahrbuch für fränkische Landesforschung 23 (1963), S. 171–185, 24 (1964), S. 167–206

83 KÜSTER, HANSJÖRG, *Geschichte der Landschaft in Mitteleuropa von der Eiszeit bis zur Gegenwart,* München 1995

84 KÜTHER, CARSTEN, *Räuber und Gauner in Deutschland im 18. und frühen 19. Jahrhundert,* Göttingen 1976 (Kritische Studien zur Geschichtswissenschaft, 20)

85 KÜTHER, CARSTEN, *Menschen auf der Straße.* Vagierende Unterschichten in Bayern, Franken und Schwaben in der zweiten Hälfte des 18. Jahrhunderts, Göttingen 1983 (Kritische Studien zur Geschichtswissenschaft, 56)

86 LADURIE, EMMANUEL LE ROY, *Histoire du climat depuis l'ans mille,* Paris 1967

87 LAMB, H. H., *Klima und Kulturgeschichte.* Der Einfluß des Wetters auf den Gang der Geschichte, Reinbek 1994

88 LAY, MAXWELL G., *Die Geschichte der Straße.* Vom Trampelpfad zur Autobahn, Frankfurt/Main 1994

89 LINDGREN, UTA, *Alpenübergänge von Bayern nach Italien 1500 bis 1800.* Landkarten, Straßen, Verkehr, Ausstellungskatalog, München 1986

90 LÖSCHBURG, WINFRIED, *Von Reiselust und Reiseleid.* Eine Kulturgeschichte, Frankfurt/Main 1977

91 MACZAK, ANTONI UND HANS JÜRGEN TEUTEBERG (Hg.), *Reiseberichte als Quellen europäischer Kulturgeschichte,* Wolfenbüttel 1982

92 MORAW, PETER (Hg.), *Unterwegssein im Spätmittelalter,* Berlin 1985 (Zeitschrift für historische Forschung, Beiheft 1)

93 MORAW, PETER, *Reisen im europäischen Spätmittelalter im Licht der neueren historischen Forschung,* in: Ertzdorff 1992, S. 113–139

94 MUMMENHOFF, ERNST, *Der Handwerker in der deutschen Vergangenheit*, Bayreuth 1924
95 NORTH, GOTTFRIED (Bearb.), *Die Post.* Ihre Geschichte in Wort und Bild, Heidelberg 1988
96 NORTH, MICHAEL (Hg.), *Kommunikationsrevolutionen: Die neuen Medien des 16. und 19. Jahrhunderts*, Köln 1995
97 OHLER, NORBERT, *Reisen im Mittelalter*, München² 1988
98 OPITZ, ALFRED, *Durch die Wüste, Lichter tragend …* Sozialgeschichte und literarischer Stil in den Reiseberichten über die Iberia um 1800, in: Griep/Jäger Reise, S. 188–217
99 OTRUBA, GUSTAV, *Zur Geschichte des neuzeitlichen Verkehrswesens in Österreich vor den Eisenbahnen*, Linz 1988
100 PARAVICINI, WERNER, *Von der Heidenfahrt zur Kavalierstour.* Über Motive und Formen adligen Reisens im späten Mittelalter, in: Horst Brunner und Norbert Richard Wolf (Hg.), Wissensliteratur im Mittelalter und in der Frühen Neuzeit, Wiesbaden 1993, S. 91–130
101 PAULINYI, AKOS u. ULRICH TROITZSCH, *Mechanisierung und Maschinisierung. 1600 bis 1840*, Berlin 1991 (Propyläen Technikgeschichte)
102 PAWSON, EDWARD, *The Turnpike Trusts of the Eighteenth Century: A Study of Innovation and Diffusion*, Oxford 1975 (University School of Geography Research Paper, 14)
103 PETERS, FRIEDRICH, *Das Postgebäude in der Kreuzgangstraße in Magdeburg und seine Geschichte*, in: Archiv für das Post- und Fernmeldewesen 4 (1952), S. 19–34
104 PLEITHNER, REGINA (Hg.), *Reisen des Barock.* Selbst- und Fremderfahrungen und ihre Darstellung, Bonn 1991
105 PLÖTZ, ROBERT (Hg.), *Europäische Wege der Santiago-Pilgerfahrt*, Tübingen 1990
106 POPP, HELMUT, *In der Kutsche durch Europa*, Nördlingen 1989
107 POTTHOFF, OSSIP DEMETRIUS u. GEORG KOSSENHASCHEN, *Kulturgeschichte der deutschen Gaststätte*, Berlin 1932
108 PREYER, HANS CONRAD (Hg.), *Gastfreundschaft, Taverne und Gasthaus im Mittelalter*, München/Wien 1983
109 PRÖVE, RALF u. NORBERT WINNIGE, *»… kein großer Trieb zu Krieges-Diensten«* oder Wie Göttinger Bürgersöhne im 18. Jahrhundert zum hannoverschen Militär gepreßt wurden, in: Göttinger Jahrbuch 37 (1989), S. 91–99
110 PRÖVE, RALF, *Zum Verhältnis von Militär und Gesellschaft im Spiegel gewaltsamer Rekrutierungen (1648–1789)*, in: Zeitschrift für historische Forschung 22 (1995), S. 191–223
111 PRÖVE, RALF, *Der Soldat in der ›guten Bürgerstube‹.* Das frühneuzeitliche Einquartierungssystem und die sozioökonomischen Folgen,

in: Bernhard R. Kroener und Ralf Pröve (Hg.), Krieg und Frieden. Militär und Gesellschaft in der frühen Neuzeit, Paderborn 1996, S. 191–217

112 Rauers, Friedrich, *Kulturgeschichte der Gaststätte*, 2 Bände, Berlin 1941 (Schriftenreihe der Hermann-Esser-Forschungsgemeinschaft für Fremdenverkehr, 2)

113 Rehbein, Elfriede, *Zu Wasser und zu Lande*. Die Geschichte des Verkehrswesens von den Anfängen bis zum Ende des 19. Jahrhunderts, München 1984

114 Röhlk, Frauke, *Schiffahrt und Handel zwischen Hamburg und den Niederlanden in der zweiten Hälfte des 18. und zu Beginn des 19. Jahrhunderts*, Wiesbaden 1973 (Vierteljahrschrift für Sozial- und Wirtschaftsgeschichte, Beiheft 60)

115 Rosenow, Emil, *Wider die Pfaffenherrschaft*. Kulturbilder aus den Religionskämpfen des 16. und 17. Jahrhunderts, 2 Bände, Berlin 1923

116 Rühle, Siegfried, *Postsäulen und Meilensteine* (Forschungsgruppe kursächsische Postmeilensäulen), Dresden 1994

117 Schubert, Ernst, *Arme Leute, Bettler und Gauner im Franken des 18. Jahrhunderts*, Neustadt a. d. Aisch ²1990 (Veröffentlichungen der Gesellschaft für fränkische Geschichte, IX, 26)

118 Schubert, Ernst, *Mobilität ohne Chance: Die Ausgrenzung des fahrenden Volkes*, in: Winfried Schulze (Hg.), Ständische Gesellschaft und soziale Mobilität, München 1988 (Schriften des Historischen Kollegs, Kolloquien, 12)

119 Schubert, Ernst, *Fahrendes Volk im Mittelalter*, Bielefeld 1995

120 Siegrist, Christoph, *Unfreiwillige Reisen*. Verfolgungs- und Deportationsberichte 1777–1807, in: Griep/Jäger 1983, S. 236–273

121 Spicker-Beck, Monika, *Räuber, Mordbrenner, Umschweifendes Gesinde*. Zur Kriminalität des 16. Jahrhunderts, Freiburg 1994

122 Schilling, Heinz, *Aufbruch und Krise*. Deutschland 1517–1647, Berlin 1988 (Das Reich und die Deutschen)

123 Stagl, Justin, *Apodemiken*. Eine räsonierte Bibliographie der reisetheoretischen Literatur des 16., 17. und 18. Jahrhunderts, Paderborn 1983 (Quellen und Abhandlungen zur Geschichte der Staatsbeschreibung und Statistik, 2)

124 Stamford, Carl von, *Die Heirath Jolanta's von Lothringen mit Wilhelm, Landgrafen von Hessen*, in: Zeitschrift des Vereins für hessische Geschichte und Landeskunde 16 (1891), S. 1–21

125 Steinfeld, Ludwig, *Chronik einer Straße*. Die alte Straße von Frankfurt nach Leipzig. Geschichte, Ereignisse, Reiseberichte, Horb am Neckar, ³1990

126 STEINHAUSEN, GEORG, *Der Kaufmann in der deutschen Vergangenheit*, Leipzig 1899 (Monographien zur deutschen Kulturgeschichte)
127 STRIEDER, JAKOB, *Die Frachtfuhrleute aus Frammersbach in Antwerpen*, in: Festgabe Gerhard Seeliger, Leipzig 1920, S. 160–166
128 STÜRMER, MICHAEL (Hg.), *Herbst des Alten Handwerks.* Meister, Gesellen und Obrigkeit im 18. Jahrhundert, München 1986
129 TREUE, WILHELM, *Achse, Rad und Wagen.* Fünftausend Jahre Kultur- und Technikgeschichte, München 1965
130 TREUE, WILHELM (Hg.), *Achse, Rad und Wagen*, Göttingen 1988
131 VILLA, SIMON P., *Transport and the Development of the European Economy 175–1918*, London 1990
132 *Wallfahrt kennt keine Grenzen.* Katalog der Ausstellung im Bayerischen Nationalmuseum, München 1984

Wolfgang Schivelbusch

Geschichte der Eisenbahnreise

Zur Industrialisierung von Raum und Zeit im 19. Jahrhundert

Band 14828

Früher als andere Autoren hat Schivelbusch, ein Außenseiter und Querdenker der Historikerzunft, mit kulturwissenschaftlichem »Besteck« gearbeitet und damit Maßstäbe gesetzt. In diesem Buch geht es um die wohl wichtigste Innovation des 19. Jahrhunderts: die Eisenbahn. Sie hat nicht nur die industrielle Revolution angetrieben, sondern auch die alltäglichen Erfahrungsräume und die politischen Landkarten nachhaltig verändert. Wirtschaft und Kriegsplaner kamen ohne die Eisenbahn nicht mehr aus. Raum und Zeit sind seitdem nicht mehr das, was sie vorher waren.

Diese Studie ist ein Beitrag zur Geschichte des Zivilisationsprozesses in der Frühphase von Industrialisierung und Mechanisierung. Die Absicht des Autors ist es, Veränderungen in der psychischen Verfasstheit des modernen Menschen mit der Einführung neuer technischer Apparaturen in Zusammenhang zu bringen.

Noch immer gelten die Worte des FAZ-Rezensenten: *»Jeder sei beneidet, der das Buch noch nicht gelesen hat; denn er hat die Spannung, die intellektuelle Freude, manchmal auch den Schauder noch vor sich.«*

Fischer Taschenbuch Verlag

fi 222 / 5

Timothy Garton Ash

Im Namen Europas

Deutschland und der geteilte Kontinent

Aus dem Englischen von Yvonne Badal

Band 12567

Garton Ash hat ein halbes Jahrhundert deutscher Außenpolitik dargestellt. Er benutzte für sein monumentales Werk alle erreichbaren Materialien bis hin zu den Geheimakten, die er in den SED- und Stasi-Archiven gefunden hatte; er konnte Einblick nehmen in die persönlichen Aufzeichnungen und Korrespondenzen von Brandt, Schmidt, Bahr, Kohl, Genscher sowie von Breschnew und Gorbatschow. Außerdem führte er ausführliche Gespräche mit fast allen damals beteiligten Persönlichkeiten – auch mit Honecker im Moabiter Gefängnis. Immer ging es um die entscheidende Frage: Hat die deutsche Ostpolitik die Vereinigung und die Wende im Osten mit herbeigeführt? Ja, weil sie geholfen hat, die monolithische Teilung der Welt zu lockern. Nein, weil sie stabilitätsorientiert bis zum Schluß vieles getan hat, um den sicheren Status quo zu erhalten; die »Bewegung von unten«, der Aufstand der Osteuropäer und der Ostdeutschen, hat diese Politik überrannt.

Fischer Taschenbuch Verlag

fi 1508 / 4

Wolfgang Kruse (Hg.)

Eine Welt von Feinden

Der Große Krieg 1914–1918

Mit Beiträgen von
Christoph Cornelißen, Wolfgang Kruse, Susanne Rouette, Bernd Ulrich, Jeffrey Verhey und Benjamin Ziemann

Band 13571

Ob als »Zivilisationsbruch« beklagt oder als »Zeitenwende« bejubelt – immer hat der Erste Weltkrieg die Menschen bewegt. Nicht nur das europäische Staaten- und das imperialistische Weltsystem wurden umgestaltet, sondern dieser erste »totale Krieg« erfaßte auch alle gesellschaftlichen Bereiche: die Staatsfunktionen und Wirtschaftsstrukturen, die politischen Systeme, sozialen Verhältnisse und Konflikte, das Verständnis von Geschichte und Kultur sowie die Verhältnisse der Geschlechter zueinander. Die Autoren stellen die wichtigsten Themenfelder der Geschichte des Ersten Weltkrieges im internationalen Zusammenhang und Vergleich vor.

Fischer Taschenbuch Verlag

fi 480 / 5

Winfried Schulze/Otto Gerhard Oexle (Hg.)

Deutsche Historiker im Nationalsozialismus

Band 14606

Das Ereignis, das auf dem 42. Deutschen Historikertag in Frankfurt am Main (1998) am meisten Aufsehen erregte, war die Sektion, in der erstmals im großen Zusammenhang die Beteiligung der deutschen Historiker an der Etablierung und Stabilisierung des nationalsozialistischen Herrschaftssystems verhandelt wurde. In fünf Referaten legten vornehmlich jüngere Historiker (Aly, Beer, Fahlbusch, Haar und Racine) ihre neuen, richtungweisenden Forschungsergebnisse vor.

Der Band enthält die für diese Ausgabe überarbeiteten Referate und ausformulierten Kommentare; hinzugenommen wurden unveröffentlichte Beiträge von anderen Autoren, die zur Thematik passen und diese weiterführen. Das Buch faßt den aktuellen Forschungsstand, der durch die Ereignisse des Historikertages stark in Bewegung geraten ist, präzise zusammen und vermittelt eine neue, facettenreiche Vorstellung von der Rolle, die deutsche Historiker in der Zeit des Nationalsozialismus gespielt haben. Darüber hinaus wird versucht, die Debatte um die Historiker im Nationalsozialismus vor dem Hintergrund der neueren Entwicklung des Faches zu kontextualisieren.

Fischer Taschenbuch Verlag

fi 1155 / 8

Volker Ullrich

Die nervöse Großmacht 1871 - 1918

Aufstieg und Untergang des deutschen Kaiserreichs

Band 11694

Der Blick auf das deutsche Kaiserreich von 1871 hat sich in den letzten Jahren verändert. Wurden früher die rückständigen, anachronistischen Elemente betont, so entdeckt man neuerdings die dynamischen, entwicklungsfähigen Züge. Beides aber gehört untrennbar zusammen. Volker Ullrich macht in seinem Buch das eigentümliche Zwitterwesen der Bismarck-Schöpfung sichtbar. Indem er Politik-, Gesellschafts- und Kulturgeschichte zusammenführt, gelingt es ihm, die widerspruchsvolle Verbindung von Immobilität und Modernität auf den verschiedenen Ebenen zu thematisieren.

Aus dieser brisanten Gemengelage vermag er auch die nervöse Reizbarkeit zu erklären, die zu einem spezifischen Merkmal wilhelminischer Politik und Mentalität wurde - und die die konservativen Führungsschichten schließlich im Juli 1914 zur ›Flucht nach vorn‹ in den Weltkrieg getrieben hat. Das Buch besteht aus vier großen Teilen: ***Das Deutsche Reich im Zeitalter Bismarcks - Das Wilhelminische Deutschland - Die Gesellschaft des Kaiserreichs*** und ***Der Erste Weltkrieg***. Vieles, was im Nationalsozialismus schreckliche Wirklichkeit werden sollte, war bereits in der wilhelminischen Ära angelegt.

Fischer Taschenbuch Verlag

fi 2063 / 5

Wolfgang J. Mommsen

Der autoritäre Nationalstaat

Verfassung, Gesellschaft und Kultur des deutschen Kaiserreiches

Band 10525

Das deutsche Kaiserreich ist durch eine »Revolution von oben«, und nicht durch einen freien Willensakt seiner Bürger, begründet worden. Die Spuren dieser obrigkeitlichen Vergangenheit sind in seinem politischen System immer sichtbar geblieben. Auf der anderen Seite hätte es ohne die Mitwirkung der liberalen Nationalbewegung nicht entstehen und sich zu einem machtvollen Nationalstaat entwickeln können. Diesem Spannungsverhältnis geht Wolfgang J. Mommsen in der vorliegenden Sammlung von Aufsätzen und Essays nach. Sie befassen sich mit der inneren Politik des deutschen Kaiserreichs, mit der Parteienstruktur, der Wirtschaftsordnung, der Literatur, Kunst und Wissenschaft ebenso wie mit der Außenpolitik. Viele Arbeiten werden hier – aus Anlaß des 60. Geburtstages des Gelehrten – erstmals vorgelegt.

Fischer Taschenbuch Verlag

fi 2060 / 6

Jacques Le Goff (Hg.)

Der Mensch des Mittelalters

Übersetzt von Michael Martin, Rainer Spiss, Matthias Springer und Friedrich Giese

Band 12604

Die Menschen des Mittelalters, waren sie nun Handwerker oder Bauern, Mönche oder Ritter, Künstler oder Intellektuelle, hatten alle einen festen Platz in ihrer Welt. Heute noch zeugen die gotischen Kathedralen von der einstigen Macht des Christentums und der Baukunst jener Epoche. Viele der uns überlieferten Sitten und Bräuche sind uns eigenartig nah und fern zugleich. Einen Schatten auf dieses Zeitalter werfen aber die Scheiterhaufen der Inquisition, die Züge der Kreuzfahrer und die Armut der Bauern. Wie nun lebten und dachten die Menschen dieser Welt? Wonach strebten sie? Worin fanden sie Glück und Bestätigung? Wie gingen sie miteinander um?

International renommierte Mediävisten (darunter Enrico Castelnuovo, Aron J. Gurjewitsch, Bronislaw Geremek) zeichnen zehn die Zeit prägende Menschen, Gruppen und Gemeinschaften nach, wie sie arbeiteten, beteten oder sich amüsierten. Sie geben Einblick in den Alltag und zeichnen ein Panorama der mittelalterlichen Lebenswelten.

Fischer Taschenbuch Verlag

fi 165 / 11

Menschen im Wandel der Zeiten

Der Mensch der griechischen Antike
Herausgegeben von Jean-Pierre Vernant
Übersetzt von Linda Gränz und Asa-Bettina Wuthenow
Band 12602

Der Mensch der römischen Antike
Herausgegeben von Andrea Giardina
Übersetzt von Jochen Bußmann und Asa-Bettina Wuthenow
Band 12603

Der Mensch des Mittelalters
Herausgegeben von Jacques Le Goff
Übersetzt von Michael Martin, Rainer Spiss, Matthias Springer und Friedrich Giese
Band 12604

Der Mensch der Aufklärung
Herausgegeben von Michel Vovelle
Übersetzt von
Bodo Schulze, Rolf Schubert und Andreas Simon
Band 12607

Wolfgang Benz und Walter H. Pehle (Hg.)

Lexikon des deutschen Widerstandes

Wissenschaftliche Beratung
Hermann Graml, Hartmut Mehringer Hans Mommsen

Band 15083

Der Band bietet in seinem ersten Teil Überblicksdarstellungen zum Widerstand vor 1933, zum kommunistischen, sozialistischen und bürgerlichen (nationalkonservativen) Widerstand, zur Widersetzlichkeit von Kirchen und Christen, zum militärischen Widerstand, zur Jugendopposition, zum Widerstand von Verfolgten, von Frauen und von Emigranten.
Im zweiten Teil folgen mehr als 60 Sachartikel über Widerstandsgruppen, Ereignisse, Problemzusammenhänge und Begriffe. Hieran haben vierzig Autorinnen und Autoren gearbeitet. Literaturangaben ermöglichen den Zugang zu weiterführenden Informationen.
Der dritte Teil des Lexikons enthält Kurzbiographien von nahezu allen 650 im Buch genannten Personen aus dem Widerstand. Das Lexikon basiert auf den neuesten wissenschaftlichen Erkenntnissen. Es ist nicht nur für ein breites interessiertes Publikum, sondern auch für Fachleute geschrieben worden.

Fischer Taschenbuch Verlag

fi 633 / 8